天然火山灰质材料与火山灰高性能混凝土

安爱军　周永祥　著

中国铁道出版社有限公司

2019年·北　京

内 容 简 介

以东非地区新建蒙内铁路和内马铁路为背景，针对该地区缺乏粉煤灰、矿渣粉等传统矿物掺合料的现状，以当地储量丰富的天然火山灰质材料（火山渣、凝灰岩）为研究对象，从天然火山灰质材料技术指标及生产加工技术、东非地区混凝土原材料情况、火山灰高性能混凝土配制技术、天然火山灰质材料用于预制混凝土、火山灰混凝土长期性能和耐久性能、火山灰混凝土抗裂性能测试、天然火山灰一水泥胶凝材料体系水化亚微观机理等方面，系统研究了天然火山灰质材料配制铁路工程高性能混凝土成套技术，使得天然火山灰质材料成功应用于蒙内铁路和内马铁路混凝土工程，为在缺乏传统矿物掺合料地区进行工程建设提供了掺合料技术解决方案的示范。

图书在版编目(CIP)数据

天然火山灰质材料与火山灰高性能混凝土/安爱军，周永祥著. —北京：中国铁道出版社有限公司，2019. 8
ISBN 978-7-113-24533-7

Ⅰ. ①天… Ⅱ. ①安…②周… Ⅲ. ①铁路线路-火山灰-高强混凝土-工程材料-研究 Ⅳ. ①U214. 1

中国版本图书馆 CIP 数据核字(2019)第 117528 号

书　　名：**天然火山灰质材料与火山灰高性能混凝土**
作　　者：安爱军　周永祥　著

责任编辑：许士杰　　**编辑部电话**：010-51873204　　**电子邮箱**：syxu99@163. com
编辑助理：刘　晴
封面设计：崔丽芳
责任校对：王　杰
责任印制：赵星辰

出版发行：中国铁道出版社有限公司（100054，北京市西城区右安门西街 8 号）
网　　址：http://www. tdpress. com
印　　刷：中煤（北京）印务有限公司
版　　次：2019 年 8 月第 1 版　2019 年 8 月第 1 次印刷
开　　本：787 mm×960 mm　1/16　**印张**：16. 5　**字数**：269 千
书　　号：ISBN 978-7-113-24533-7
定　　价：68. 00 元

序　　言

火山灰质材料是现代水泥与混凝土的重要组分材料，很多方面的高性能、超高性能都是通过火山灰质材料实现的。天然火山灰材料在水泥与混凝土材料研究中之所以受到重视，不仅是因为天然火山灰具有火山灰活性，经过磨细加工后可直接作为水泥混合材和混凝土掺合料，更重要的是通过对其研究，探明其组分、结构和性能之间的关系，为更多的天然和人工火山灰质材料的开发利用提供理论指导。这些天然和人工火山灰质材料包括已广泛使用的沸石岩、矿渣、粉煤灰、硅灰、烧黏土等天然和经过工业高温过程的硅质和硅铝质材料。这些火山灰质材料对于水泥和混凝土材料的绿色低碳发展已经并且将继续发挥重要作用。

中国对天然火山灰质材料在水泥和混凝土中的研究已长达几十年，在建筑、公路、大坝、桥梁和铁路等工程中广泛得到应用。由于天然火山灰质材料的组分和形成条件差异，各地的火山灰质材料的性能也差异很大，因此，对不同火山灰质材料的组分、结构与性能之间关系往往需要分别确认与甄别。在对天然沸石材料的研究方面，特别值得一提的是清华大学廉慧珍和冯乃谦两位先生，他们在基础理论和工程应用方面的研究工作为天然火山灰质材料在水泥和高性能混凝土中的开发应用提供了基础性和开拓性成果。相对于不同研究者在天然火山灰质材料基础和应用领域不同方面的探索，本书作者呈现给读者的则是以肯利亚天然火山灰为对象，以肯尼亚铁路工程混凝土需求为导向，从基础研究到工程应用所进行的系统、全面和深入研究，走完了从原材料评价、混凝土性能研究、原材料工业化制备、工程混凝土设计、以及在铁路混凝土工程用的预拌与预制混凝土全产业链和创新链流程，并且将经工程应用验证的理论认知和实践经验进行了总结，制定了技术标准规范。这样一个完整的以问题为导向、从研究到应用、从材料到工程的成功的科技创新案例实属难得。

本书还具有一些值得读者关注的特点，例如读者或许经常看到的，在许多编著的专业书籍中，由于取材于不同作者的工作，所编写的内容在完整性、试验条件和观察数据的一致性以及衍生出的观点结论方面，经常互不协调甚至自相矛盾。本书所呈现的科研工作具有完整性和系统性，其理论依据、试验数据和应用结果能相互印证，不仅聚焦于肯尼亚的天然火山灰质材料，还对比研究了矿渣、粉煤灰、石灰石粉等常用的混凝土矿物掺合料，在对火山灰质材料的基础理论、试验研究方法、用于高性能混凝土的配合比设计方法、以及一些物理力学性能的测试等，集国内外研究的相关理论知识和工程应用经验之大成。仔细阅读本书对研究工作的表述，还能看到对今后的研究方向提出的建议，例如采用掺减水剂的方法评价流动度、区别材料中处于不同状态的碱对混凝土中碱骨料反应的影响等等，这些工作对今后的相关研究和测试方法改进具有重要参考价值。

本书对于火山灰质材料的研究突出了火山灰活性、微骨料、稀释三大效应对水泥水化与微结构、强度、混凝土工作性、耐久性等方面的影响。沸石类天然火山灰质材料的研究至今仍然还有令人感兴趣的未知方面。例如，沸石岩中的沸石晶体组分既然不参与水泥中的水化反应，其反应活性的来源可能只是其可溶的活性 SiO_2 和 Al_2O_3，但该组分含量并不高，为什么作用如此显著。再如在较高水灰比下，沸石岩粉体的火山灰活性不足以弥补所取代的水泥活性，但是在较低水灰比下，复合水泥的强度差异减小甚至超过不掺的，由此应该怎样科学评价火山灰质材料的活性。此外，在高温养护效应方面，本书在50℃～80℃范围蒸汽养护的研究结果与之前冯乃谦先生在其书中呈现的温度效应一致，即在标养、室内养护、90℃～100℃蒸养条件下，高温养护降低火山灰混凝土强度，这和许多掺火山灰质材料在高温蒸汽养护条件下火山灰活性提高的特点相反。对这些问题的科学解释有待对沸石质火山灰材料的结构与性能关系的更深入研究。笔者希望本书的研究成果能够启迪后人，激励来者，通过对火山灰质材料的深入研究进一步提高水泥基材料的性能，推动绿色低碳发展。

值此书付梓之际，谨向作者致以祝贺。

原中国硅酸盐学会
中国混凝土与水泥制品协会　徐永模

徐永模，原中国硅酸盐学会理事长，中国混凝土与水泥制品协会执行会长。

前　言

蒙内铁路是“一带一路”倡议的重要早期收获，是非洲“三网一化”和中非产能合作的标志性工程，是完全采用中国标准、中国技术、中国设备、中国运营管理的国际干线铁路，被称为肯尼亚的“世纪铁路”。它的成功实践为中国铁路标准在东非乃至整个非洲的推广应用奠定了基础，同时也将全方位带动中国铁路全产业链走出国门，为中国铁路进一步“走出去”产生重要的示范意义。

本书以肯尼亚蒙内铁路和其延长线内马铁路为工程背景，系统介绍了天然火山灰质材料国内外研究现状、天然火山灰质材料技术指标及生产加工技术、东非地区混凝土原材料情况、火山灰高性能混凝土配制技术、天然火山灰质材料用于预制混凝土、火山灰高性能混凝土长期性能和耐久性能、火山灰混凝土的裂缝控制技术、天然火山灰—水泥胶凝材料体系水化亚微观机理等，并总结了天然火山灰质材料及火山灰混凝土在实际工程中的应用技术。同时介绍了在研究与应用过程中形成的工程技术相关标准，对于缺乏传统矿物掺合料地区开展工程建设具有较好的借鉴意义。

对于铁路高性能混凝土，目前国内外普遍成熟的做法是在混凝土中掺加粉煤灰、矿渣粉以及硅灰等来自工业废渣的活性矿物掺合料，从而达到改善和易性、延缓水化放热速度、减少混凝土开裂、提高耐久性并降低成本的目的。然而肯尼亚当地及周边地区缺乏这些工业废渣，如果从国外进口，无疑会产生巨大的物流成本和时间成本，对项目的高效实施必将带来重大影响。肯尼亚分布着许多火山，早期的火山活动留下了大量的火山喷发物及其衍生矿物(统称为天然火山灰质材料)。经研究,天然火山灰质材料作为矿物掺合料用于混凝土,具有与粉煤灰、烧黏土、烧页岩等人工火山灰质材料类似的作用。本书介绍了以天然火山灰质材料替代粉煤灰配制高性能混凝土用于蒙内铁路和内马铁路的研究成果和成功实践,提供了就地取材突破肯尼亚及其周边地区缺乏传统矿物掺合料缺乏的限制,并提高了混凝土性能,节能环保的工程成功案例。

本书由安爱军、周永祥编著。主要内容根据“十三五”国家重点研发计划子课题“利用火山灰渣制备绿色混凝土的研究与应用”(2016YFC0701002-03)、北京市科委课题“天然火山灰高性能混凝土的研制及工程应用”(Z171100002117004)、中国路桥工程有限责任公司课题“天然火山灰质材料在蒙内铁路高性能混凝土中的应用技术研究”的有关成果撰写而成。蒙内铁路和内马铁路各参建标段、中国建筑科学研究院高性能混凝土研究中心夏京亮研究员、中国交建肯尼亚标准轨铁路建设总经理部温欣岚教授级高级工程师为本书的编写做了大量细致的基础性工作,在此表示衷心的感谢!限于作者的水平和能力,书中错误和不妥之处在所难免,恳请广大读者批评指正。

作者
2019 年 8 月

目　　录

第一章　天然火山灰质材料

第一节　天然火山灰质材料简介

混凝土掺合料可分为火山灰质材料和非火山灰质材料。火山灰质材料指凡是天然的或人工的以氧化硅和氧化铝为主要成分的矿物质材料，在没有外加剂情况下加水拌和不会发生凝结硬化，但在有石灰存在时，则不仅能在空气中硬化，且能在水中继续硬化[1,2]。火山灰质材料有多种分类方法，若按火山灰质材料的来源分，可以将其分为天然的和人工的火山灰质材料两种。其中天然火山灰是火山喷发后形成的细粒碎屑的疏松沉积物，种类丰富，主要包括火山灰、浮石、沸石岩、凝灰岩、硅藻土、硅藻石、蛋白石等，矿物结构主要为细粒至隐晶质结构、斑状结构，矿石构造特征有气孔、杏仁状或致密构造，矿物成分由无定形玻璃质（$SiO_2+Al_2O_3$）所包围的无数微晶体所组成，可溶性的酸性氧化物 SiO_2 和 Al_2O_3 是天然火山灰质材料水化活性的主要来源。人工火山灰原材料则以炉渣和烧制黏土砖瓦为主，一般常见的有烧黏土、烧页岩、煤渣、粉煤灰、煤矸石等，其中以粉煤灰的应用最为普遍[3]。

火山灰的英文“pozzolan”源于那不勒斯附近一个叫 Pozzuoli 的村庄，公元 79 年意大利的 Vesuvius 火山喷发后，大量火山灰沉积在此，因此而得名，此后成为具有类似性能的所有材料的通称。这类材料与水泥水化产物氢氧化钙发生火山灰反应，生成水化硅酸钙凝胶，显示水硬胶凝性能，提高混凝土的密实性能和耐久性能。火山灰以意大利火山灰最为有名[4]，它是火山爆发的碎屑，其化学组成：氧化硅（SiO_2）45％～60％；氧化铝（Al_2O_3）和氧化铁 15％～30％；氧化钙（CaO）、氧化镁（MgO）、碱质之和约 15％；烧失量高达 10％。它的岩相结构主要是玻璃质并夹杂少量晶体矿物如长石、白榴石、辉石等，具有良好的火山灰活性。火山玻璃沸石化后形成凝灰岩，如德国的粗石凝灰岩（trass），也具有良好的火山灰活性。火山灰除含有可溶氧化硅外，还含有少量的可溶氧化铝。

一、天然火山灰质材料化学作用对混凝土的影响

水泥中约占总质量75%的硅酸盐熟料矿物C_3S与C_2S在水化后主要生成钙硅比为1.6～1.9的高碱性水化硅酸钙(C/S>1.5)和大量氢氧化钙[5]。相对于低碱性水化硅酸钙(C/S<1.5),其强度要低得多[6]。特别是氢氧化钙的强度低,稳定性差,这就导致水泥石和混凝土的强度不高,耐久性降低。掺入足够数量的天然火山灰质材料作为掺合料,天然火山灰质材料中的活性SiO_2和Al_2O_3能逐步的与水化产物$Ca(OH)_2$、水化硅酸钙产生二次水化反应,即所谓的火山灰反应,生成低碱性水化硅酸钙,其反应式为[7,8]:

$$(0.8\sim1.5)Ca(OH)_2+SiO_2+|n-(0.8\sim1.5)|H_2O \longrightarrow (0.8\sim1.5)CaO\cdot SiO_2\cdot nH_2O$$

$$x(1.5\sim2.0)CaO+SiO_2+nH_2O+y\,SiO_2 \longrightarrow z(0.8\sim1.5)CaO\cdot SiO_2\cdot nH_2O$$

二、天然火山灰质材料物理作用对混凝土的影响

火山灰在混凝土中的物理作用包括微骨料效应和稀释效应。

微骨料效应:火山灰的微骨料效应是指火山灰颗粒均匀的分布于水泥浆体的基相之中,就像细微的骨料一样,这样的硬化浆体,也可以看做“微混凝土”。砂浆或混凝土的硬化过程及其结构和性质的形成,不仅取决于水泥,而且还取决于微骨料。

稀释效应:火山灰的稀释效应是指适量的火山灰作为掺合料掺入浆体中,降低了水泥用量,使水泥水化更加充分,同时水泥水化后产生的易腐蚀物质减少,从而有效的增加硬化水泥石的抗侵蚀性能。

第二节　天然火山灰质材料国外研究应用概况

火山灰质材料作为一种重要的辅助性胶凝材料有很久的应用历史。早在2000年前,罗马人用石灰、火山灰混合物建造了很多大型的建筑物如万神殿20英尺(约6.1 m)厚的墙,表面砌有一层薄砖,墙身用的是凝灰岩和火山灰制

成的混凝土；跨度为142英尺6英寸(约43.4 m)的圆屋顶是完全用含浮石的火山灰混凝土浇筑的。公元12～14年，罗马Caligula皇帝时期用石灰和火山灰以1∶2比例配合，成功地建造了那不勒斯海湾，至今虽然被海浪磨光了表面，长满青苔，但混凝土却完好无损，数百米长的墙几乎无一裂缝。18世纪中期，英国的J. Smeaton被委派建造位于Cornish海湾外的Eddystone灯塔，该灯塔受海浪冲刷，环境恶劣，而Smeaton则使用石灰—火山灰砂浆成功地建造了耐海水的灯塔。

图1—1 两千年前用天然火山灰质材料建造的罗马万神殿

维苏威火山是欧洲大陆唯一的活火山，曾在公元79年喷发过一次，这次著名的喷发破坏了庞贝和赫尔库拉涅乌姆城，但也产生了大量的火山灰。这些天然火山灰已经被使用了很多个世纪，起先用于石灰砂浆，后来又用于硅酸盐水泥混凝土。仅1977年，意大利就生产了1500万t火山灰水泥，使用了大量的天然火山灰材料[9]。

由于在很多国家蕴藏有大量天然火山灰矿产，将天然火山灰用于水泥替代材料已成为必然之势。例如，希腊、德国、罗马尼亚、俄罗斯、美国等国家已经大量使用天然火山灰。美国第一次大量使用火山灰是在1910～1912年建造洛杉矶高架渠工程，该工程使用的火山灰材料超过10万t[10]。自从那时开始，美国天然火山灰开始大量应用于大坝、桥梁以及其他大型工程建设中。

石灰—火山灰混合物之所以后来被硅酸盐水泥所替代，是由于石灰—火山灰胶凝体系早期强度低，水化反应慢，不能满足人类对于建筑业、交通基础设施快速发展的需要。由于使用部门对混凝土早期强度要求的不断提高，使得水泥厂家不断提高水泥强度，片面追求高强度而忽视其他方面的性能。水泥生产向大幅度提高水泥细度、增加硅酸三钙含量的方向发展，使得混凝土的耐久性问题变得越来越突出。有2000年前的古罗马使用天然火山灰质材料的成功先例，混凝土中掺加火山灰质材料能够提高混凝土耐久性能已被工程实践所证明。

一、对力学性能的影响

土耳其的T. K. Erdem等人研究了使用土耳其珍珠岩作为混凝土掺合料，研究表明，掺珍珠岩的混凝土虽然早期强度低，但是由于火山灰效应，后期强度比普通混凝土甚至有所提高。Bails Ozer指出早期养护对于火山灰混凝土很重要，早期是否放入水中养护对于尽快发挥火山灰效应有重要影响。放入水中养护14 d的火山灰混凝土强度能够达到普通混凝土水中养护2个月左右的强度。

L. Turanli，B. Uzal，F. Bektas等人的研究结果表明，到90 d龄期时，大掺量火山灰的掺合料水泥的砂浆的抗压强度在所有测定龄期中都低于波特兰水泥，特别是由于掺合料水泥砂浆中低波特兰水泥含量和相对高的水灰比的共同作用，火山灰水泥的早期强度下降幅度很大[11]。天然火山灰的粒径分布显著地影响了早期强度，而强度的发展状况更多地与天然火山灰的火山灰活性有关[12]。

意大利Marco Goisis等人研究利用意大利Lazio Celleferro的天然火山灰替代部分水泥的抗压强度[13]，结果表明，用配比90/10 NP、80/20 NP、70/30 NP制备的火山灰水泥砂浆，其抗压强度低于用CEMⅠ水泥制备的砂浆，且这个差距随着火山灰掺量的增加而增加，随着龄期的增加而减少。粉煤灰替代有着同样的结论。

B. Y. Pekmezci，S. Akyuz采用Uzuntarla-Turkey的凝灰岩研究掺量对混凝土力学性能的影响[14]，结果表明，当天然火山灰/硅酸盐水泥比例为0.28时，混凝土能够得到最佳的力学性能，这个比例也可以用在混合水泥生产中。如果天然火山灰/硅酸盐水泥比例过大，天然火山灰效益会较低。

M. J. Shannag采用约旦西北部Tal Rimah地区的凝灰岩复合硅灰提高混凝土的力学性能[15]，混凝土的抗压强度达到69～110 MPa，采用天然火山灰和硅灰复合得到的混凝土抗压强度、劈裂抗拉强度、弹性模量和工作性远优于单独采用天然火山灰或者硅灰，因此在当地采用天然火山灰和硅灰复合具有显著的技术和经济效益。

Kemal Celik, Cagla Meral, Mauricio Mancio, P. Kumar Mehta, Paulo J. M. Monteiro 对比研究采用大掺量的天然火山灰和粉煤灰制备的自密实混凝土的工作性、力学性能和耐久性[16]，结果表明，采用70%硅酸盐水泥+30%天然火山灰作为胶凝材料的混凝土比70%硅酸盐水泥+30%粉煤灰复合，抗压强度在7 d、28 d、91 d分别高12%、6%、2%，但是采用50%硅酸盐水泥+50%天然火山灰作为胶凝材料的混凝土比50%硅酸盐水泥+50%粉煤灰复合，抗压强度在28 d、91 d却分别低18%、12%；同时55%硅酸盐水泥+30%天然火山灰+15%石灰石粉抗压强度较高，45%硅酸盐水泥+40%天然火山灰+15%石灰石粉和35%硅酸盐水泥+50%天然火山灰+15%石灰石粉抗压强度低，相对于同比例的粉煤灰。

Y. Senhadji, G. Escadeillas, M. Mouli, H. Khelafic, Benosman 研究了辅助胶凝材料（包括阿尔及利亚西部的天然火山灰、硅灰和石灰石粉）对混凝土力学性能的影响[17]，结果表明，15%、20%、25%三个比例替代硅酸盐水泥，其2 d、7 d、28 d、90 d抗压强度均比纯硅酸盐水泥基准组低，20%天然火山灰替代组，在360 d时的抗压强度超过基准组，并且15%和25%天然火山灰替代组，360 d抗压强度也比较接近基准组。说明天然火山灰作为辅助胶凝材料，具有较大的后期强度发展潜力。

二、对耐久性能的影响

Khandaker M. A. Hossain, Mohamed Lachemi, Mustafa Sahmaran 等人研究粉煤灰和巴布亚新几内亚新不列颠省拉包尔附近塔乌鲁火山天然火山灰对海洋环境下混凝土抗渗性能的影响[18]，结果表明，由于火山灰效应使混凝土孔结构细化，因此掺加粉煤灰和天然火山灰的混凝土氯离子渗透系数比普通混凝土减小很多。

Adnan Cola 研究了石膏—硅酸盐水泥—天然火山灰胶凝材料的耐久性[19]，结果表明，掺加天然火山灰能够很好的提高混凝土的抗冻性能，不但可以提高冻融循环次数，还可以提高冻融循环后混凝土的抗压强度。

天然火山灰做为辅助胶凝材料有着广泛的应用，特别是在缺乏其他矿物掺合料（如粉煤灰、矿渣粉、硅灰）的地区，天然火山灰的应用具有较大的技术效益和经济效益，尤其是节约能源和减少碳排放量。N. Kaid，M. Cyr，S. Julien，H. Khelafi 采用阿尔及利亚（北非国家）的天然火山灰，研究其对混凝土耐久性的影响[20]，结果表明，掺加天然火山灰的混凝土具有良好的抗腐蚀性。

G. Fajardo，P. Valdez，J. Pacheco 采用墨西哥的天然火山灰研究 0～20％掺量的火山灰对混凝土中钢筋腐蚀的影响[21]，结果表明，10％～20％掺量的墨西哥天然火山灰替代硅酸盐水泥对减轻混凝土中钢筋锈蚀是有利的，主要原因为：(1)天然火山灰的掺加能够显著提高混凝土的电阻率；(2)20％掺量的天然火山灰能够显著延长钢筋锈蚀的诱导期，从而数量级的降低钢筋锈蚀速率；(3)天然火山灰参与到水泥水化当中，可以有效的降低混凝土的孔隙率，从而进一步降低钢筋锈蚀发展的速率。同时，试验发现天然火山灰替代部分硅酸盐水泥会使混凝土抗压强度降低，但是相对于钢筋锈蚀的减轻和防护性能的提高是可以接受的，而且抗压强度的降低可以通过减水剂的使用降低水胶比来弥补。

R. E. Rodriguez-Camacho，R. Uribe-Afif 研究了墨西哥境内九种不同产地天然火山灰的差异以及对混凝土耐久性能的影响[22]，结果表明，天然火山灰的主要矿物成分为：玻璃体、碱性长石、中性长石、石英、浮石等；九种不同产地的天然火山灰大多数可以用于生产火山灰水泥和用于混凝土当中；试验中混凝土的抗压强度相对于纯硅酸盐水泥抗压强度有所降低，但是抗硫酸盐侵蚀性能提高较多。

第三节　天然火山灰质材料国内研究应用概况

在国内，虽然我国火山地带较多，但是对于天然火山灰的应用研究却是从近几十年才开始进行的。

一、在生产水泥中的应用

20 世纪 90 年代，我国的云南西双版纳人工火山灰混合材料短缺，起初该州的几家生产水泥企业所采用的混合材料均为黏土烧制材料，有的甚至根本就不掺加混合材料而生产硅酸盐水泥，这不仅使水泥的生产成本大大提高，还严重的浪费资源。因此，政府开始组织研究利用凝灰岩为水泥的混合材料，并从稠度、凝结时间和强度三个方面进行试验，试验表明：(1)凝灰岩是较好的火山灰混合材料，可掺加5%～15%来用于普通硅酸盐水泥的生产。(2)掺加凝灰岩的水泥早期强度略低，要提高熟料的早期强度，在配料方案上就要适当提高某些组分的含量。(3)从当时半年的工业生产统计数据看，按14%的凝灰岩掺量替代水泥，水泥的成本有了大幅度降低。江西万年青水泥股份有限公司等单位也利用了天然火山灰质材料作为水泥混合材使用。

二、在水电工程中的应用

早在20世纪90年代，海南省大广坝水电站就采用当地产天然火山灰、凝灰岩作为碾压混凝土掺合料。本世纪初，缅甸耶育瓦碾压混凝土大坝成功利用了当地火山灰资源，以代替从泰国进口粉煤灰作为碾压混凝土的掺合料，解决了物资进口的不确定因素以及漫长的公路和海上运输线等问题，产生了显著的社会经济效益。

2005年初，云南保山市腊寨电站建设项目研究选用当地火山灰应用作混凝土掺合料，开发出的天然火山灰质材料产品，成功应用于常态混凝土大坝、重力大坝、双曲拱坝和碾压混凝土大坝，并在建筑工程泵送混凝土、砂浆中应用取得良好应用效果。以天然火山灰质材料为主体复配开发出的新型矿物掺合料在龙江、槟榔江、瑞丽江等流域建设的广大水电站使用了十多万吨，填补了滇西地区混凝土掺合料的空白。

三、公路工程中的应用

为了开发应用火山灰材料，推动公路建设的材料节约和资源保护，交通部西部项目管理中心于2003年8月设立“火山灰材料在道路工程中的应用研究”项目，主要研究火山灰修筑路基稳定技术、火山灰修筑路面基层技术、火山灰替代石料修筑水泥路技术、火山灰作为掺合料提高水泥混凝土耐久性技术和应用火山灰改善沥青混合料性能技术。项目针对火山灰填筑路基、火山灰基层、水泥混凝土面层等方面进行了试验研究，并在实际工程中进行了应用，在路基中，用火山渣、火山砂掺细粒土填筑路基；在路面基层中，用石灰、磨细火山粉、火山粒料、水泥按照不同组合和比例铺设火山灰稳定基层；在水泥混凝土路面中，有用火山渣代替部分粗骨料，用磨细火山灰做矿物掺合料。

在云南省保山市赛格怒江大桥建设中，由于工程位于滇西边远地区。在500 km范围内既无火力发电厂，也无钢铁厂，没有粉煤灰和矿渣粉可用，采用当地的天然火山灰作为混凝土掺合料，掺量15%，配制出性能满足工程要求的C50预应力梁用混凝土，成功应用在实际工程当中[23]，节约了工程造价，具有显著的经济效益。

四、在铁路工程中的应用

大瑞铁路是云南省和铁道部共同投资的重大项目，总投资超过150亿元。在大瑞铁路工程建设中，天然火山灰复合型掺合料应用于铁路桥梁、隧道混凝土中，既降低了工程成本，又保证了混凝土具有良好的施工性能和力学性能。

第四节　天然火山灰质材料研究应用存在的问题

1. 不同地区和种类的火山灰对混凝土拌合物性能影响各异。天然火山灰质材料形成年代、条件及环境不同，材料基本性能差别很大，具体如表1—1所示。首先在外观形貌方面差别较大，有些呈现细粉状，即原状的火山灰细粉；有些形成不同大小的颗粒，如火山砂、火山渣；有的形成为火山岩，有的为致密状的岩石，如玄武安山岩，有的为轻质疏松多孔结构，如浮石、凝灰岩，有的微观形貌为空间多孔架状结构，如沸石岩。国内几种天然火山灰质材料粉体的微观形貌见图1—2(a)～(d)所示。根据中国建筑科学研究院周永祥等人及中国水电顾问集团西北勘院毕亚丽等人的研究结果[24～30]，不同天然火山灰质材料对混凝土的保水性、流动性、黏聚性等拌合物性能影响各异，对某些种类火山灰，需要针对性地采取相应的技术手段。

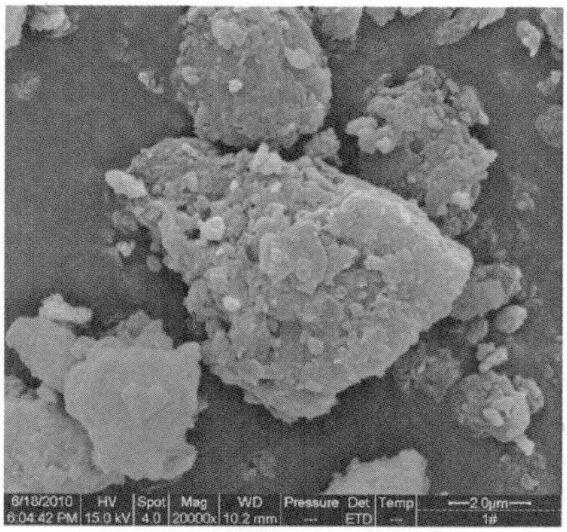

(a) 国内某沸石粉微观形貌

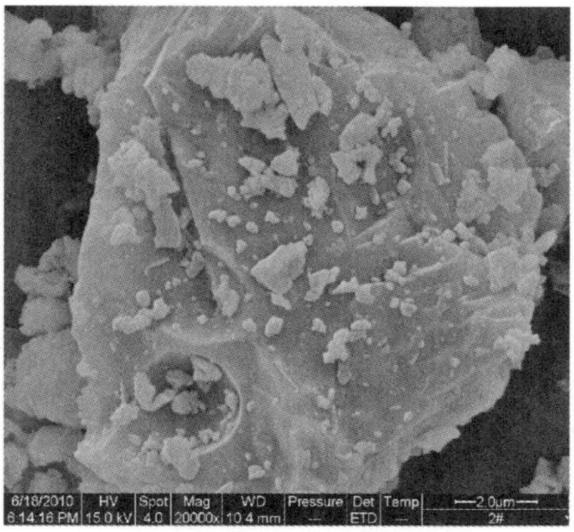

(b) 国内某玄武岩粉微观形貌

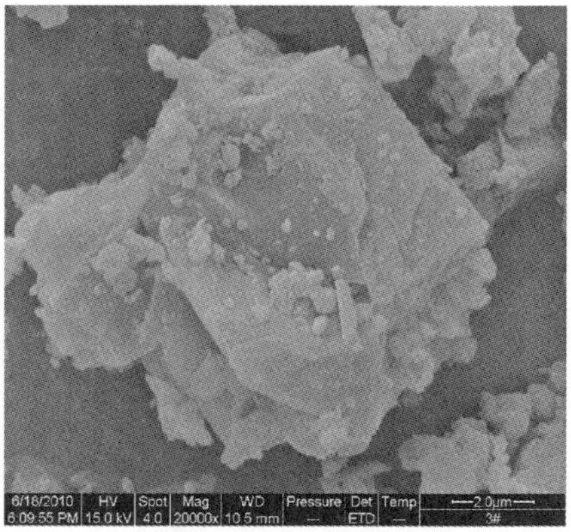

(c) 国内某安山岩粉微观形貌

图　1—2

(d) 国内某浮石粉微观形貌

图 1—2

表 1—1　国内部分地区火山灰质材料基本性能对比

项目	细度①(%)	比表面积(m^2/kg)	需水比(%)	流动度比(%)	烧失量(%)	含水量(%)	活性指数②(%)	
							7 d	28 d
某电厂粉煤灰	15.4	—	104	95.4	—	0.2	64.3	83.0
磨细玄武岩	7.9	489	97	93.3	0.94	0.2	60.6	67.9
磨细安山岩	4.4	595	97	96.4	1.78	1	58.6	68.8
沸石粉	27.8	503	110	63.1	—	5.5	55.6	99.6
浮石粉	8	—	117	66.7	2.61	1	71.1	72.5
长白山火山灰 1	3.5	—	—	93.3	—	0.2	69.2	76.2
长白山火山灰 2	1.9	—	—	102.1	—	0.3	72.1	70.2
长白山火山灰 3	1.8	—	—	96.4	—	0.1	70.1	70.3

注:①指 45 μm 筛余;②掺量为胶凝材料的 30%。

2. 大部分天然火山灰质材料具有较高的碱含量。中国建筑科学研究院调研结果表明,我国的天然火山灰碱含量一般在 3%～6%之间,掺入混凝土中后,混凝土中的总碱含量容易超标,这是否会增加混凝土碱骨料反应危害的风险,是一个需要高度重视的问题,目前这方面的研究也非常少。根据中国建筑科学研究院周永祥等人及武汉大学董芸等人的研究结果[24,31~35]，采用快速砂浆棒法对几种高碱含量的天然火山灰质材料进行碱活性试验，结果表明天然火山灰质材料的掺入无潜在碱—骨料反应危害。然而由于所取样品主要为国内火山灰地区的几种样品，数量和范围有限，该结论是否具有普适性需要考虑，而且该试验方法采用的试件为砂浆试件，还未采用混凝土试件进行验证。肯尼亚乃至非洲地区的天然火山灰质材料是否同样存在高碱含量但不具有潜在碱—骨料反应危害？其机理是什么？在百年重点工程应用时，如何采取更为稳妥的技术措施？这都需要针对具体工程做更深入一步的研究。

3. 天然火山灰质材料火山灰活性不尽相同。天然火山灰质材料的火山灰活性主要来自于活性组分 SiO_2 和 $A1_2O_3$，然而各地区的火山灰中的活性组分 SiO_2 和 $A1_2O_3$ 含量不尽相同（国内部分地区火山灰质材料的化学成分如表 1—2 所示），国内部分地区火山灰质各品种的化学分子结构也差异较大，因此火山灰活性也不尽相同（国内部分地区火山灰质材料活性指数如图 1—3 所示）。

表 1—2　国内部分地区火山灰质材料的化学分析（%）

试　样	样品来源	SiO_2	Al_2O_3	Fe_2O_3	TiO_2	CaO	MgO	Na_2O	K_2O	SO_3
玄武岩火山灰	云南腾冲	55.6	17.8	7.4	1.4	7.2	2.4	3.4	3.8	0.05
安山岩火山灰	云南腾冲	60.5	17.4	6.1	1.1	5.6	1.7	2.9	3.8	—
沸石粉	河北张家口	75.7	14.0	1.7	0.2	3.9	1.1	0.4	2.6	—
浮石粉	吉林长白山	71.7	10.8	5.4	0.4	0.5	0.1	4.6	5.4	—
长白山火山灰 1	吉林长白山	50.0	18.0	14.2	3.5	5.5	2.7	2.1	2.5	0.12
长白山火山灰 2	吉林长白山	49.3	17.1	14.0	3.4	6.4	3.2	2.7	2.5	0.09
长白山火山灰 3	吉林长白山	47.8	17.0	13.5	3.2	7.4	4.4	2.8	2.7	0.09
凝灰岩火山灰	云南腾冲	62.66	16.95	4.98	—	4.80	2.34	—	—	—
粉煤灰	京能热电厂	48.91	28.05	8.85	2.15	2.65	1.03	0.78	2.08	0.86

4. 部分天然火山灰质材料存在一定的“促凝”作用。武汉水利电力大学梁文泉等人研究结果表明[28]，掺有海南某地区的天然火山灰的胶凝材料浆体

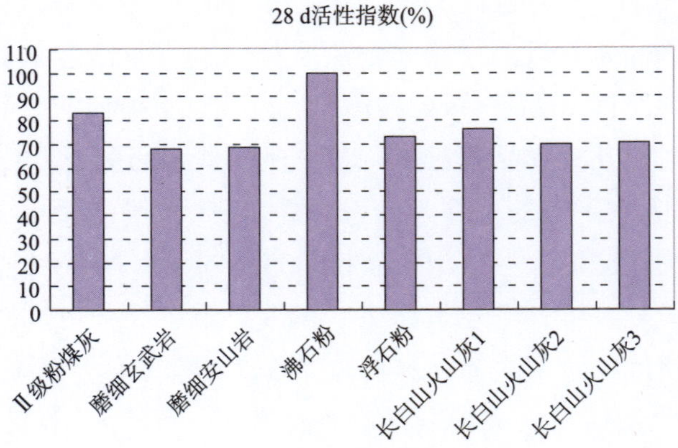

图 1—3 火山灰质材料的 28 d 活性指数

的初凝时间均较未掺者的初凝时间大为提前(表 1—3),即天然火山灰存在一定的“促凝”作用,这一结果与人们对活性混合材料在水泥或混凝土中所具有的缓凝作用的认识不同。在此种情况下,需要辅助外加剂的手段进行改善,以满足正常工程施工的需要。

5. 不同天然火山灰质材料在降低混凝土绝热温升方面表现出较大差异。肯尼亚当地难以获得粉煤灰和矿渣粉,而大体积混凝土必然需要大量的掺合料。天然火山灰质材料在降低混凝土水化热方面的表现如何,是我们重点关心的内容。有研究表明,国内掺有部分天然火山灰质材料的胶凝材料虽然水化热低于纯水泥胶材体系,但高于掺加粉煤灰的胶材体系,目前还未完全探明其作用机理。因此很有必要系统研究当地天然火山灰质材料在降低混凝土温升的有效程度,并在工程应用中进行甄别优选[36,37]。

表 1—3 火山灰质材料胶材浆体凝结时间测试结果

编 号	水泥掺量(%)	不同产地 掺合料与掺量	初凝时间(h:min)	
			20℃	25℃
1	100	—	2:53	1:57
2	67	海南凝灰岩 33	1:43	1:20
3	67	海南火山灰 33	1:27	0:43

续上表

编　号	柳州水泥掺量(%)	不同产地掺合料与掺量	初凝时间(h:min)	
			20℃	25℃
4	67	漫湾凝灰岩 33	—	1:08
5	33	海南凝灰岩 67	0:50	0:15
6	33	海南火山灰 67	0:34	0:18
7	33	漫湾凝灰岩 67	0:44	0:36
8	33	海南凝+火 67	0:40	0:30
9	33	青山粉煤灰 67	6:08	4:37

6. 不同质量和掺量的火山灰对混凝土施工性能、养护方式的适应性等差别较大，需要针对当地材料，结合施工条件进行系统研究，提出最满足当地施工和养护条件的最佳掺量和掺加方式。

第五节　东非地区铁路混凝土矿物掺合料现状

东非地区赤道横贯中部，主要为热带草原气候和热带季风区，沿海地区天气湿热，高原气候比较温和。受季候风影响，四季不是很分明。在每年的 3～6 月和 10～12 月是雨季，其余月份是旱季。其中雨季还分为两段:4 月到 6 月是大雨季、10 月到 11 月是小雨季，每当到了雨季，下午晚上经常会有短时间的小幅度的降雨。12 月至次年 3 月多东北风，天气晴暖;6～10 月多东南潮湿季风和阴云。海拔较高地区有低温期，多雾和细雨。影响气温的主要因素是海拔，随着海拔的升高，气温逐渐降低，拟建东非铁路沿线年均气温为 18℃～30℃，平均最高气温是 24℃～36℃，平均最低气温大约是 12℃～24℃;年平均降水量 300～1 400 mm，年均蒸发量为 1 450～2 400 mm。

东非铁路工程混凝土用量大，混凝土技术对于工程质量和工程造价具有十分重要的作用。对于铁路工程的高性能混凝土，目前国内外普遍成熟的做法是在混凝土中掺加粉煤灰、矿渣粉以及硅灰等来自工业废渣的活性矿物掺合料，从而达到改善和易性、延缓水化放热速度、减少混凝土开裂、提高耐久性，并降低成本的目的。然而肯尼亚当地及周边地区缺少粉煤灰、矿渣粉、硅灰等此类工业废渣作为矿物掺合料。如果依靠进口，一方面运输成本十分昂贵，另一方面由于粉煤灰、矿渣粉等优质矿物掺合料国内也逐渐紧缺，局部地区出现脱销，甚至粉煤灰、矿渣粉品质问题层出不穷。因此，在肯尼亚本地寻找一种容易获取、质优价廉的新型掺合料对于本工程具有十分重要的现实意义和极大的经济价值。

东非地区分布着许多火山，其中肯尼亚瓦加加伊死火山海拔 4 321 m，以巨大的火山口（直径达 15 km）而驰名。火山活动会在当地留下大量的火山喷发物及其衍生矿物。这些天然火山灰质材料用于混凝土作为掺合料，具有与粉煤灰、烧黏土、烧页岩等人工火山灰质材料类似的作用。因此，将肯尼亚当地天然火山灰质材料作为矿物掺合料应用于东非铁路铁路混凝土工程中，将产生十分重大的技术和经济效益。

第二章　天然火山灰质材料技术指标分析及生产技术

第一节　前　　言

天然火山灰质材料的技术指标包括：细度、流动度比、活性指数、烧失量、氯离子含量、含水率、放射性、碱含量等。其中细度用 45 μm 筛余表征，一般来说，掺合料越细，其填充性能越好，砂浆和混凝土能够获得较好的工作性和力学性能；流动度比为表征掺合料对混凝土工作性影响的指标；活性指数为表征掺合料对混凝土力学性能影响的指标；其他技术指标皆为天然火山灰中可能存在对混凝土性能有害的物质含量。本章将对肯尼亚当地的两种天然火山灰（本文所称"天然火山灰"即为"天然火山灰质材料"，具体而言，为火山渣与凝灰岩，后文不再赘述。）的技术指标进行分析研究。

在有害物质含量合格的情况下，细度是天然火山灰能够得到应用的关键指标之一，而如何在合理的能耗下获得合适的细度，生产技术至关重要。块状的天然火山灰需要先破碎后粉磨，破碎机器一般选用颚式破碎机、锤式破碎机、反击式破碎机、圆锥破碎机、辊式破碎机等，相对较为简单。粉磨设备国内外较常用的是球磨和立磨，球磨生产工艺的特点是适应性好、多段分级、循环负荷大、单机生产能力较大；立磨的特点是磨耗低、产能高、投资大。本章将对生产技术进行系统的探讨。

第二节　技术指标分析

一、基本技术指标

对 Athi River 和 Simba 两个地方不同取样点的天然火山灰质材料进行了分析，Athi River 凝灰岩为块状凝灰岩，4 个取样点，Simba 火山渣为火山渣，

2个取样点。样品先通过颚式破碎机破碎，然后用小型球磨机粉磨。

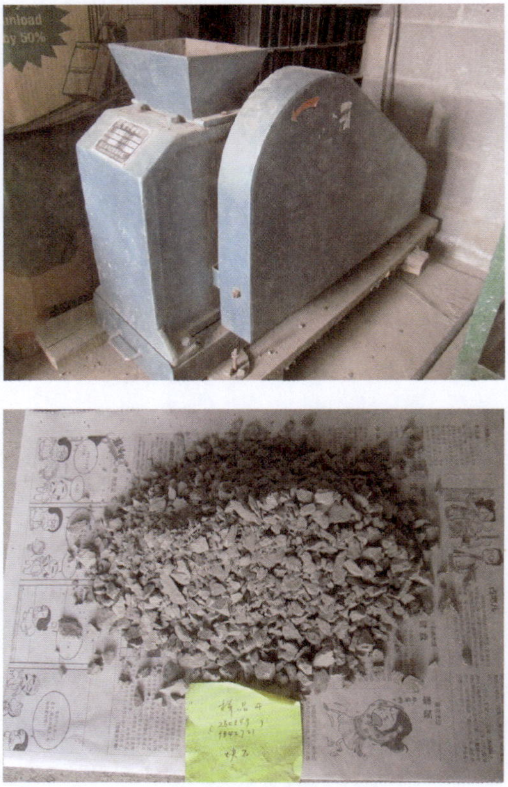

图2—1　颚式破碎机和破碎情况

图2—2　小型球磨机

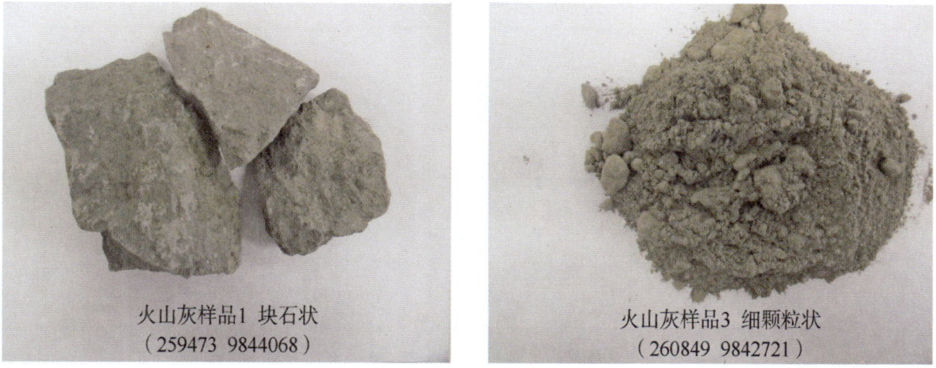

Athi River凝灰岩

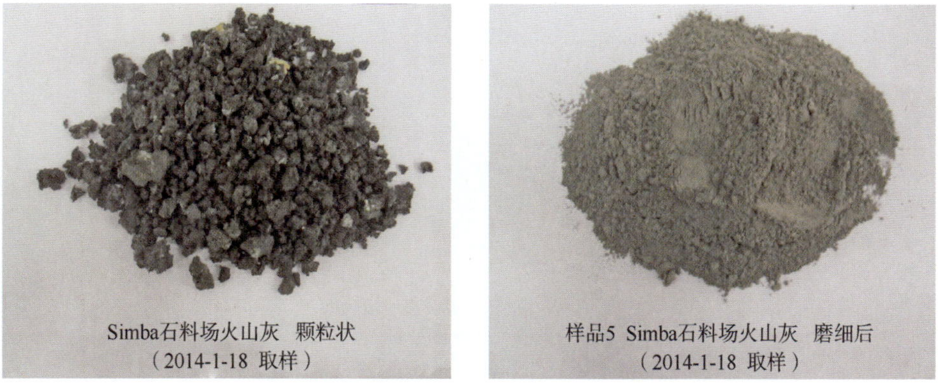

Simba火山渣

图 2—3 不同地点的天然火山灰质材料及其粉末

（一）粒度分析

采用珠海欧美克仪器有限公司生产的 LS-C（IIA）干法激光粒度分析仪对两种天然火山灰粉磨得到的粉体进行了粒度分析，结果见图 2—4。两种天然火山灰的粉磨时间皆为 30 min，Athi River 凝灰岩的 D50 为 18.28 μm，而 Simba 火山渣的 D50 为 19.12 μm，可以看出，Simba 火山渣相对较难磨细。从微分粒度分布上可以看出，Athi River 凝灰岩磨细后粒度分布范围更广。

Athi River 凝灰岩粉末粒度特征参数

D10	1.91 μm	D(4,3)	25.03 μm	SSA	307sq. m · kg
D25	8.07 μm	D(2,3)	6.74 μm	<3	13.09%
D50	18.28 μm	X′	26.55 μm	3~32	55.10%
D75	38.11 μm	n	1.02	32~65	25.20%
D90	57.85 μm	Sam. ρ	2.90 g/cm³	≥65	6.60%
D97	75.52 μm			≥80	1.91%

Athi River 凝灰岩粉末粒度分布图

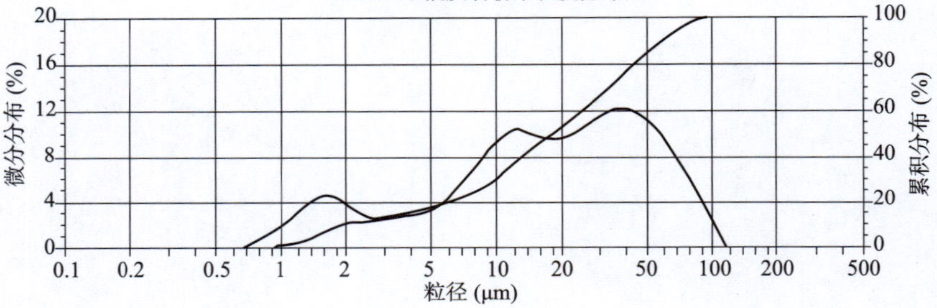

Athi River 凝灰岩粉末粒径分布表

粒径 (μm)	微分分布 (%)	累积分布 (%)	粒径 (μm)	微分分布 (%)	累积分布 (%)	粒径 (μm)	微分分布 (%)	累积分布 (%)
0.10			1.83	3.89	9.58	32.0	5.77	68.19
0.12	0.00	0.00	2.00	0.81	10.39	41.3	10.05	78.25
0.15	0.00	0.01	2.78	2.14	12.53	50.9	7.59	85.84
0.19	0.01	0.01	3.00	0.57	13.09	62.6	6.55	92.39
0.23	0.01	0.02	4.00	2.70	15.80	65.0	1.01	93.40
0.28	0.01	0.03	5.18	1.99	17.79	80.0	4.70	98.09
0.35	0.01	0.04	6.37	2.54	20.32	116.8	1.91	100.00
0.43	0.01	0.05	7.85	4.01	24.34	143.8	0.00	100.00
0.53	0.02	0.07	8.00	0.45	24.79	177.0	0.00	100.00
0.65	0.02	0.09	11.89	12.12	36.91	217.8	0.00	100.00

图 2—4

续上表

粒径(μm)	微分分布(%)	累积分布(%)	粒径(μm)	微分分布(%)	累积分布(%)	粒径(μm)	微分分布(%)	累积分布(%)
0.80	0.49	0.58	14.63	7.07	43.99	268.1	0.00	100.0
0.98	0.75	1.33	16.00	2.45	46.43	330.0	0.00	100.00
1.00	0.09	1.41	22.17	9.02	55.45	406.2	0.00	100.00
1.49	4.28	5.69	27.28	6.97	62.42	500.0	0.00	100.00

Simba 火山渣粉末粒度特征参数

D10	2.92 μm	D(4,3)	23.61 μm	SSA	267sq. m・kg
D25	8.32 μm	D(3,2)	7.76 μm	<3	10.16%
D50	19.12 μm	X′	26.27 μm	3～32	57～47%
D75	37.32 μm	n	168	32.65	30.51%
D90	49.55 μm	Sam. ρ	2.90 g/cm³	≥65	1.36%
D97	61.10 μm			≥80	0.07%

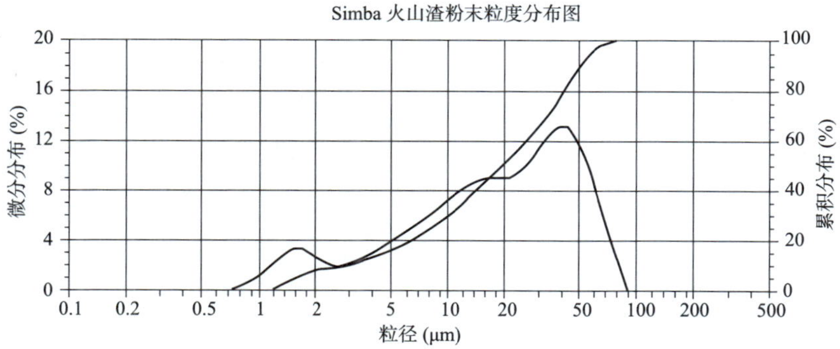

Simba 火山渣粉末粒径分布表

粒径(μm)	微分分布(%)	累积分布(%)	粒径(μm)	微分分布(%)	累积分布(%)	粒径(μm)	微分分布(%)	累积分布(%)
0.10			1.83	3.31	7.42	32.0	6.24	67.62
0.12	0.00	0.00	2.00	0.63	8.05	41.3	13.22	80.84

图　2—4

续上表

粒径 (μm)	微分分布 (%)	累积分布 (%)	粒径 (μm)	微分分布 (%)	累积分布 (%)	粒径 (μm)	微分分布 (%)	累积分布 (%)
0.15	0.00	0.00	2.78	1.65	9.70	50.9	10.27	91.11
0.19	0.00	0.00	3.00	0.46	10.16	62.6	6.50	97.62
0.23	0.00	0.00	4.00	2.72	12.88	65.0	0.52	98.14
0.28	0.00	0.01	5.18	3.37	16.25	80.0	1.79	99.93
0.35	0.00	0.01	6.37	3.36	19.61	116.8	0.07	100.00
0.43	0.00	0.01	7.85	4.04	23.65	143.8	0.00	100.00
0.53	0.00	0.02	8.00	0.45	24.10	177.0	0.00	100.00
0.65	0.00	0.02	11.89	10.54	34.65	217.8	0.00	100.00
0.80	0.13	0.15	14.63	6.61	41.28	268.1	0.00	100.00
0.98	0.39	0.54	16.00	2.91	44.17	330.0	0.00	100.00
1.00	0.06	0.60	22.17	10.45	54.62	406.2	0.00	100.00
1.49	3.51	4.10	27.28	6.76	61.38	500.0	0.00	100.00

图 2—4 粒度分析

(二)化学成分

采用X射线荧光分析对两种天然火山灰质材料不同取样点的样品进行了化学成分分析。由表 2—1 可以看出，两种火山灰化学成分在不同取样点区别不大，均以 SiO_2、Al_2O_3和 Fe_2O_3为主，其中 Athi River 凝灰岩 K_2O 和 Na_2O 含量相对较多，Na_2O 当量基本上都大于 8%，Simba 火山渣 CaO 和 MgO 含量较大，皆为 10%左右。

表 2—1 火山灰化学成分分析

编号		化学成分(%)									
		SiO_2	Al_2O_3	Fe_2O_3	K_2O	Na_2O	CaO	TiO_2	MgO	MnO	ZrO_2
Athi River 凝灰岩	1	56.07	14.48	13.29	6.02	5.98	1.35	1.17	0.49	0.48	0.32
	2	56.82	14.79	12.18	6.29	6.56	0.70	1.21	0.44	0.44	0.32

续上表

编号		化学成分(%)									
		SiO_2	Al_2O_3	Fe_2O_3	K_2O	Na_2O	CaO	TiO_2	MgO	MnO	ZrO_2
Athi River 凝灰岩	3	57.36	14.07	13.88	6.68	3.41	1.47	1.27	0.54	0.54	0.40
	4	56.80	13.84	13.19	6.19	6.44	0.68	1.19	0.43	0.51	0.39
Simba 火山渣	5	43.90	10.94	16.44	1.49	1.84	10.55	3.58	10.37	0.24	0.06
	6	45.41	10.56	15.36	1.02	1.54	9.17	2.88	13.12	0.19	0.04

(三)微观形貌

采用扫描电镜(SEM)研究了天然火山灰的微观形貌,图 2—5 中 1#～4#为 Athi River 凝灰岩,5#为 Simba 火山渣。可以看出,两种天然火山灰微观形貌均较粗糙,多棱角,且 Simba 火山渣棱角更为明显。

1#10000×

1#20000×

图 2—5 两种天然火山灰质材料的微观形貌

2#10000×

2#20000×

3#10000×

图 2—5(续)

3#20000×

4#10000×

4#30000×

图 2—5(续)

5#10000×

5#30000×

图 2—5(续)

(四)物相分析

图 2—6 为两种天然火山灰的 XRD 图,可以看出,两个衍射花样在 2θ 约为 20°～30°之间出现隆起,说明两种天然火山灰的微观结构均含有非晶相。Athi River 凝灰岩的晶体相以长石类矿物为主,包括钠长石、斜长石和碱性长石,Simba 火山渣的晶体相除了含有钠长石外,还有橄榄石,同时两种天然火山灰均存在不可辨认的衍射峰。

(五)安定性试验

采用《水泥标准稠度用水量、凝结时间、安定性检验方法》(GB/T 1346—

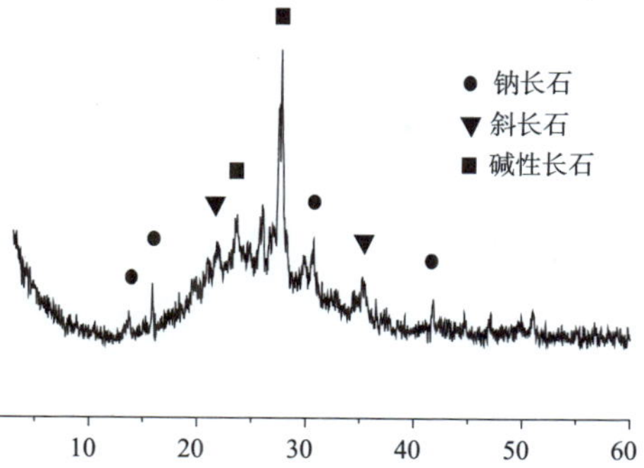

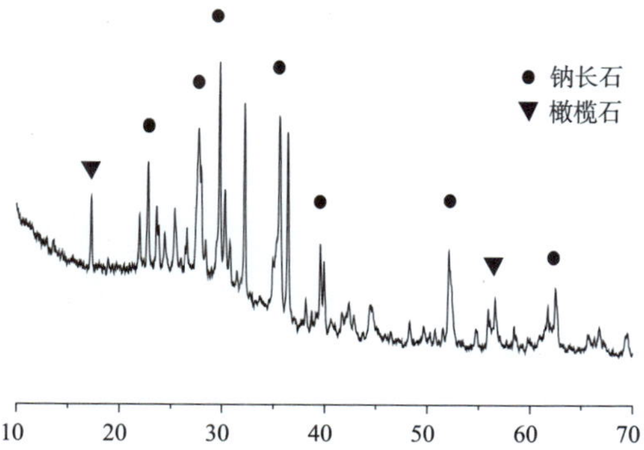

图 2—6 两种天然火山灰质材料的 XRD 图

2011)中的试饼法对两种天然火山灰安定进行了试验，试验采用 Bamburi CEMⅠ42.5 水泥和天然火山灰 7∶3。结果显示，两种天然火山灰安定性均为合格。

（六）基本性能

表 2—2 为两种天然火山灰质材料的基本性能，亚甲蓝值（MB 值）为表征吸附性的指标。可以看出，Athi River 凝灰岩 MB 值较大，为 1.70，而 Simba 火山渣 MB 值相对较低，只有 0.25，说明 Simba 火山渣与 Athi River 凝灰岩相比，含泥量较小，相对较纯净。从烧失量上也能得到同样的结论，烧失量为天然火山灰中有机质和水分的含量，Simba 火山渣要比 Athi River 凝灰岩小很多。

两种天然火山灰的流动度比，编号 1a 细度较大（21.4%）为 79%，其他皆为 90%左右。28 d 的活性指数，编号 1a 的 Athi River 凝灰岩为 64%，其他均大于

65%。流动度比和活性指数是天然火山灰能否得到应用的重要技术指标。

表 2—2 火山灰基本性能

编号	亚甲蓝值	细度(45 μm 筛余,%)	密度(kg/m³)	流动度比(%)	烧失量(%)	含水量(%)	活性指数(%)	
							3 d	28 d
1a	1.70	21.4	2.62	79	1.14	0.5	60	64
1	1.70	7.7		90	1.14	0.5	64	67
2	0.25	11.3	3.03	91	0.21	0.2	68	69

注:la,l 为 Athi River 凝灰岩,2 为 Simba 火山渣。1a 为火山灰样品 1 粉磨 12 min。1 为火山灰样品 1 粉磨 20 min。

二、流动度比和活性指数影响因素

天然火山灰质材料作为混凝土掺合料,流动度比和活性指数是两个重要的技术指标:流动度比,直接关系到对混凝土工作性的影响;而活性指数,决定了对混凝土力学性能的影响。就这两个技术指标,对两种天然火山灰和粉煤灰进行了对比研究,并通过复合石灰石粉、物理激发和化学激发研究探索可行的改善方案。

表 2—3 为试验用天然火山灰基本性能情况,Athi River 凝灰岩随着粉磨时间的延长,细度逐渐加大;石灰石粉,取自湖北恩施地区,细度为 45 μm 筛余 11%,28 d 活性指数 63%,流动度比 106%;粉煤灰为Ⅰ级粉煤灰;化学激发用试剂市售分析纯;水泥为基准水泥;砂为 ISO 标准砂;水为自来水。

表 2—3 研究用火山灰的基本性能

指　　标	编　　号	粉磨时间(min)	细度(45 μm 筛余,%)	比表面积(m²/kg)
Athi River 凝灰岩	1#	20	16	519
		30	7	615
		40	3	869
Simba 火山渣	2#	30	8	465

注:Athi River 凝灰岩编号为 1#,Simba 火山渣编号为 2#,下面的研究,都将沿用该编号。

（一）对比粉煤灰

从表2—4可以看出，两种火山灰流动度比均比粉煤灰小的多，可见粉煤灰有减水作用，而1＃火山灰(凝灰岩粉末，下同)有增稠作用[29]，原因是两种火山灰颗粒多棱角，而粉煤灰颗粒大多数为球形，其形态效应和微骨料效应更为明显，见图2—7火山灰和粉煤灰的微观形貌。1＃火山灰比2＃火山灰(火山渣粉末，下同)流动度比小7%，是因为1＃火山灰MB值较高，对水有一定的吸附作用。

1#

2#

图　2—7

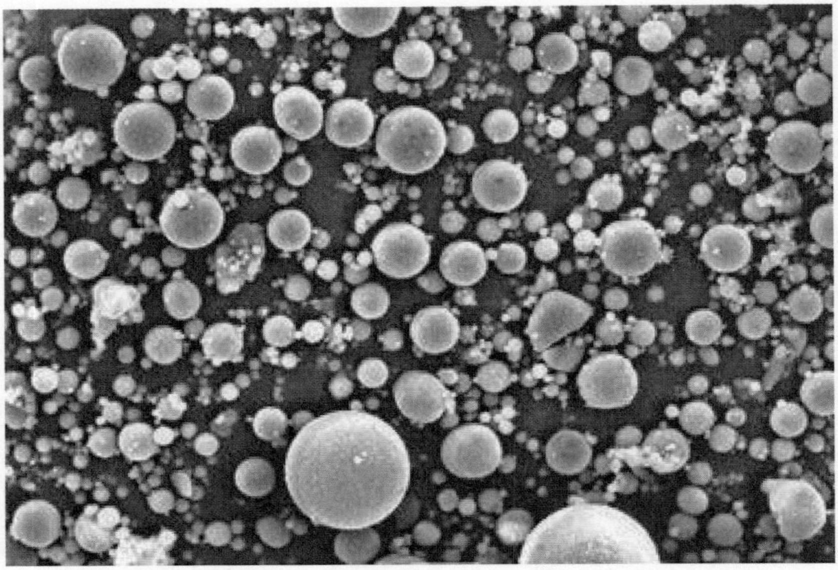

FA

图 2—7　火山灰和 FA 微观形貌

7 d 活性指数的实验结果为：1＃火山灰＞FA＞2＃火山灰，28 d 活性指数：FA＞2＃火山灰＞1＃火山灰，其中 2＃火山灰和粉煤灰 28 d 活性指数相差不大，56 d 和 84 d 活性指数 FA＞2＃火山灰＞1＃火山灰。而 84 d 时，两种天然火山灰活性指数较粉煤灰偏小，说明在后期活性潜力上，天然火山灰比粉煤灰略差。

表 2—4　火山灰和 FA 实验结果

编　号	指　　标	流动度比(%)	活性指数(%)			
			7 d	28 d	56 d	84 d
KA-1	1＃火山灰(凝灰岩)	93	66	66	74	78
KA-2	2＃火山灰(火山渣)	100	59	69	76	85
KF-1	FA(粉煤灰)	110	62	71	81	97

(二)复合石灰石粉

石灰石粉具有一定的减水作用，基本上属于惰性物质，而天然火山灰需水量较大，但是有活性。两种物质以一定的比例混合作为掺合料用于混凝土可能会有很好互补，产生复合效应[38]。表 2—5 为天然火山灰复合石灰石粉的试验情况。可以看出，随着石灰石粉掺量增加，流动度比逐渐变大，说明复合石灰石粉可以很好的改善天然火山灰作为掺合料时混凝土拌合物的工作性。在较低石灰石粉掺量情况下，复合掺合料 7 d 活性指数略有提高；石灰石粉完全取代火山灰时，7 d 活性指数下降较为明显。28 d 活性指数随着石灰石粉掺量的增大，逐渐下降，这也证明了天然火山灰的活性。在较低掺量的情况下(10%)，28 d 活性指数下降较小，在实际的天然火山灰应用中可以考虑低掺量复合石灰石粉，既可改善混凝土的工作性，又可使混凝土强度满足要求。

表 2—5　复合石灰石粉的影响

编　号	火山灰/石灰石粉(%)	流动度比(%)	7 d 活性指数(%)	28 d 活性指数(%)
KA-1	30/0	93	66	69
KS-1	20/10	97	76	68
KS-2	10/20	100	67	64
KS-3	0/30	102	57	60

(三)物理激发

结合表 2—3 和表 2—6，可以看出，随着粉磨时间的加长，火山灰细度更细，比表面积更大，流动度比、7 d 活性指数和 28 d 活性指数等技术指标均有不同程度的提高，这是因为在机械力的作用下，天然火山灰大颗粒粉磨变细、磨去颗粒表面惰性层，从而增加了颗粒的表面活性，增加和加快活性 SiO_2、Al_2O_3 的溶出和水化的速度；而且粉磨使天然火山灰的粒径变小，使其具有了更好的填充作用[39]。可见，物理激发方式效果较好，考虑到粉磨时间加长，磨耗加大，应综合考虑粉磨时间和能耗的关系，以性能满足要求而能耗较为合理的时间点作为最佳粉磨时间，推荐作为天然火山灰加工参数。

表 2—6　火山灰细度的影响

编号	粉磨时间(min)	流动度比(%)	7 d 活性指数(%)	28 d 活性指数(%)
KA-3	20	90	64	67
KA-1	30	93	66	69
KA-4	40	95	65	70

(四)化学激发

表 2—7 为化学激发情况,可以看出,除了明矾石,其他三种激发剂均无激发效果,且对强度有较大损害。即使明矾石也仅在前期激发效果明显,后期 28 d 活性指数仅提高 2%。考虑到激发效果不明显,有损害强度风险,且引入大量有效碱,因此天然火山灰作为掺合料尽量慎重采用化学激发方式提高其强度。

掺加明矾石,活性指数略有提高,可能是由于明矾石与水泥水化产生的 $Ca(OH)_2$ 生成钙矾石(AFt),体积膨胀,使水化水泥石孔隙结构变密实;掺加元明粉活性指数前期稍高,后期最低,可能是由于前期 SO_4^{2-} 与水化产物单硫型水化硫铝酸钙(AFm)反应生成钙矾石,也有密实水泥石孔隙结构的作用,但是由于掺量较大(火山灰质量的 8%),后期多余的 SO_4^{2-} 与 $Ca(OH)_2$ 生成石膏,产生膨胀,损害水泥石强度;KA7、KA8 组和元明粉相似,虽有助于生成钙矾石,但是掺量较大,未反应的石膏和石灰水化产生 $Ca(OH)_2$ 均对强度贡献不大[40]。

表 2—7　化学激发情况

编号	化学激发剂	激发剂掺量(%)	7 d 活性指数(%)	28 d 活性指数(%)
KA-1	—	—	66	69
KA-5	明矾石($KAl_3(SO4)_2(OH)_6$)	8	78	71
KA-6	元明粉(Na_2SO_4)	8	61	57
KA-7	二水石膏($CaSO_4 \cdot 2H_2O$)	8	55	60
KA-8	生石灰+二水石膏	4+4	52	60

注:激发剂掺量以天然火山灰质材料用量为基数。

三、对混凝土凝结时间的影响

文献调研及研究经验表明，天然火山灰质材料会引起凝结时间变短[12,41-43]，混凝土合理的凝结时间是保证工程现场施工，进而确保工程质量的前提。因此，针对该现象进行了试验研究和理论分析，并研究了天然火山灰掺量和比表面积对凝结时间的影响。

表 2—8 为试验用天然火山灰的基本性能情况，2＃天然火山灰(磨细火山渣)有三个粉磨时间生产的三种不同细度；水泥为肯尼亚 Bamburi 水泥厂生产Ⅰ型水泥(符合 EN197—1 标准)，标准稠度用水量 25.6%，比表面积 311 m^2/kg，28 d 抗压强度 58.1 MPa；粉煤灰为Ⅰ级粉煤灰。

表 2—8 火山灰的基本性能

指标	粉磨时间(min)	细度(45 μm 筛余，%)	比表面积(m^2/kg)
1＃(凝灰岩)	40	6	648
2＃(火山渣)	25	19	287
	35	11	396
	65	4	512

(一)天然火山灰质材料的凝结时间

从图 2—8 可以看出，掺加了两种天然火山灰质材料以后初凝时间和终凝时间都较纯水泥短，而掺加粉煤灰的恰恰相反，初凝时间和终凝时间都较纯水泥长，可见天然火山灰质材料具有一定的促凝作用，而粉煤灰具有一定的缓凝作用，两种天然火山灰质材料对比，磨细凝灰岩初凝时间提前了 5 min，终凝时间提前了 15 min，可见磨细凝灰岩促凝作用更明显。

表 2—9 试验配比及凝结时间

	水泥(%)	掺合料(%)	初凝时间(h:min)	终凝时间(h:min)
纯水泥	100	0	2:55	4:50
磨细凝灰岩	70	30	2:35	4:20

续上表

	水泥(%)	掺合料(%)	初凝时间(h:min)	终凝时间(h:min)
磨细火山渣	70	30	2:40	4:35
粉煤灰	70	30	4:00	5:50

注:采用的磨细火山渣比表面积为 396 m^2/kg。

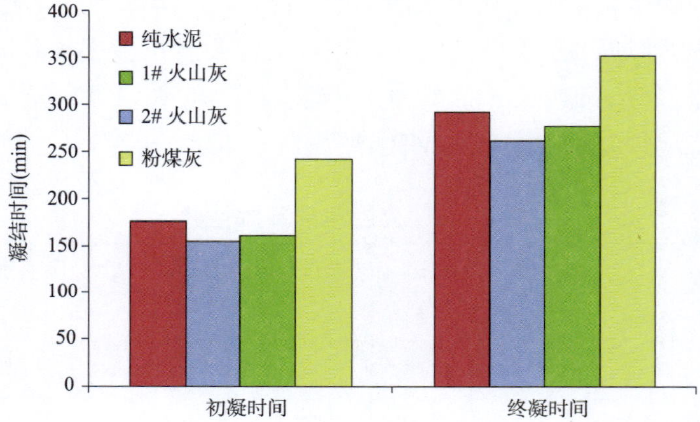

图 2—8　天然火山灰质材料对凝结时间的影响

(1#火山灰为磨细凝灰岩、2#火山灰为磨细火山渣,下同)

天然火山灰质材料之所以具有促凝作用,与其碱含量较高和特殊结构特征有关[41,44]。天然火山灰质材料由晶体矿物和玻璃体组成见图 2—6,晶体矿物的活性源自其沸石化的结构属性,玻璃体的活性源于其热力学不稳定性。天然火山灰质材料的硅氧四面体中,由于部分 Si^{4+} 被 Al^{3+} 取代,为平衡多余的负电荷,碱金属离子进入结构存在于硅(铝)氧四面体所形成的骨架之外,因此具有较强的离子交换能力。在天然火山灰质材料—水泥水化体系中,水泥水化产物 $Ca(OH)_2$ 中的 Ca^{2+} 与火山灰中的 Na^+ 等进行交换,由于 Na^+ 半径为 0.93Å,Ca^{2+} 离子半径为 0.99Å,Ca^{2+} 与两个 Na^+ 交换,使晶体结构中的有效孔径增大;另外,天然火山灰质材料含有的玻璃体是一种内比表面积很大的多孔气凝胶,由气孔壁吸附作用使位于表面的原子具有更多的过剩能[43],增加了天然火山灰质材料的色散力;同时,天然火山灰质材料表面呈粗糙多棱角,不等度性大,曲度较大的颗粒边、角、棱处吸附作用大。有效孔径的增大、色散力的增加和天然火山灰的表面粗糙均对其吸附效应有较大提高，在天然火山灰-水泥水化体系中，天然火山灰的吸附作用对固体粒子的凝聚、水化产物的分散起到促进作用，因此该体系凝结时间较纯水泥短。

（二）掺量的影响

天然火山灰质材料掺量对凝结时间的影响试验采用磨细火山渣。从图2—9可以看出，随着天然火山灰质材料掺量的增加，火山灰-水泥胶凝材料体系的凝结时间越来越短，其中掺量0～50%之间，凝结时间随着掺量增加缩短的趋势较为明显，掺量50%和60%时，凝结时间基本相同，且60%掺量的终凝时间反而比50%的延长了5 min，可见掺量增加到一定程度时，促凝作用趋于稳定。这是因为，掺加天然火山灰质材料，较强的吸附起到了促凝作用，而Ca^{2+}与火山灰中碱金属离子的交换使水化溶液中的$Ca(OH)_2$浓度增高速度变慢，达到过饱和并析晶[2]的时间延长起到了缓凝作用，在掺量相对较低时（小于50%），促凝作用为主导，而掺量过大时，则缓凝作用逐渐体现出来。

表2—10　不同天然火山灰掺量的凝结时间

火山灰掺量（%）	水泥（%）	初凝时间（h:min）	终凝时间（h:min）
0	100	2:55	4:50
20	80	2:55	4:45
30	70	2:40	4:35
40	60	2:30	4:20
50	50	2:25	4:10
60	40	2:25	4:15

注：采用磨细火山渣比表面积为396 m^2/kg。

（三）比表面积的影响

天然火山灰质材料比表面积对凝结时间的影响试验采用磨细火山渣。从图2—10可以看出，随着天然火山灰质材料比表面积的增大，火山灰—水泥胶凝材料体系的凝结时间越来越短，促凝作用愈加明显。当火山灰比表面积为287 m^2/kg，初凝时间比纯水泥增加5 min，终凝时间增加35 min，而当比表面积增至512 m^2/kg时，初凝时间比纯水泥减小30 min，终凝时间减小45 min。

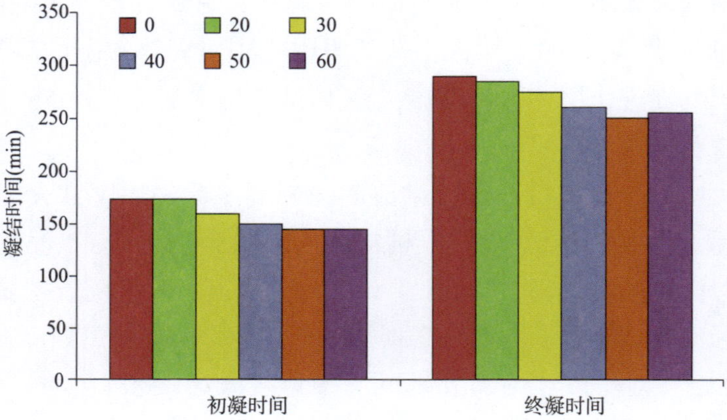

图 2—9 天然火山灰质材料掺量对凝结时间的影响

这是由于，随着天然火山灰质材料比表面积的增大，其色散力和离子交换造成的晶体结构有效孔径更大，促凝作用因此更加明显。

表 2—11 比表面积对凝结时间的影响

比表面积	水泥(%)	掺合料(%)	初凝时间(h:min)	终凝时间(h:min)
纯水泥	100	0	2:55	4:50
512	70	30	2:25	4:05
396	70	30	2:40	4:35
287	70	30	3:00	5:25

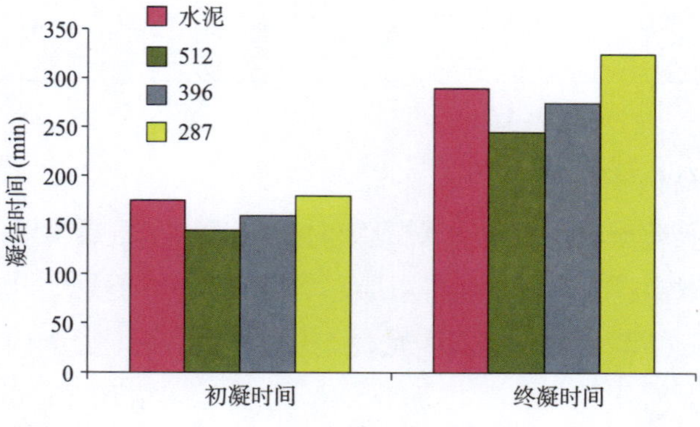

图 2—10 天然火山灰质材料比表面积对凝结时间的影响

四、掺外加剂的流动度比

传统的流动度比试验水胶比为0.5，试验掺合料对砂浆流动性的影响，进而反映掺合料对混凝土工作性的影响。然而，现在混凝土工程中，水胶比普遍偏低，而且基本上都需要外加剂，传统的流动度比不能很好地反映出掺合料对混凝土工作性的影响，因此采用了掺外加剂的流动度比分析两种天然火山灰对混凝土工作性的影响。

（一）试验方法

1. 胶砂配合比

表2—12　胶砂配比

胶砂种类	水泥(g)	粉煤灰(g)	标准砂(g)	减水剂(g)	加水量(mL)
基准胶砂	450	—	1350	—	180
受检胶砂	315	135	1350	—	180

注：(1)减水剂采用非引气型的奈系或聚羧酸减水剂；

(2)通过减水剂调整基准胶砂的流动度为190±10 mm，确定基准胶砂的减水剂用量；

(3)受检胶砂的减水剂用量同基准胶砂；

(4)如果减水剂为水剂，则加水量应扣除外加剂中的该部分水。

2. 搅拌

把水加入搅拌锅里，再加入预先混匀的水泥和粉煤灰，把锅放置在固定架上，上升至固定位置。然后按GB/T 17671中6.3进行搅拌，开动机器后，低速搅拌30 s后，在第二个30 s开始的同时均匀地将砂子加入。当各级砂是分装时，从最粗粒级开始，依次将所需的每级砂量加完。把机器转至高速再拌30 s。停拌90 s，在第一个15 s内用一个胶皮刮具将叶片和锅壁上的胶砂刮入锅中间。在高速下继续搅拌60 s。各个搅拌阶段，时间误差应在±1 s以内。水泥胶砂流动度测定参照GB/T 2419标准进行。

3. 流动度比结果与计算

根据表2—12配比，测得基准胶砂的流动度L_m和受检胶砂的流动度L，按下式计算

火山灰掺外加剂的流动度之比：

$$F = L/L_m \times 100$$

式中 F——受检胶砂的流动度比，%；

L——受检胶砂的流动度，mm；

L_m——基准胶砂的流动度，mm。

计算结果取为整数。

（二）试验结果分析

从表 2—13 可以看出，Athi River 磨细凝灰岩掺外加剂的流动度比为 97%，在掺外加剂的情况下，仍然具有一定增稠效应，原因主要是 Athi River 凝灰岩 MB 值较大，对外加剂吸附作用较大。Simba 磨细火山渣的掺外加剂的流动度比为 106%，在掺外加剂的情况下，具有一定减水效应，因此 Simba 火山渣作为混凝土掺合料，混凝土工作性可以得到较好的改善。

可见，掺外加剂的流动度比更能准确反映掺合料在混凝土中的真实行为。

表 2—13　掺外加剂的流动度比

	减水剂种类	减水剂掺量（%）	流动度（mm）	流动度比（%）
基准水泥	昆仑 KL-3	0.3	198×203	—
Athi River			194×193	97
Simba			211×212	106

五、有效碱含量

混凝土的碱骨料反应被称为混凝土的“癌症”，世界许多地区的混凝土劣化事故，特别是潮湿环境中的结构如大坝、桥墩和海堤等破坏，都被证实是由碱骨料反应（AAR）引起的，因此预防碱骨料反应也越来越受到人们的重视。

碱骨料反应的发生条件为较潮湿的环境（相对湿度 75%以上）、具有碱活性的骨料以及存在氢氧根离子和碱金属离子[45]。而一般来讲工程的环境湿度以及骨料品种的选择难以改变，同时硅酸盐水泥浆体中含有的大量氢氧化钙使孔溶液中氢氧根离子总是保持高浓度，因此控制碱金属离子含量便成为控制碱骨料反应的一项重要技术手段。

我国许多标准都对混凝土中的碱含量进行了限制，《预防混凝土碱骨料反应技术规范》(GB/T 50733—2011)、《混凝土结构耐久性设计规范》(GB/T 50476—2008)等标准都规定了混凝土总碱含量不应超过 3 kg/m^3,并针对不同环境和工程重要性作了适当调整。当使用碱活性骨料时,《通用硅酸盐水泥》(GB 175—2007)推荐使用总碱量小于 0.6%Na_2Oe 的低碱水泥以预防碱骨料反应的发生。

然而,混凝土中的碱来自各个组成成分:水泥、骨料、水、化学外加剂及矿物掺合料。特别是随着近几年掺合料使用的日益普遍和掺量越来越大,其中的碱含量也应该予以重视。而目前掺合料中的碱含量研究较少,标准也没有较为全面的规定,致使例如天然火山灰等一些总碱量较高的地方性掺合料在利用时受到了限制。

(一)矿物掺合料中碱含量分类和关系

矿物掺合料中的碱一部分以可溶形式(如硫酸盐、碳酸盐等)存在,另一部分则以不可溶形式固溶在矿物成分中。当矿物掺合料进入水泥基胶凝材料体系后,可溶性碱很快溶于水中,不可溶碱则会随着掺合料发生二次水化反应而慢慢地溶于水中。另一方面,二次水化所产生的水化产物 C-S-H,由于其层状结构中的 Si-OH 能够中和 Na^+、K^+[46],于是又会吸附一部分已经溶于水中的碱。研究表明[47],最终存在于混凝土中水化产物等固相中的碱并不会参与碱骨料反应。据此,封孝信、冯乃谦等人建议[48],可将掺合料中的碱分为如下几类:

(1)总碱量:是指以各种形式存在的碱的总和。

(2)可溶性碱:将掺合料加入水中搅拌一定时间后能溶解出的那部分碱。

(3)有效碱(有害碱):是指水化到一定龄期时,经过二次水化释放及吸收作用后,存在于孔溶液中的那部分碱,通常认为只有这部分碱才参与碱骨料反应[49]。

其间关系可归纳如下:

也就是说,掺合料中的碱并不是全部都会引起碱骨料反应,而是只有部分碱(即有害碱)才参与反应。因此,在评价掺合料中的碱含量对碱骨料反应的影响时,用其总碱量来评价理论上并不合适。

至于各类掺合料中,有效碱占总碱量的比例,国外学者研究较多,J. Duchesne 等人[19]采用溶出法对三种粉煤灰,两种硅灰和一种矿渣中各类碱

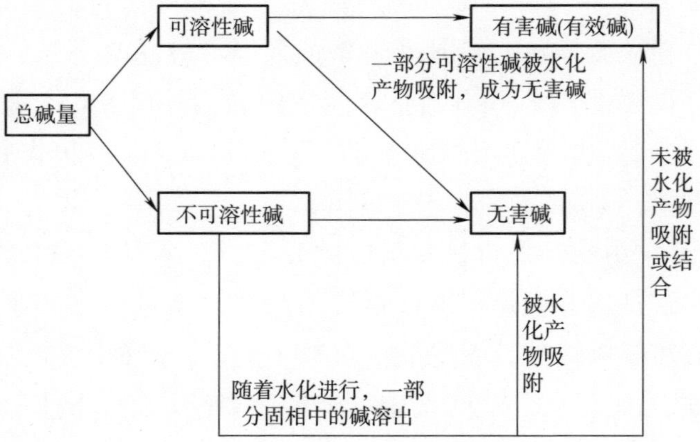

图 2—11　矿物掺合料中碱含量分类及关系

的研究结果如表 2—14 所示。

表 2—14　几种掺合料中各类碱的含量

掺合料	总碱量	可溶性碱		有效碱	
	(%Na_2O)	(%Na_2O)	占总碱	(%Na_2O)	占总碱
粉煤灰 A	2.34	0.09	3.8%	1.02	43.6%
粉煤灰 B	3.07	0.01	0.3%	1.31	42.7%
粉煤灰 C	8.55	1.88	22.0%	6.39	74.7%
硅灰 A	0.77	0.19	24.7%	0.62	80.5%
硅灰 B	3.63	0.74	20.4%	2.20	60.6%
矿渣	0.64	0.02	3.1%	0.32	50.0%

D. W. Hoobs[50]通过对混凝土立方体试块进行溶出法试验也得出类似结论，他建议粉煤灰有效碱取其总碱量的 1/6，矿渣则取 1/2。而这个比例在行业中也逐渐得到认可。Kollek[51]等人通过溶出法测定了四种天然火山灰中的有效碱得出结论：火山灰中有效碱含量占总碱量的 1/6。

我国标准中，除了《铁路混凝土工程预防碱骨料反应技术条件》(TB/T 3054—2002)把掺合料中碱含量全部计入混凝土总碱含量，其他标准均对掺合料碱含量做了区别对待：粉煤灰有效碱含量按实测值 1/6，矿渣粉和硅灰有效碱含量按实测值 1/2。其中有效碱的提法最早来自于《混凝土碱含量限值标准》(CECS 53：93)，其条文说明中指出：这三种矿物掺合料有效碱含量来自英国和加拿大的经验。后来的标准也均沿用了这个比例。但对于天然火山灰等其他掺合料，标准则没有明确的规定。

(二)各类碱的测定方法

1. 总碱量的测定

掺合料中的总碱量可通过酸溶法测定。国外大多按照 BS4550：Part2 的规定，采用氢氟酸—高氯酸进行蒸发处理后测定。国内研究通常是参考《水泥化学分析方法》(GB/T 176—2008)中对于水泥总碱量的测定方法进行。其大致流程为：将试样经氢氟酸-硫酸蒸发处理后，用热水浸取残渣，加入氨水和碳酸铵并煮沸、过滤，最后以火焰光度计测定滤液中的钾、钠。

2. 可溶性碱的测定

目前针对测定掺合料中的可溶性碱并没有相关标准，根据其测定原理，可参照 ASTM C114 中对水泥可溶性碱的测定方法进行，其过程可简述为：称 25.0 g 掺合料放入 500 mL 锥形瓶中，在室温下摇动 10 min，然后在弱真空条件下用布氏漏斗过滤，将滤液转移到一个 500 mL 的容量瓶中定容。测定其浓度后，即可计算出掺合料中的可溶性碱量。

3. 有效碱的测定

目前掺合料中有效碱的测定方法可分为两类：

(1)挤压法：采用一种挤压装置，将掺有一定量掺合料的硬化浆体或混凝土的孔溶液在高压下挤压出来。该方法能直接测定孔溶液的碱浓度，但由于还不是一种标准的方法，且对操作、仪器要求很高，没有得到推广，使用较少。

(2)溶出法：将硬化浆体或混凝土磨细后，与水混合，将孔隙中的化学成分溶解出来，再进行测定。上文所述的研究成果大多都使用溶出法。该方法依据改进后的 ASTM C311，其过程是取 5 克水泥和水泥掺合料的混合物，溶入 10 mL 水中[水/(水泥＋水泥掺合料)＝2∶1]，在温度为 38℃条件下养护，分别在其 7、28、84、168 和 364 d 龄期时，把混合物磨细，放入 200 mL 水中，充分溶解 1 小时后过滤，测定滤液中钠、钾含量，计算其有效碱。

但是之后有些学者对溶出法提出了质疑，他们认为磨细过程破坏了反应产物的原有结构，使吸附（或结合）于反应产物中的大量的碱释放出来，另外磨细加速了未水化的水泥颗粒继续水化，导致水泥颗粒中的固相碱释放出来[50,52]。另一方面，过长的测定龄期也使得该试验方法难以接受。

可以看出，测定实际孔溶液的碱浓度难度很大，引起误差的因素也很多。为了能够更加准确、快速地测定掺合料中的碱含量，我们依据理论研究，尝试从模拟水化机理过程的角度进行测定。

如上文所述，二次水化过程中伴随着碱的溶出与结合，因此二次水化反应的程度必定会影响有效碱的含量。D. W. Hoobs[52]等人的研究表明，随着水化的进行，粉煤灰的有效碱溶出量会发生明显的变化，如图 2—12 所示，粉煤灰水化初期的有效碱含量很低，但由于火山灰效应发生二次水化，后期掺入粉煤灰组的有效碱含量明显增加。D. F. Banlow 和 P. J. Jackson[53]所得到的结论：粉煤灰的碱释放量与其掺量有很大关系，掺量越大，在相同的时间内，释放量越少。同样可以解释为粉煤灰掺量较大时，体系中 $Ca(OH)_2$ 含量较低，二次水化反应难以充分进行，从而使得粉煤灰有效碱含量降低。因此在测定掺合料有效碱时，保证二次水化反应的充分进行至关重要。

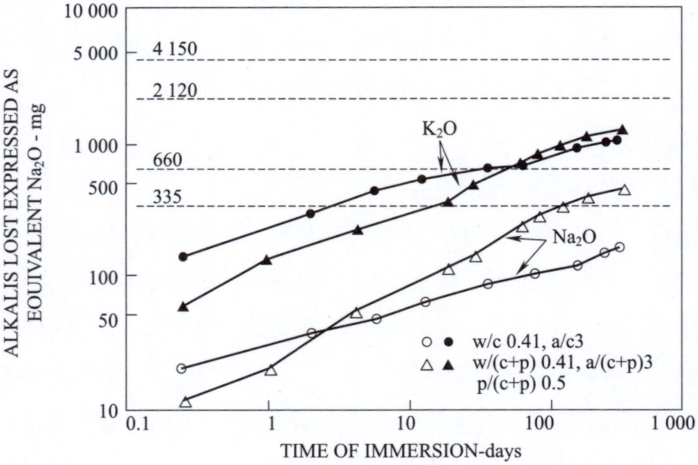

图 2—12　Na_2O 和 K_2O 溶出量随时间的变化

廉慧珍等人在测定掺合料火山灰性时采用在饱和石灰水中煮沸回流的方式来加速二次水化反应的进行，取得了较好的效果[54]。本试验同样采用此方法加速二次水化以进行掺合料中有效碱的测定。具体过程如下：将掺合料试样烘干后，称取 1 g(精确至 0.000 1 g)，置于 500 mL 的锥形瓶中，加入 200 mL 饱和石灰水，用回流冷凝的方法沸煮 2 h 后，冷却，过滤，定容到 500 mL 容量瓶中，测定溶液中的碱含量值即为掺合料的有效碱含量。

(三)碱含量试验结果

依据上文所述方法，对磨细火山渣进行了 3 次试验，粉煤灰进行了 2 次试验，磨细凝灰岩进行了 1 次试验，试验结果见表 2—15。

表 2—15　所测天然火山和粉煤灰各类碱含量

试样种类		磨细火山渣			磨细凝灰岩	粉煤灰	
试验次数编号		1	2	3	1	1	2
总碱 Na_2O mg/g		18.8	23.8	23.8	94.1	5.8	5.8
可溶性碱	可溶性碱(Na_2O mg/L)	14.9	2.16	—	12.78	0.37	—
	试样质量(g)	25	2.050 3	—	5.155 8	2.017 9	—
	可溶性碱(Na_2O mg/g)	0.298	0.527	—	1.239	0.092	—
	占总碱(%)	1.3%	2.2%	—	1.3%	1.6%	—
有效碱	有效碱(Na_2O mg/L)	4.32	2.99	3.16	4.38	1.29	1.19
	试样质量(g)	1.007 1	1.056 8	1.000 9	1.059 6	1.056 1	1.040 8
	有效碱(Na_2O mg/g)	2.145	1.415	1.579	2.067	0.611	0.572
	占总碱/%	11.4%	5.9%	6.6%	2.2%	10.5%	9.9%

由表 2—15 的试验结果可知，两次粉煤灰的有效碱含量测定分别为 10.9%、9.9%，相差仅为 1%，重现性较好，说明采用的有效碱含量测定试验方法较为合理。磨细火山渣的三次有效碱含量测定分别为 11.4%、5.9%、6.6%，平均为 8.0%，磨细凝灰岩有效碱含量仅为 2.2%。因此，鉴于安全和计算方便的考虑，磨细凝灰岩有效碱含量可按照总碱含量的 1/20 计算，磨细火山渣有效碱含量可按照总碱含量的 1/9 计算。

(四)天然火山灰对碱—骨料反应的影响

通过上述试验可知，天然火山灰有效碱含量较小，为研究其对碱骨料反应的影响，采用标准《铁路混凝土》(TB/T 3275—2011)中附录B矿物掺合料及外加剂抑制碱—骨料反应有效性检测方法进行了试验，试验采用了以前研究中用过的碱活性较大骨料，试验结果见表2—16。

表2—16　天然火山灰对碱—骨料反应的影响

样品种类	膨胀率(%)			
	3 d	7 d	14 d	28 d
100%水泥	0.07	0.10	0.19	0.30
70%水泥+30%磨细凝灰岩	0.01	0.02	0.03	0.05
70%水泥+30%磨细火山渣	0.01	0.03	0.05	0.08

由表2—16的试验结果可知，采用的骨料碱活性较大，纯水泥试件28 d膨胀率高达0.30%，掺加30%的两种天然火山灰可以有效抑制碱—骨料反应，28 d膨胀率分别为0.05%和0.08%，抑制作用明显。因此天然火山灰不但有效碱含量较低，还可以有效抑制碱—骨料反应。

六、环境安全性

天然火山灰作为掺合料用于建筑材料中，需考虑材料自身的环境安全性问题，主要包括浸出物毒性和放射性。本试验通过对两种火山灰环境安全性进行测试，并与粉煤灰进行对比，以研究火山灰是否会对人体健康和使用及堆放环境造成危害。

(一)浸出物毒性

天然火山灰等粉体材料除了主要元素外，还可能含有一定量的砷、铬、铅、汞、铜、锌、镍等可能会对人体健康产生不利影响的微量元素。这些微量元素对环境的影响主要表现为浸出物的毒性，即材料遇水浸沥后，其中的有害物质就会迁移转化，从而污染环境。

试验依据《固体废物　浸出毒性浸出方法　醋酸缓冲溶液法》(HJ/T 300—2007)对两种天然火山灰及粉煤灰中若干种微量元素的溶出量进行测试，并结合《危险废物鉴别标准　浸出毒性鉴别》(GB 5085.3—2007)中相应元素的浸出限值进行判定，试验结果见表2—17。

表 2—17　各样品中微量元素浸出量测试结果

危害成分	磨细凝灰岩	磨细火山渣	粉煤灰	标准限值
铜	—	0.025 1	—	100
锌	—	0.003 9	1.306 8	100
镉	0.007 6	0.010 3	—	1
铅	0.190 3	0.152 1	0.020 3	5
铬	0.009 0	0.002 4	0.042 7	15
铍	0.000 8	0.007 5	0.008 2	0.02
钡	16.671 6	8.157 6	53.501 6	100
镍	3.003 4	—	3.072 4	5

注:考虑到样品中铬的含量极低,则不再测试其中六价铬含量。

由表 2—16 结果看出,两种天然火山灰中各种微量元素的浸出量都远远低于标准限值,大多数也都小于粉煤灰的相应含量,因此可以判定火山灰中有害元素在水体中的浸出极微,基本不会影响环境,并不具有浸出物毒性的潜在危害。

(二)放射性

人们的日常生活与工作都离不开功能各异的建筑,建材与人们的生活是非常密切的,因此,建材中的放射性核素就成为了公众环境电离辐射的组成部分之一,直接影响着人们的身体健康。对此,我国标准《建筑材料放射性核素限量》(GB 6566—2010)明确提出了建筑材料在使用前要接受强制放射性检定,并对建筑主体材料中的放射性核素镭 Ra-226、钍 Th-232 和钾 K-40 的限值进行了如下规定:

$$I_r = C_{Ra}/370 + C_{Th}/260 + C_K/4\ 200 \leqslant 1.0 \text{ 且 } I_{Ra} = C_{Ra}/200 \leqslant 1.0$$

式中:C_{Ra}、C_{Th}、C_K分别为 Ra-226、钍 Th-232 和钾 K-40 的放射性比活度,单位为 Bq/kg。

标准要求采用低本底多道 γ 能谱仪测量样品中镭 Ra-226、钍 Th-232 和钾 K-40 的放射性比活度,但由于该方法需要等到样品衰变平衡,需要 1 公斤样品和长达几个月的时间,故暂时未采用标准方法。而是在未达到衰变平衡的情况下先采用快速法测试了两种火山灰的总放射性(该方法一般用来判定样品是否具有放射性),并与粉煤灰对比,进行大体判断,试验结果见表 2—18。

表 2—18 各类样品的总放射性

样品	总放射性比活度(Bq/kg)
磨细凝灰岩	2 855.8
磨细火山渣	3 702.2
粉煤灰	2 813.1

此结果经测试专家判断放射性完全不超标,其解释为:由于其中钾 K-40 放射性活度比的测定不需要衰变平衡条件,故所得结果中钾 K-40 占主要比例,即总放射性中绝大多数都是 CK 的放射性值;同时,由于样品未达到衰变平衡,其中钍 Th-232 的所测放射性值会偏大,则造成整体结果数值偏大。这样来看,上述结果套入公式中均可满足标准的要求,可判定放射性不超标。

第三节 生 产 技 术

由本章第二节技术指标分析可知,天然火山灰的化学成分主要是氧化硅和氧化铝。由于火山融岩喷出后即遭急冷,因此,火山灰含有一定量的玻璃体物质,它们是火山灰活性的主要来源。火山灰可以作为矿物掺合料加入混凝土中,替代部分水泥,既能降低混凝土的成本,又能改善和提高混凝土的性能。对于以岩石形态存在的火山灰凝灰岩或火山渣,在应用之前,需要对其进行破碎,然后粉磨至一定细度才能充分发挥其物理填充和活性,因此选择合理的粉磨设备和工艺是天然火山灰开发利用的关键问题之一。

根据前期勘测和考察,Simba 地区(距肯尼亚首都内罗毕约 150 km)的火山渣烧失量低,活性相对较高,开采方便,运距短,可作为铁路工程用火山灰材料的首选料源。

其次,Athi River 地区存在大量的凝灰岩(属于天然火山灰质材料),已探明储量大于300万立方米，并进行了规模开采，皆作为附近水泥厂的混合材使用。该类天然火山灰质材料，容易粉磨，活性一般，可以作为补充料源。由本章第二节可知，Athi River凝灰岩较Simba火山渣易磨性好，设备选型以较为难磨的Simba火山渣为基准考虑。

一、粉磨设备

以下介绍两种目前最为常用的粉磨设备，从设备粉磨原理、工艺流程等方面叙述各个设备方案的优劣性，以供选型参考之用。

（一）破碎设备

一般根据原矿的块度和产品的粒度要求来确定破碎段数。目前生产中大多采用一段或二段破碎的工艺流程，也可称为粗碎和细碎过程。破碎设备主要有颚式破碎机、锤式破碎机、反击式破碎机、圆锥破碎机、辊式破碎机等。

由于火山灰原始粒度＜100 mm，因此采用一级破碎设备较为合理。根据原料特性，一般选择锤式破碎机，将物料破碎至粉磨设备的要求进料粒度即可。表2—19是三种常用粉磨设备的进料粒度要求。由于立式磨是料床粉磨，对于入料粒度的要求较为宽泛（磨型越大，入料粒度越大）。

表2—19　三种粉磨设备的进料粒度要求

设备类型	雷蒙磨	球磨机	立式磨
入料粒度（mm）	≤30	≤5	≤50

（二）粉磨设备

迄今为止的粉磨主要是物理机械粉碎（研磨），这种方法制造的超细颗粒的产量大、成本低、工艺简单。国外从20世纪40年代起开始这方面的研究，进入20世纪80年代这项技术已日趋成熟。

国内粉磨设备的研究起步较晚，起初主要靠引进国外先进设备和技术为主，开始几年引进了各种类型的雷蒙磨、球磨机和立式磨等，以及相应的分级技术。国内很多研究院所、大专院校、工矿企业以消化吸收为主进行了大量的研究和部分仿制工作，并取得了一定的成绩。但总的来说，国内研制的微细粉碎机种类不多，生产能力不大，设备的性能和生产的产品质量还达不到发达国家的先进水平。目前，投入市场应用的粉磨设备主要有：

1. 球磨机

球磨机是由水平的筒体，进出料空心轴及磨头等部分组成，筒体为长的圆筒，筒内装有研磨体（如钢球、钢段等），筒体为钢板制造，有钢制衬板与筒体固定，研磨体一般为钢制圆球，并按不同直径和一定比例装入筒中，研磨体也可用钢段。

根据研磨物料的粒度加以选择，物料由球磨机进料端空心轴装入筒体内，当球磨机筒体转动时候，研磨体由于惯性、离心力和摩擦力的作用，使它附在筒体衬板上被筒体带走，当被带到一定的高度时候，由于其本身的重力作用而被抛落，下落的研磨体像抛射体一样将筒体内的物料给击碎。

物料由进料装置经入料中空轴螺旋均匀地进入磨机第一仓，该仓内有阶梯衬板或波纹衬板，内装各种规格钢球，筒体转动产生离心力将钢球带到一定高度后落下，对物料产生重击和研磨作用。物料在第一仓达到粗磨后，经单层隔仓板进入第二仓，该仓内镶有平衬板，内有钢球，将物料进一步研磨。粉状物通过卸料箅板排出，完成粉磨作业，合格粉由球磨机尾部卸料口排出，经提升机提升入库即为成品。

球磨机结构示意图及外观分别如图 2—13 和图 2—14 所示。

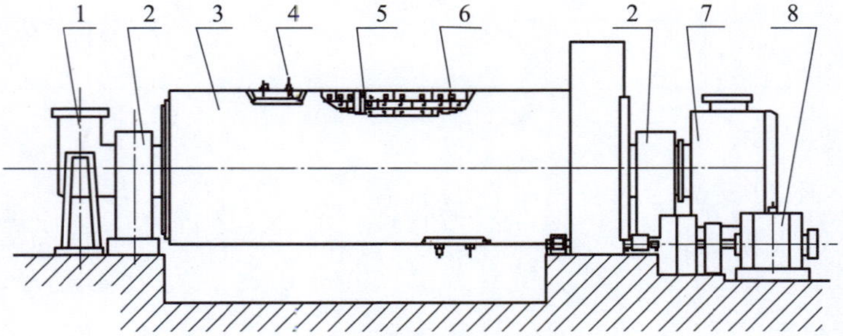

图 2—13 球磨机结构示意图

1—进料装置；2—主轴承；3—筒体；4—磨门；5—隔仓板；6—衬板；7—卸料装置；8—传动装置

图 2—14　球磨机(小型)

2. 立式磨

第一台立式磨于 20 世纪 20 年代由德国工程师研制而来。它的粉磨原理类似于我们祖先碾磨粮食的碾子,其采用料床粉磨原理粉磨物料,克服了球磨机粉磨机理的诸多缺陷,具有粉磨效率高、电耗低(比球磨机节电 30%～50%),烘干能力大,允许入磨物料粒度大,粉磨工艺流程简单,占地面积小,土建费用低,噪声低,磨损小,寿命长,操作容易等优点。

经过 90 多年的发展,立式磨技术应用已经十分成熟,特别是 20 世纪 60 年代以来,随着预热预分解技术的诞生和新型干法水泥生产线的大型化,立式磨在国外水泥工业中得到了广泛应用,其技术水平得到了进一步的提高和完善。国外多家公司相继研制了各种类型的立式磨,均取得了成功。德国莱歇公司 LM 立磨,非凡公司 MPS 立磨,伯利休斯公司 RM 立磨,丹麦史密斯公司 Atox 立磨,日本宇部公司生产了 UB—LM 立磨。立式磨作为大型粉磨设备,自 20 世纪 20 年代研制以来其应用的广泛性、经济性和稳定性已经得到大量工程实践的证明。

立式磨的粉磨原理如下:来自原料储库的物料,经变频控制的电子皮带秤定量经锁风喂料设备送入磨内旋转的磨盘中心,在离心力作用下,物料向磨盘周边移动,进入粉磨辊道。磨辊在液压装置和传动臂的作用下,向辊道内物料施加压力,物料受到挤压和剪切作用而被粉磨。同时,风从磨盘的风环高速均匀向上喷出,粉磨后的物料被高速气流吹起,细粉经磨机顶部自带的选粉机进行分级,合格的细粉随同气流出磨,由收尘设备收集为产品,经提升机进入成品仓;不合格的粗粉在选粉机叶片作用下重新落至磨盘,与新喂入的物料一起重新粉磨,如此循环,完成粉磨和分级作业的全过程。立式磨结构示意图及外形分别见图 2—15 和图 2—16 所示。

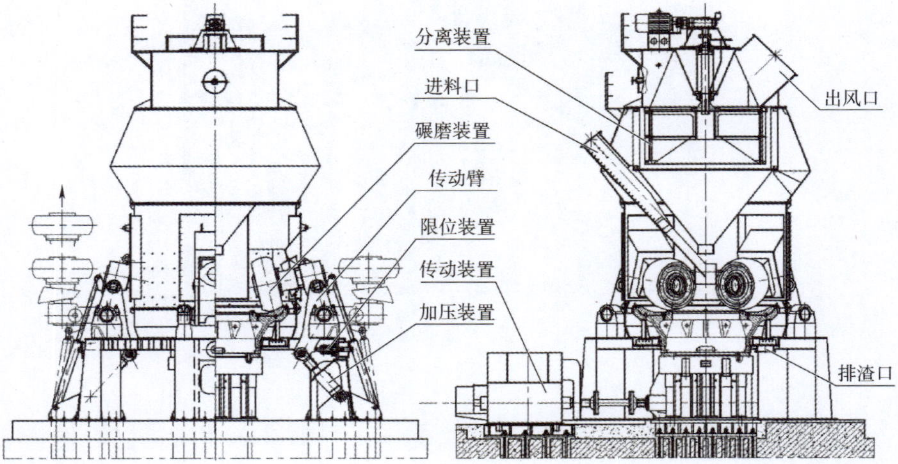

图 2—15　立式磨结构示意图

图 2—16　立式磨(小型)

二、粉磨工艺

(一)球磨机粉磨工艺

球磨机粉磨工艺流程图参见图 2—17 所示。

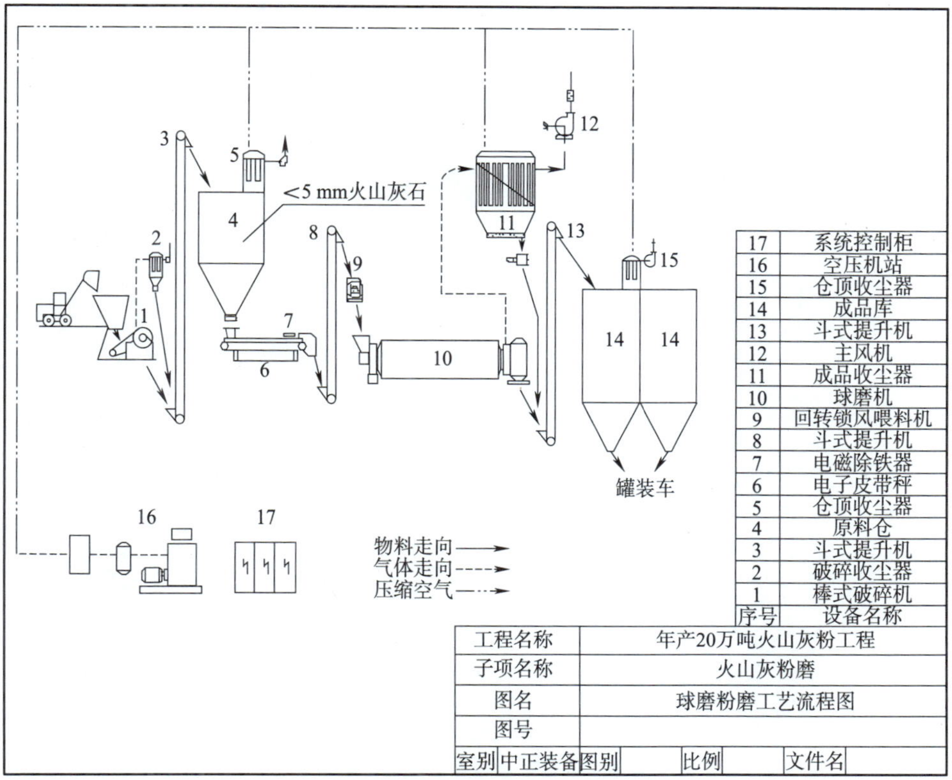

图 2—17　球磨粉磨工艺流程图

球磨生产工艺的特点是适应性好、多段分级、循环负荷大（300%～500%）、单机生产能力较大，在 2000 年之前是较为流行的生产工艺之一，但是随着现代产业发展所要求的规模化、节能环保要求的提高，球磨工艺存在磨耗高（污染产品）、能耗高（成本高）和过研磨现象严重（产品粒度分布不佳）等缺点，目前，除在水泥终粉磨领域、非金属矿超细粉磨领域还有应用外，在其他行业基本都已被立式磨和雷蒙磨取代。

（二）立式磨粉磨工艺

立式磨粉磨工艺流程图见图 2—18 所示。

立式磨是近年来干法超细粉磨加工技术的主要进展之一，是集细碎、粉磨、分级、干燥与输送于一体的粉体加工大型装备，其特点是单机生产能力大，立式磨具有内置分级机，粉磨效率高，产品细度可以在 $D_{97}=10\sim45\ \mu m$

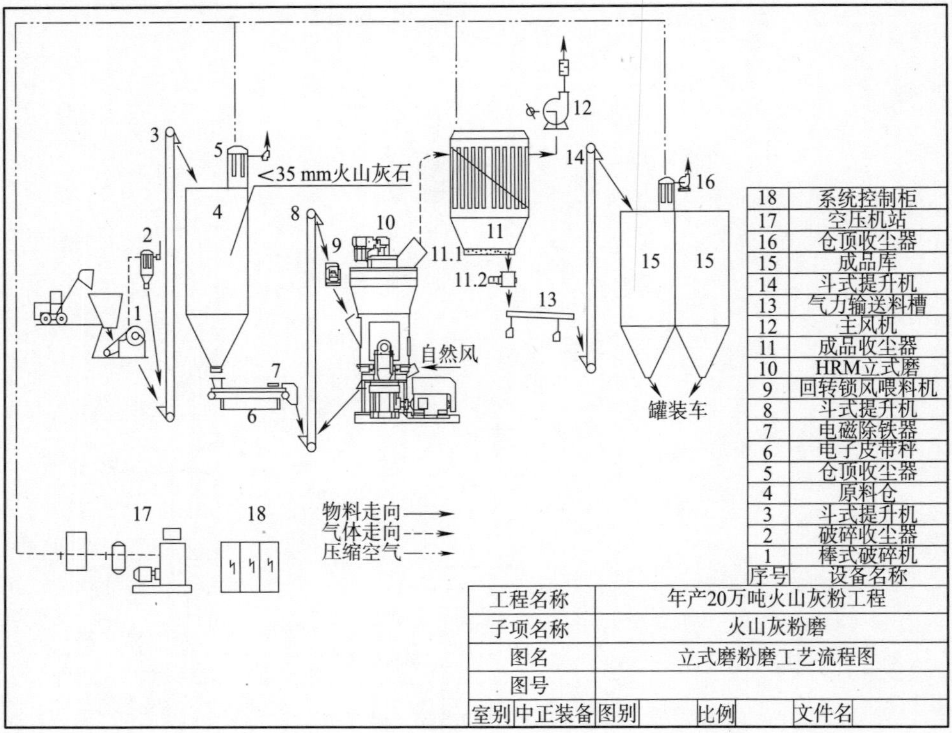

图 2—18　立式磨粉磨工艺流程图

(325～1250 目)之间灵活调节。立式磨最大的优势是节能、磨耗低和产能高，目前在水泥行业、电力行业和冶金行业等均得到了广泛的应用。

三、天然火山灰粉磨方案分析

根据目前东非地区铁路工程项目的具体情况，粉磨方案应初步考虑如下方面：

(一)天然火山灰粉磨特性

为了解两种天然火山灰的粉磨特性，在合肥水泥设计研究院进行了易磨性试验。Simba 火山渣原料粉磨功指数测定值为 25.82 kWh/t，Athi River 凝灰岩的原料粉磨功指数测定值为 15.17 kWh/t，因此 Athi River 凝灰岩粉磨加工相对能耗更少。

合肥水泥研究设计院

物料易磨性(邦德功指数)试验报告

提交报告时间:2014 年 8 月 8 日

送样单位	中国建筑科学院　　邮编:		
通讯地址	省　市　区　　送样人电话:　　收件人:		
试样名称	火山灰渣	试样特征	<20 mm 块粒状,黑色,多孔状结构,经该试样后入磨试验。入磨 700 mL 容重 764 g。
试样配比	火山灰渣 100%		
送样标记	肯尼亚项目	测试编号	S—1335
收样时间	2014 年 8 月 4 日	测试时间	2014 年 8 月 6 日
试验结果			
• 80%通过的入磨粒度(F_{80}):	3299.1	μm	
• 80%通过的成品粒度(ρ_{80}):	62.96	μm	
• 试验磨每转产生的成品量(G):	0.577	g/r	
• 试验采用的成品筛孔径(P_1):	80.0	μm	
• 原料粉磨功指数测定值(W_i):	25.82	kWh/t	
备注:1. 本测试按照 GB/T 26567—2011 标准方法承做; 2. 本检测结果仅对来样负责,如有疑问,请在 30 天内提出查询。			

送样单位	中国建筑科学院　　邮编:		
通讯地址	省　市　区　　送样人电话:　　收件人:		
试样名称	火山灰(凝灰岩)	试样特征	20～160 mm 块状矿石,灰黑色,经该　试样后入磨试验。入磨 700 mL 容重 773 g
试样配比	火山灰(凝灰岩)100%		
送样标记	肯尼亚项目	测试编号	S—1334
收样时间	2014 年 8 月 4 日	测试时间	2014 年 8 月 5 日
试验结果			
• 80%通过的入磨粒度(F_{80}):	3225.0	μm	
• 80%通过的成品粒度(ρ_{80}):	59.40	μm	
• 试验磨每转产生的成品量(G):	1.061	g/r	
• 试验采用的成品筛孔径(P_1):	80.0	μm	
• 原料粉磨功指数测定值(W_i):	15.17	kWh/t	
备注:1. 本测试按照 GB/T 26567—2011 标准方法承做; 2. 本检测结果仅对来样负责,如有疑问,请在 30 天内提出查询。			

图 2—19　天然火山灰质材料的易磨性试验

（二）分布方式

1. 集中粉磨

如采用集中粉磨，可以考虑球磨和立磨。可根据当地的实际条件，比选球磨或立磨。相同或相似条件下，建议采用球磨工艺（保证火山灰粉体品质）。

2. 分标段粉磨

如分标段粉磨，则采用小型球磨工艺。如果按照小而全的规模上小型球磨系统，总成本要高于集中粉磨（基建成本等）。

（三）建设周期

表 2—20　立磨系统的建设周期

项　目	生产周期（个月）
立磨整机	4
系统配套设备	2.5
设备及非标件安装	1.5～2

确定设备选型方案，系统设备的供货周期约 4～5 个月，生产线工艺、电气、土建设计约 1 个月，工艺设计时间约 20 天后能提供土建开挖图供土建施工，土建工期 3～4 个月，安装工期 1.5～2 个月。以上时间为国内较快进度估计，不包含国外运输和其他不可控因素造成的延期。

球磨系统的总的建设周期与立磨系统相近。

四、具体粉磨方案

（一）火山灰立磨工艺方案

1. 方案概况

2. 粉磨工艺流程说明及示意图

破碎：原料的破碎工段是将从矿山开采的火山灰原料破碎到适合立式磨粉磨的要求粒度，可根据原料的初始颗粒度进行取舍，从业主提供的图片看，原料粒度较小（≤30 mm 以下），因此本方案中取消了破碎工段。

粉磨：利用铲车将一定粒度（≤30 mm）的火山灰原料送入喂料斗，料斗下设电子皮带秤，计量后由皮带输送机送至 1＃锁风喂料机，喂入立磨旋转的磨盘中心，在离心力作用下，物料向磨盘周边移动，进入粉磨辊道。磨辊在液压装置和传动臂的作用下，向辊道内物料施加压力，物料受到挤压和剪切作用而被粉磨。同时，风从磨盘的风环高速均匀向上喷出，粉磨后的物料被高速气流吹起，细粉经磨机顶部自带的选粉机进行分级，合格的细粉随同气流出磨，由收尘器收集为产品，再经提升机进入成品仓，仓下设置散装机进行罐车包装后运输出厂；不合格的粗粉在选粉机叶片作用下重新落至磨盘，与新喂入的物料一起重新粉磨；同时立磨的排渣由提升机提升后经 2＃锁风喂料机重新送入立磨粉磨，如此循环，完成粉磨分级作业的全过程。

表 2—21　立磨工艺概况

粉磨物料	火山灰(凝灰岩)，产地：肯尼亚	 Simba 火山渣
易磨性指数	预计≤18 kWh/t(待试验后给出详细数据)	
物料特性	水分≤3%；颗粒粒度：≤30 mm	
设备方案	HRM30/2S(原 HRM2500S)立式磨＋脉冲布袋收尘器＋立磨排风机	
工作时间	日工作 24 小时，300 天/年(7 200 h)	
产品规格	45 μm 筛余 12%～15%	
小时产量	≥28 t/h(生产规模：20 万吨/年)	

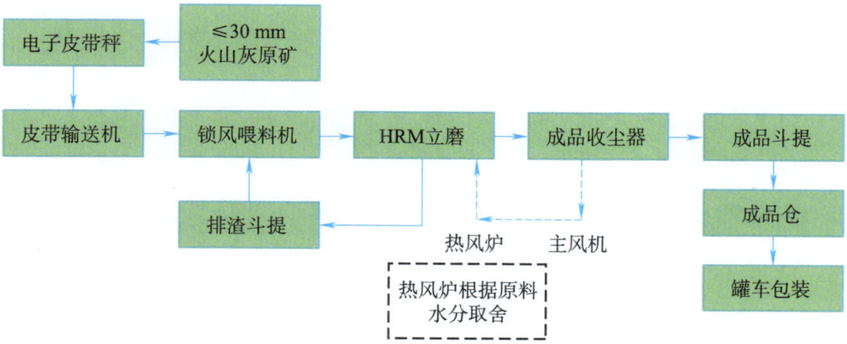

图 2—20　火山灰立磨粉磨工艺流程图

3. 火山灰粉磨系统工艺设备

表 2—22 立磨工艺设备

<table>
<tr><th>序号</th><th>名　称</th><th>功率(kW)</th><th>备　注</th></tr>
<tr><td>1</td><td>喂料斗</td><td></td><td>现场自制</td></tr>
<tr><td>2</td><td>电子皮带秤(含闸板阀)</td><td>1.5</td><td>喂料计量</td></tr>
<tr><td>3</td><td>皮带输送机</td><td>18.5</td><td>原料输送</td></tr>
<tr><td>4</td><td>自动除铁器</td><td></td><td>除铁(根据原料情况可取舍)</td></tr>
<tr><td>5</td><td>回转锁风喂料机</td><td>4</td><td>给立磨喂料</td></tr>
<tr><td rowspan="8">6</td><td>HRM30/2S 立式磨(原 HRM2500S)</td><td>0</td><td rowspan="7">HRM30/2S 技术参数:
磨盘中径:2 500 mm;磨盘外径:3 000 mm;两辊;
产量:≥28t/h(45 μm 筛余 12%～15%);
出磨风量:70 000～85 000 m³/h;
磨机压差:4 000～6 000 Pa;
入磨物料水分:≤3%;
产品水分:≤1%</td></tr>
<tr><td>立磨减速机(南高齿)</td><td>0</td></tr>
<tr><td>立磨电机(11 kV/900 kW/50 HZ/IP54/重电)</td><td>900</td></tr>
<tr><td>选粉机</td><td>75</td></tr>
<tr><td>润滑站(四川川润)</td><td>5.5</td></tr>
<tr><td>液压站(北京中冶力通)</td><td>7.5</td></tr>
<tr><td>密封风机</td><td>3</td><td>风压:2 000～3 500 Pa</td></tr>
<tr><td>7</td><td>自动除铁器</td><td>0</td><td>除铁(根据原料情况可取舍)</td></tr>
<tr><td>8</td><td>皮带输送机</td><td>2.2</td><td>输送立磨排渣</td></tr>
<tr><td>9</td><td>斗式提升机</td><td>7.5</td><td>提升排渣再入磨</td></tr>
<tr><td>10</td><td>回转锁风喂料机</td><td>5.5</td><td>给立磨喂料</td></tr>
<tr><td rowspan="3">11</td><td>脉冲布袋收尘器</td><td>0</td><td rowspan="3">收集成品</td></tr>
<tr><td>气力输送斜槽</td><td>4</td></tr>
<tr><td>叶轮下料器</td><td>3</td></tr>
</table>

续上表

序号	名 称	功率(kW)	备 注
12	立磨排风机		系统排风
	变频电机(11 kV/400 kW/50 HZ/IP54/重电)	450	
	整体支架及消音器		
13	空气输送斜槽	4	成品输送(效率高,磨损小)
14	斗式提升机	11	成品提升入库
15	空气输送斜槽	4	仓顶成品输送,分配入库
16	料位计		实时监测仓库内物料容量,防止满仓
17	成品仓		成品储存,现场自制
18	仓顶收尘器	11	仓顶收尘,减少粉尘污染
19	库底散装系统		成品卸料/包装
20	螺杆空气压缩机	75	提供系统所用压缩空气 现场一备一用
	储气罐 3M3		
	冷干机(含前、后置过滤器)		
21	热风炉	37	热风炉提供烘干湿态物料的热源; 本热风炉按原料最大水分10%进行选型; 若原料水分在3%以内,此表内设备都可取消
a	金属膨胀节		
b	金属膨胀节		
c	金属膨胀节		
d	金属膨胀节		
e	烟囱电动蝶阀		
f	冷风阀		
g	热风阀		
h	循环风阀		

续上表

序号	名　　称	功率(kW)	备　　注
22	立磨高压电机启动柜		风机采用变频控制，生产节能，操作便捷； PLC 为 S7-300 系列，实现全厂的生产自动化
	风机电机高压变频器		
	系统辅机柜		
	系统 PLC 控制		

4. 生产线用电说明

本生产线设备用电总功率：1 630 kW，其中 11 kV 高压为 1 350 kW（立磨 900 kW，主风机 450 kW），其他为 400 V/240 V 中低压。

（二）火山灰球磨工艺方案

球磨磨型：ϕ2.6×13 m 球磨机，包含下表所列设备设施（详细方案待选型确定后有承包商进行细化）。

表 2—23　球磨工艺概况

序　号	设备设施
1	原料配料站 Raw meal dosing station
2	粉磨车间 Grinding Plant
3	成品库及散装 Production silo and bulking
4	空压机站 Compressor station
5	地磅房 Weighing station
6	冷却水系统 Cooling water system
7	电气自动化设备 Electric，automation equipment
8	钢球钢锻（80 吨）Grinding media（80t）

五、两种粉磨工艺产品性能对比

为两种粉磨工艺比选提供依据，对两种粉磨工艺磨成的天然火山灰粉进行了胶砂试验，天然火山灰采用 Simba 火山渣。

（一）试验样品

立磨采用合肥水泥研究设计院中亚建材装备有限责任公司生产的HRM400立式磨，球磨采用无锡市明海粉体设备厂生产的AWN型密闭式滚筒球磨机（2 000×1 780），两种粉磨工艺的粉磨时间和产品细度见表2—26，可见达到相近细度的话，立磨需要的时间较短。

表2—24　两种粉磨工艺出来的细度

编　　号	粉磨工艺	粉磨时间（min）	细度（45 μm筛余，%）
LM1#	立磨 HRM-400	15	22
LM2#		20	15
QM1#	球磨 AWN	30	19
QM2#		35	14

（二）粒度分析

两种粉磨工艺产品的粒度分析采用珠海欧美克仪器有限公司生产的LS-C（IIA）干法激光粒度分析仪，结果见图2—21。可以看出，立磨加工的天然火山灰粒度分析图峰相对较尖锐，粒度分布较窄。

LM1#

D10:101.74	μm	D(4,3):47.81	μm	SSA:133	sq. m/kg
D25:64.69	μm	D(3,2):15.56	μm	<3:3.52	%
D50:37.78	μm	X′:51.15	μm	3-32:37.69	%
D75:19.38	μm	n:1.24		32-65:33.98	%
D90:8.29	μm	Sam. ρ:2.90	g/cub. cm	>=65:24.82	%
D97:2.43	μm			>=80:17.12	%

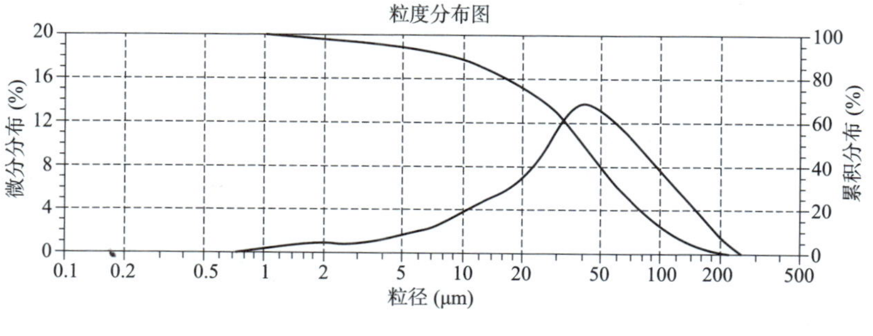

图　2—21

LM2＃

D10:87.23	μm	D(4,3):36.75	μm	SSA:195	sq. m/kg
D25:48.12	μm	D(3,2):10.62	μm	<3:6.25	%
D50:27.31	μm	X′:37.80	μm	3-32:50.72	%
D75:12.06	μm	n:1.10		32-65:26.80	%
D90:4.70	μm	Sam. ρ:2.90	g/cub. cm	≥=65:16.24	%
D97:1.59	μm			≥=80:11.87	%

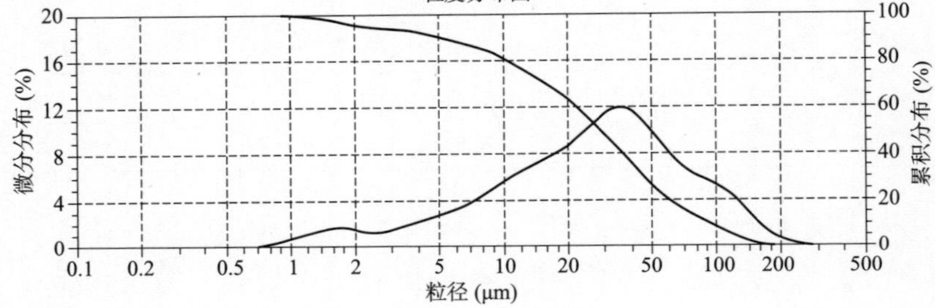

QM1＃

D10:77.26	μm	D(4,3):34.53	μm	SSA:223	sq. m/kg
D25:51.16	μm	D(3,2):9.28	μm	<3:8.37	%
D50:28.79	μm	X′:36.91	μm	3-32:45.70	%
D75:10.82	μm	n:1.03		32-65:30.03	%
D90:3.65	μm	Sam. ρ:2.90	g/cub. cm	≥=65:15.89	%
D97:1.43	μm			≥=80:8.87	%

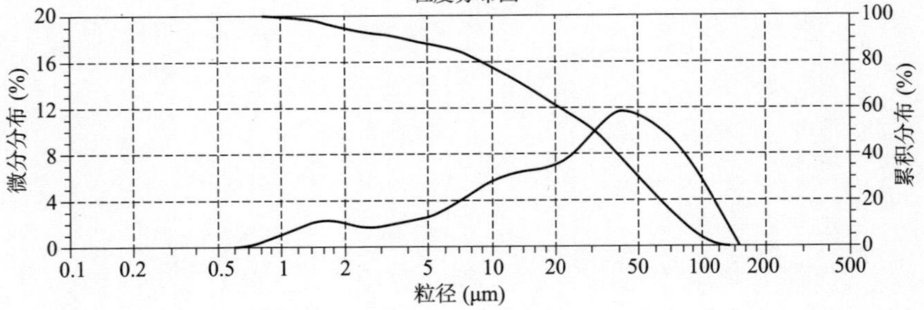

图 2—21

QM2#

D10:67.40	μm	D(4,3):29.78	μm	SSA:262	sq. m/kg
D25:43.44	μm	D(3,2):7.91	μm	<3:10.52	%
D50:22.99	μm	X′:30.85	μm	3-32:50.50	%
D75:9.04	μm	n:1.01		32-65:27.91	%
D90:2.74	μm	Sam. ρ:2.90	g/cub. cm	≥=65:11.06	%
D97:1.34	μm			≥=80:5.37	%

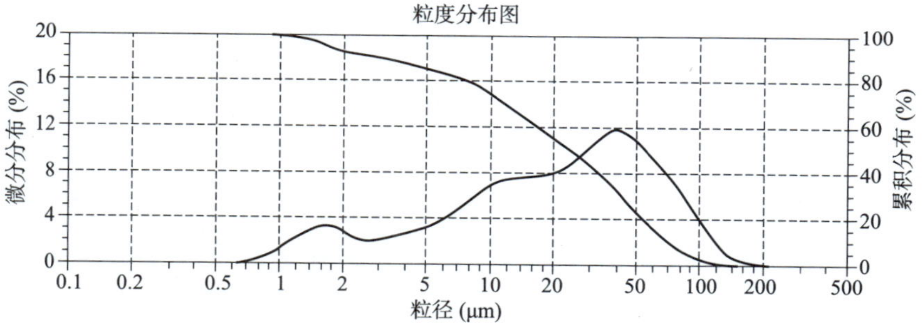

图 2—21　两种粉磨工艺的粒度分析

(三)流动度比

流动度比为表征掺合料对混凝土工作性影响的指标,从表 2—25 可以看出,两种粉磨工艺加工的天然火山灰流动度比都随着细度的增加而增大,流动度比在两种粉磨工艺之间的对比,相差不大。

表 2—25　两种粉磨工艺的流动度比

编　　号	流动度(mm)	流动度比(%)
0#	182	—
LM1#	184	101%
LM2#	194	107%
QM1#	186	102%
QM2#	191	105%

注:0#为基准组,各组所用水泥为基准水泥(下同)。

(四)需水量比

为进一步对比两种粉磨工艺产品对混凝土工作性的影响,除了采用流动度比，还采用了需水量比指标，试验参照 GB/T 18736—2002《高强高性能混凝土用矿物外加剂》中粉煤灰的方法进行。从表 2—26 可以看出，需水量比指标试验能得到与流动度比试验相同的结论，即需水量比随着细度的增加而增大，两种粉磨工艺之间差别不大。

表 2—26　两种粉磨工艺的需水量比

编　号	流动度(mm)	需水量(g)	需水量比(%)
0#	180	225	—
LM1#	178	223	99%
LM2#	180	219	97%
QM1#	178	223	99%
QM2#	179	218	97%

(五)掺减水剂的流动度比

掺减水剂的流动度比为表征掺合料对减水剂吸附作用的指标，从表 2—27 可以看出，立磨工艺的掺减水剂的流动度比相对球磨工艺的小，但是这个差别并非因为对减水剂的吸附不同，可能的原因是，在较高流动度情况下，球磨工艺所得到的较佳颗粒级配起到了作用。

表 2—27　两种粉磨工艺掺减水剂的流动度比

编号	减水剂掺量(%)	流动度(mm)	流动度比(%)
0#	0.3	185	—
LM1#		199	108%
LM2#		200	108%
QM1#		203	110%
QM2#		209	113%

注：外加剂为 KL-3，扣除了外加剂中的水。

(六)活性指数

活性指数为表征掺合料对混凝土力学性能的指标，从表 2—28 可以看出，7 d 活性指数两种粉磨工艺相差不大，28 d 活性指数同细度情况下对比，球磨工艺的要比立磨工艺稍大。可能的原因是：球磨工艺得到的粉体颗粒级配更好，因此具有较佳的填充作用。

表 2—28　两种粉磨工艺的活性指数

编号	7 d		28 d	
	抗压强度(MPa)	活性指数(%)	抗压强度(MPa)	活性指数(%)
0#	30.4	—	43.2	—
LM1#	21.6	71	28.3	66
LM2#	19.5	64	31.5	73
QM1#	21.2	70	31.6	73
QM2#	20.7	68	32.7	76

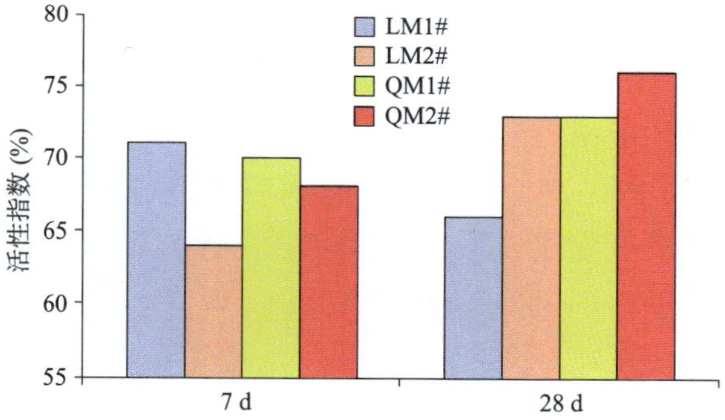

图 2—22　两种粉磨工艺的活性指数

（七）降低粉磨能耗

根据经验及调研可知，物料粉磨加工，尤其是像天然火山灰这种本身硬度较大物料，能耗较大，成本很高，采用助磨剂，降低能耗是较为常用的技术手段。助磨剂一般为表面活性物质，具有降低比表面能和“楔入”粒子裂缝的作用。物料在细磨过程中，颗粒逐步细化，比表面积增大，其表面因断键而带电，粒子相互吸附并出现团聚，使粉碎效率下降。加入少量助磨剂，可以防止粒子团聚，改善物料流动性，从而提高球磨效率，缩短研磨时间。

尝试使用助磨剂提高磨细火山渣的粉磨效率，由于目前市场上并没有针对火山灰的助磨剂产品，使用了三种助磨剂进行研究，分别为某公司生产的

KLA-5、KLA-7、KLA-8。

试验采用试验球磨机，磨细火山渣统一装料 2 kg，助磨剂掺量为万分之五，粉磨时间控制在 10 min 和 20 min 分别进行平行对比，结果见表 2—31。

表 2—29　磨细火山渣掺加助磨剂后细度

粉磨时间(min)	细度(45 μm 筛余，%)			
	基准	KLA-5	KLA-7	KLA-8
10	26.5	25.3	22.9	28.8
20	7.2	6.0	5.1	5.6

由表 2—29 的试验结果可知，在粉磨时间较短(10 min)，天然火山灰细度较粗时，加入三种助磨剂效果均不好，仅加入 KLA-7 比基准组降低 14%，加入 KLA-8 反而比基准组细度更粗；而当粉磨时间延长，天然火山灰细度较细时，掺加助磨剂的效果就体现出来了，掺加助磨剂 KLA-5、KLA-7、KLA-8 分别比基准组细度增加 17%、29%、22%。原因是，当天然火山灰细度较细时，其表面因断键而产生电荷，粒子相互吸附并出现团聚的现象突出，使粉碎效率下降，这时加入的助磨剂，可以防止粒子团聚，在相同的粉磨时间内，得到更加细的粉体。三种助磨剂相比，KLA-7 效果更好，根据试验结果，在相同细度要求下，掺加 KLA-7 助磨剂，可节能大约 30%。

第四节　结　　论

本章就两种肯尼亚天然火山灰的基本物理化学技术指标、流动度比和活性指数、凝结时间、掺外加剂的流动度比、有效碱含量和安全性进行了分析研究；同时，通过调研和试验分析对比了两种天然火山灰在球磨系统和立磨系统的加工工艺，并研究了降低加工能耗的技术措施。

(1)Simba 火山渣(2#)相对较难磨细，Athi River 凝灰岩(1#)磨细后粒度分布范围更广；两种火山灰化学成分，均以 SiO_2、Al_2O_3 和 Fe_2O_3 为主，其中 1#天然火山灰K_2O 和 Na_2O 含量相对较多，Na_2O 当量超过 8%，2#天然火山灰 CaO 和 MgO 含量较大，在 10%左右；两种天然火山灰微观形貌均较粗糙，多棱角，且 2#天然火山灰棱角更为明显。

(2)两种天然火山灰的微观结构均含有非晶相。凝灰岩的晶体相以长石类矿物为主，包括钠长石、斜长石和碱性长石。火山渣的晶体相除了含有钠长石外，还有橄榄石，同时两种天然火山灰均存在不可辨认的衍射峰。

(3)磨细凝灰岩 MB 值较大，为 1.70，而磨细火山渣的 MB 值较低，只有 0.25，说明磨细火山渣含杂质相对较小，吸附性较弱。从烧失量上也能得到同样的结论，烧失量为天然火山灰中有机质和水分的含量，火山渣要比凝灰岩小的多。

(4)两种火山灰在流动度比和活性指数方面均较粉煤灰略差；天然火山灰复合低掺量石灰石粉，能够提高流动度，且对强度影响较小，实际工程可以考虑采用该方案；天然火山灰流动度比和活性指数随着细度变细而逐渐提高，说明物理激发较为有效；化学激发效果不明显，有损害强度风险，且引入大量碱，因此天然火山灰作为掺合料慎重采用化学激发方式提高强度。

(5)两种天然火山灰质材料作为掺合料用于混凝土均具有一定的促凝作用，且随着掺量的增加和比表面积的增大愈加明显。

(6)Athi River 凝灰岩粉末的掺外加剂的流动度比为 97%，在掺外加剂的情况下，仍然具有一定增稠效应；而磨细火山渣(2#)掺外加剂的流动度比为 106%，在掺外加剂的情况下，具有一定减水效应，因此磨细火山渣作为混凝土掺合料，混凝土工作性可以得到较好的改善。

(7)2#天然火山灰的三次有效碱含量测定分别为 11.4%、5.9%、6.6%，平均为 8.0%，磨细凝灰岩有效碱含量仅为 2.2%，因此，鉴于安全和计算方便的考虑，磨细凝灰岩有效碱含量计算法则定为 1/20，磨细火山渣有效碱含量计算法则定为 1/9；两种天然火山灰均可以有效抑制碱—骨料反应。

(8)两种天然火山灰中各种有害元素的浸出量都远远低于标准限值，大多数也都小于粉煤灰的相应含量，因此，可以判定火山灰中有害元素在水中的浸出极微，不会影响环境，并不具有浸出物毒性的潜在危害；两种天然火山灰放射性和粉煤灰相差不大，亦不超标。

(9)立磨工艺产能大、能耗小、噪音污染轻、入料要求低、但是投资额较大，球磨工艺产品粒形较好，粒度分布较广，级配合理。

(10)Simba 火山渣原料粉磨功指数测定值为 25.82 kWh/t，Athi River 凝灰岩原料粉磨功指数测定值为 15.17 kWh/t，因此 Athi River 凝灰岩粉磨加工相对能耗更少。

(11)使天然火山灰达到相近细度,立磨需要的时间较短;立磨加工的天然火山灰粒度分析图峰相对较尖锐,粒度分布较窄;两种粉磨工艺加工的天然火山灰流动度比都随着细度的增加而增大,两种粉磨工艺得到产品的流动度比,相差不大;需水量比指标试验得到的结论与流动度比试验相同,即需水量比随着细度的增加而增大,两种粉磨工艺之间差别不大;立磨加工的天然火山灰掺减水剂的流动度比相对于球磨要小;7 d 活性指数两种粉磨工艺相差不大,28 d 活性指数同细度情况下对比,球磨工艺的要比立磨工艺稍大。

(12)在粉磨时间较短(10 min),天然火山灰细度较粗时,加入三种助磨剂效果均不好,而当粉磨时间延长,天然火山灰细度较细时,掺加助磨剂的效果就体现了出来,掺加助磨剂 KLA-5、KLA-7、KLA-8 分别比基准组细度增加17%、29%、22%。

第三章　东非地区混凝土原材料

第一节　前　　言

东非铁路网是东非各区域互联互通重大项目，设计使用寿命在百年以上。为保证工程质量，必须制备高性能、高耐久的混凝土，其原材料的质量检测与控制尤为重要。优质的原材料是制备高性能混凝土的的基础，是优化高性能配合比设计的前提，是高性能混凝土良好的施工工作性、物理力学性能和耐久性的保证。天然火山灰质材料用于配制高性能混凝土尚不多见，因此更应特别重视研究原材料的优选和质量控制。

第二节　水　　泥

东非地区最大的水泥厂为肯尼亚 Bamburi 水泥厂，水泥品种有 CEM Ⅰ 52.5、CEM Ⅰ 42.5 和 CEM Ⅱ /A-L 42.5，执行的标准为 EN 197-1，见表 3—6。Ⅰ型水泥接近于我国《通用硅酸盐水泥》(GB 175—2007)中的硅酸盐水泥，见表 3—2。CEMⅡ/A-L 由于混合材为石灰石粉，如果石灰石粉掺量不超过 8%，则相当于我国的普通硅酸盐水泥，如果掺量超过 8%，则没有国内水泥品种相对应。

水泥的化学成分见表 3—3，物理性能见表 3—4。CEM Ⅰ 42.5 水泥 28 d 抗压强度富余较多，达到了 62.6 MPa。

表 3—1　EN 197-1:2011 中各种水泥的组分

主要类型	具体水泥品种		组分(质量分数,%)								
			熟料	矿渣	火山灰		粉煤灰		石灰石		少量添加剂
					天然	煅烧	硅质	钙质			
			K	S	P	Q	V	W	L	LL	
CEM Ⅰ	波特兰水泥	CEM Ⅰ	95～100	—	—	—	—	—	—	—	0～5
CEM Ⅱ	波特兰—矿渣水泥	CEM Ⅱ/A-S	80～94	6～20	—	—	—	—	—	—	0～5
		CEM Ⅱ/B-S	65～79	21～35	—	—	—	—	—	—	0～5
	波特兰—火山灰水泥	CEM Ⅱ/A-P	80～94	—	6～20	—	—	—	—	—	0～5
		CEM Ⅱ/B-P	65～79	—	21～35	—	—	—	—	—	0～5
		CEM Ⅱ/A-Q	80～94	—	—	6～20	—	—	—	—	0～5
		CEM Ⅱ/B-Q	65～79	—	—	21～35	—	—	—	—	0～5
	波特兰—粉煤灰水泥	CEM Ⅱ/A-V	80～94	—	—	—	6～20	—	—	—	0～5
		CEM Ⅱ/B-V	65～79	—	—	—	21～35	—	—	—	0～5
		CEM Ⅱ/A-W	80～94	—	—	—	—	6～20	—	—	0～5
		CEM Ⅱ/B-W	65～79	—	—	—	—	21～35	—	—	0～5
	波特兰—石灰石水泥	CEM Ⅱ/A-L	80～94	—	—	—	—	—	6～20	—	0～5
		CEM Ⅱ/B-L	65～79	—	—	—	—	—	21～35	—	0～5

续上表

主要类型	具体水泥品种		组分(质量分数,%)								
			熟料	矿渣	火山灰		粉煤灰		石灰石		少量添加剂
					天然	煅烧	硅质	钙质			
			K	S	P	Q	V	W	L	LL	
CEMⅡ	波特兰—石灰石水泥	CEM Ⅱ/A-LL	80～94	—	—	—	—	—	—	6～20	0～5
		CEM Ⅱ/B-LL	65～79	—	—	—	—	—	—	21～35	0～5

注:石灰石粉中 L—有机碳含量<0.5%;LL—有机碳含量<0.2%。

表 3—2　GB175 中各种水泥的组分

品　种	代　号	组分(质量分数,%)				
		熟料+石膏	矿渣	火山灰	粉煤灰	石灰石
硅酸盐水泥	P·Ⅰ	100	—	—	—	—
	P·Ⅱ	≥95	≤5	—	—	—
		≥95	—	—	—	≤5
普通硅酸盐水泥	P·O	≥80 且<95	>5 且≤20[a]			—
矿渣硅酸盐水泥	P·S·A	≥50 且<80	>20 且≤50	—	—	—
	P·S·B	≥30 且<50	>50 且≤70	—	—	—
火山灰质硅酸盐水泥	P·P	≥60 且<80	—	>20 且≤40	—	—
粉煤灰硅酸盐水泥	P·F	≥60 且<80	—	—	>20 且≤40	—
复合硅酸盐水泥	P·C	≥50 且<80	≥20 且<50			

注:a—可以是矿渣、粉煤灰或火山灰质混合材,其中允许不超过 8%的石灰石粉和砂岩。

表 3—3　Bamburi 水泥的化学成分

种类	各化学成分百分比(%)										
	SiO_2	Al_2O_3	Fe_2O_3	K_2O	Na_2O	CaO	TiO_2	MgO	MnO	P_2O_5	烧失量
CEMⅠ 42.5	19.53	5.26	2.78	0.442	0.166	66.52	0.346	0.84	0.024	0.137	3.38
CEMⅡ 42.5	17.66	4.61	2.47	0.461	0.182	64.15	0.324	0.946	0.023	0.145	8.42

表 3—4　Bamburi 水泥的物理性能

检验项目		水泥编号		
		CEM Ⅰ42.5	CEM Ⅱ42.5	CEM Ⅰ52.5
标准稠度(%)		25.6	27.2	27
凝结时间	初凝(min)	165	120	120
	终凝(min)	220	160	170
抗折强度	3 d(MPa)	6.3	6.4	6.4
	28 d(MPa)	10.2	9.5	10.3
抗压强度	3 d(MPa)	47.9	47.5	48.6
	28 d(MPa)	62.6	52.6	63.7
细度(80 μm 筛余,%)		2.3	0.96	0.42
密度(g/cm^3)		3.1	3.0	3.1
安定性(试饼法)		合格	合格	合格
烧失量(%)		3.80	8.79	3.83
比表面积(m^2/kg)		326	357	347

第三节　粉　煤　灰

东非地区缺乏粉煤灰,主要从国内进口,选用了邹城电厂的Ⅰ级粉煤灰作为对比，化学成分按 GB/T 176—2008《水泥化学分析方法》进行检测，结果见表 3—5；粉煤灰物理力学性能指标和有害物质含量分别按 GB/T 1596—2005《用于水泥和混凝土中的粉煤灰》和 GB/T 176—2008《水泥化学分析方法》进行测定，结果见表 3—6。

表 3—5　粉煤灰的化学成分

化学成分	各化学成分百分比(%)								
	SiO_2	Al_2O_3	Fe_2O_3	TiO_2	CaO	MgO	Na_2O	K_2O	LOI
粉煤灰	48.91	28.05	8.85	2.15	2.65	1.03	0.78	2.08	1.3

表 3—6　粉煤灰的物理力学性能指标

序　号	检测项目	技术要求	检测结果	备　注
1	细度(45 μm 筛余,%)	≤12	10	参考《铁路混凝土》(TB/T 3275—2011)中 C50 及以上要求
2	比表面积(m^2/kg)	—	390	
3	含水量(%)	≤1.0	0.2	
4	需水量比(%)	≤95	93	
5	烧失量(%)	≤5.0	2.8	
6	游离 CaO 含量(%)	≤1.0	0.2	
7	CaO(%)	≤10	8.18	
8	Cl^-(%)	≤0.02	0.01	
9	SO_3(%)	≤3.0	0.86	

第四节　粗　骨　料

粗骨料采用中国路桥工程有限公司生产的 5-20 碎石，其主要技术指标见表 3—7，岩性为玄武岩，表观密度和堆积密度较大，分别达到 2 970 kg/m^3 和 1 740 kg/m^3。碎石的级配见图 3—1，满足 TB/T 3275—2011《铁路混凝土》要求，但是级配曲线略靠近级配上限，说明稍微偏粗。

表 3—7 碎石的主要技术指标

检测项目		检测结果						
表观密度(kg/m³)		2 970						
堆积密度(kg/m³)		1 740						
含泥量(%)		0.25						
压碎值(%)		3.7						
针片状含量(%)		13.3						
泥块含量(%)		0.75						
坚固性(%)		0.8						
14 d 快速法膨胀率(%)		0.04						
吸水率(%)		1.44						
分计筛余,%	筛目尺寸(mm)	31.5	26.5	19.0	16.0	9.5	4.75	底
	分计筛余(%)	—	—	2.3	18.8	48.6	28.6	1.6
	累计筛余(%)	—	—	2.3	21.1	69.7	98.3	99.9

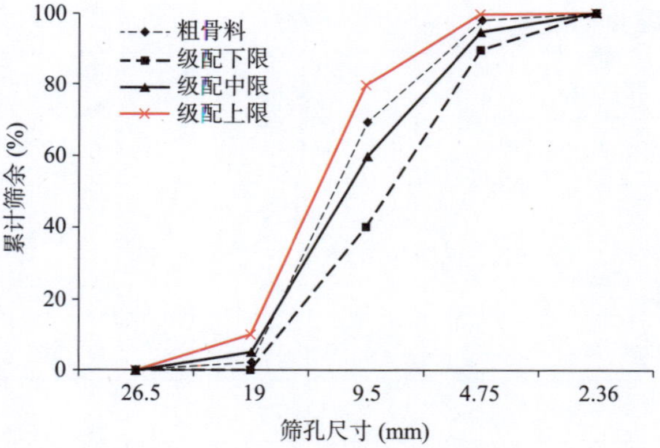

图 3—1 粗骨料的级配曲线

第五节 细 骨 料

细骨料为中国路桥工程有限公司生产的机制砂和开采自 Mashruu 砂场

的天然河砂，其主要技术指标见表3—8。机制砂与第四节中提到的碎石为同一料场生产，岩性一致，表观密度较大，达到2 980 kg/m^3。河砂细度模数为2.1，Ⅲ区细砂，机制砂细度模数为3.3，Ⅰ区粗砂，具体的级配见图3—2。

由于河砂偏细，机制砂又偏粗，因此考虑采用混合砂进行试验研究。机制砂:河砂质量比例为7:3和6:4的级配见表3—10，细度模数分别为3.2和3.05，可见混合砂机制砂:河砂质量比例6:4时为Ⅱ区中砂。

表3—8　细骨料的主要技术指标

检测项目	检测结果	
	河砂	机制砂
表观密度(kg/m^3)	2 685	2 980
松散堆积密度(kg/m^3)	1 550	1 910
紧密堆积密度(kg/m^3)	1 670	1 998
石粉含量(%)	—	13.7
MB值	—	3.25
细度模数	2.1	3.3
压碎值(%)	—	5.9
坚固性(%)	6	7
泥块含量(%)	0.5	0.5
含泥量(%)	1.5	—
14 d快速法膨胀率(%)	—	0.04
吸水率(%)	1.5	3.25

表3—9　细骨料的级配

细骨料种类	筛目尺寸(mm)	4.75	2.36	1.18	0.60	0.30	0.15	底
河砂	分计筛余(%)	4.2	4.8	6.6	24.4	27.5	23.2	9.1
	累计筛余(%)	4.2	9.1	15.7	40	67.5	90.7	99.8
机制砂	分计筛余(%)	0.7	38.2	17.7	18.2	5.4	4.1	15.7
	累计筛余(%)	0.7	38.8	56.5	74.7	80.1	84.2	99.9

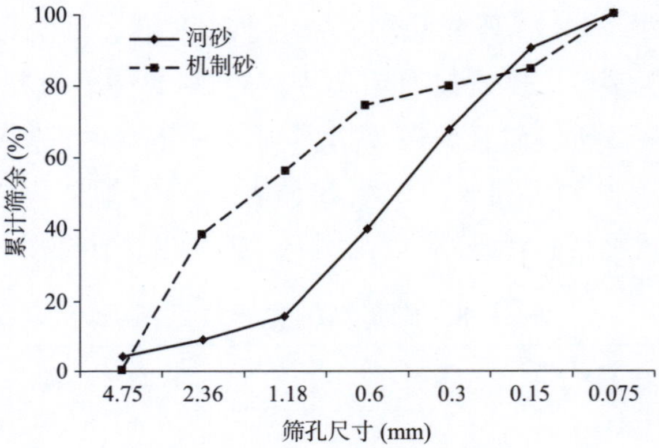

图 3—2　细骨料的级配曲线

表 3—10　混合砂的级配

机制砂:河砂	筛目尺寸(mm)	4.75	2.36	1.18	0.60	0.30	0.15	底
7:3	分计筛余(%)	2.7	26.2	13.8	22.9	16.3	9.3	8.2
	累计筛余(%)	2.7	28.9	42.7	65.6	81.9	91.2	99.4
6:4	分计筛余(%)	1.9	30	15	22	14.5	7.5	9.0
	累计筛余(%)	1.9	31.9	46.9	68.9	83.4	90.9	99.9

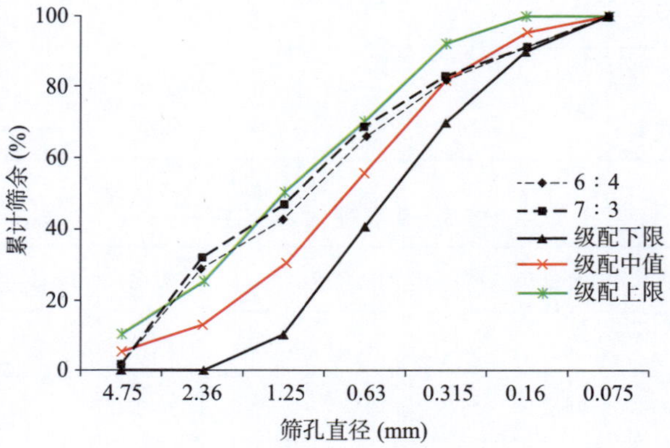

图 3—3　混合砂料的级配曲线

第六节　减　水　剂

一、聚羧酸和萘系减水剂的技术比较分析

聚羧酸混凝土减水剂是近十年获得快速发展和广泛应用的新一代外加剂，从性能上优于传统的萘系混凝土外加剂，具有低掺量、大减水、高增强、高保坍、低收缩等优势，能充分满足铁路工程对高性能混凝土的要求，有利于混凝土使用寿命的提高，在不增加工程总造价的前提下可较大幅度地提高工程的质量。和传统萘系混凝土减水剂相比，聚羧酸混凝土减水剂在技术性能上具有以下优势：

(1)耐久性提高：随着混凝土技术的发展及工程规模的扩大，对混凝土的耐久性能提出了更高的要求，特别是使用寿命要达到100年的东非铁路工程，耐久性问题显得尤为重要。传统萘系减水剂由于受到生产工艺及原材料的影响，其氯离子及碱含量都相对较高，对混凝土的耐久性有影响，而聚羧酸减水剂由于完全采用新型工艺，从根本上解决了氯离子和碱含量问题。并且由于聚羧酸减水剂具有更高的减水率，能进一步降低水灰比，提高混凝土的密实性，抵御外界有害物质的侵蚀，从而提高混凝土的耐久性，减少维护费用，延长工程的使用寿命。

(2)工作性能良好：聚羧酸减水剂在施工过程中具有较好的和易性，在达到大坍落度的同时减少混凝土泌水、离析等现象，而传统萘系减水剂由于受到其本身材料性能的约束，很难将高坍落度和高工作性统一起来。聚羧酸减水剂能配制出自密实混凝土，无需振捣，能减少现场使用的人力，也有利于混凝土的密实，提高混凝土的质量。

(3)混凝土早期强度高：聚羧酸减水剂具有出色的早强功能，在成型后12小时，其强度比同等水灰比下的传统萘系减水剂产品强度提高约25%。具体到工程实践，采用聚羧酸减水剂产品比萘系减水剂的预应力混凝土张拉时间比明显缩短，从而加快施工进度，大大节约工期，提高模板周转，创造良好的经济效益。

(4)外观质量提高：在采用萘系减水剂的情况下，混凝土表面往往会有气

泡、泌水线、露砂等情况的出现，对后续工序造成影响，并且会牵扯建设单位等各方面的很大精力。而聚羧酸产品能较好地解决这个问题，在混凝土拆模后达到出色的外观质量。

(5)与水泥的适应性良好：众所周知，传统萘系减水剂存在对水泥的适应性问题，在相当长的时间内，与水泥的适应性如何成为判断减水剂质量好坏的标准之一，但由于水泥新标准的施行，传统萘系减水剂越来越难以全面的适应各种水泥，在重点工程中，水泥品种往往较多，减水剂和水泥的适应性问题也就愈发突出，而聚羧酸减水剂由于减水机理的更新换代，与水泥的适应性问题得到有效改善，从而大大地减少了因与水泥不适应而带来的相关问题，从而降低了混凝土试配难度，大大提高了工作效率。

(6)减水性能优良：聚羧酸减水剂具有较高的减水能力，最高可达40%，而传统萘系减水剂最高在25%左右，并且由于萘系减水剂在掺量提高的同时，混凝土的黏性也增大，即工作性能受到较大影响，不易泵送。而聚羧酸类减水剂掺量对混凝土的黏性影响不大，掺量范围很广。

(7)工作性能保持良好：和传统萘系减水剂相比，聚羧酸减水剂能更好地保持工作性能，混凝土坍落度损失小，从而便于施工，利于泵送，增大车辆的运送距离，最大限度地为施工提供便利。

二、聚羧酸减水剂

东非地区减水剂供应分别为：

(1)来自建研昆仑有限公司的聚羧酸高性能减水剂KL-3；

(2)来自北京东方雨虹防水技术股份有限公司的高性能聚羧酸减水剂P100A；

(3)来自辽宁科隆精细化工股份有限公司的高性能聚羧酸减水剂MPS-100；

(4)来自巴斯夫的高性能聚羧酸减水剂RHEOBUILD-850。

第四章　火山灰高性能混凝土配制技术

第一节　前　　言

东非地区用到铁路现浇混凝土强度等级有：C10、C15、C20、C25、C30、C35、C40、C45、C50 等，主要应用部位有防水层、垫层、台背回填、护壁、涵洞基础、挡墙基础、涵基础、桥梁桩基、支承垫石、抗震挡块、桥梁承台、八字墙、一字墙、墙身、桥墩、系梁、盖板等。本章以应用范围较广、用量较大的 C40 混凝土为主要研究对象，研究天然火山灰对现浇混凝土工作性和力学性能的影响，同时通过不同水胶比对混凝土力学性能的影响研究兼顾其他强度等级的混凝土。

第二节　天然火山灰与外加剂的适应性

随着混凝土技术的发展，矿物掺合料和高性能减水剂都已成为现代混凝土中不可缺乏的重要组分，两者之间良好的适应性是获得高性能混凝土的前提。适应性也称为相容性，适应性从广义上讲是水泥浆体流动性、凝结时间、强度的变化以及泌水现象；从狭义上讲是指水泥浆体流动性能的变化，一般可以定义为：使用相同减水剂或水泥时，由于水泥或减水剂的质量而引起水泥浆体流动性、经时损失的变化程度及获得相同的流动性减水剂用量的变化程度[60]。根据加拿大学者 Aitcin 等人[61,62]的工作，认为水泥与高性能减水剂适应性可以用初始流动性、是否有明确的饱和点以及流动性损失等三个方面来衡量。

为优选天然火山灰高性能混凝土用减水剂，从净浆流动度、流动度经时损失等指标出发，对比研究了建研昆仑有限公司生产的聚羧酸减水剂 KL-3、北京东方雨虹防水技术股份有限公司生产的聚羧酸减水剂 P100A、辽宁科隆精细化工股份有限公司生产的聚羧酸减水剂 MPS-100 以及巴斯夫生产的聚羧酸减水剂 RHEOBUILD-850 四种不同厂家减水剂与天然火山灰的适应性，其中天然火山灰选用 2 # Simba 磨细火山渣，粉磨时间 40 min，45 μm 筛余 10%，掺量固定为 30%，以期为天然火山灰掺合料的实际应用奠定基础。

一、对比不同减水剂的流动度

图 4—1、图 4—2、图 4—3 和图 4—4 分别为在减水剂 KL-3、P100A、MPS-100 及 RHEOBUILD-850 不同掺量下，纯水泥浆体和掺 30%天然火山灰浆体流动度及流动度经时损失的变化情况，试验结果显示：

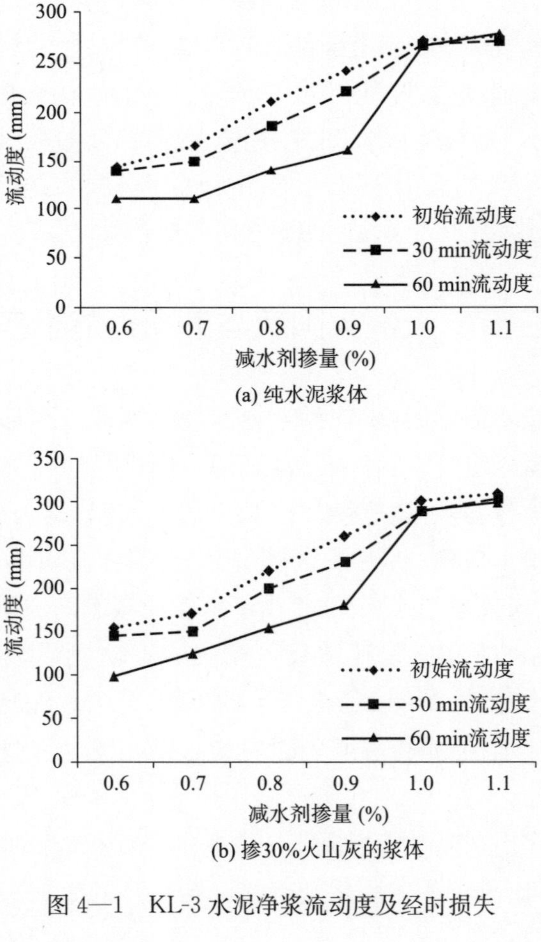

图 4—1　KL-3 水泥净浆流动度及经时损失

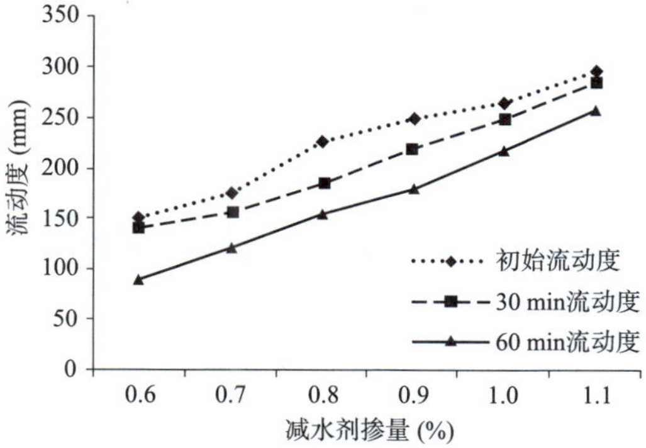

(a) 纯水泥浆体

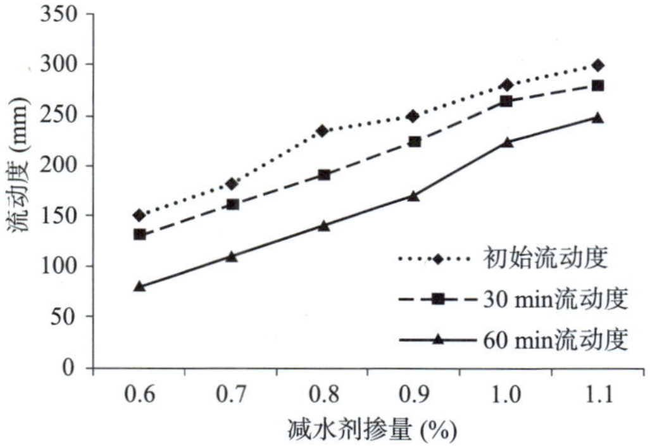

(b) 掺30%火山灰的浆体

图 4—2　P100A 水泥净浆流动度及经时损失

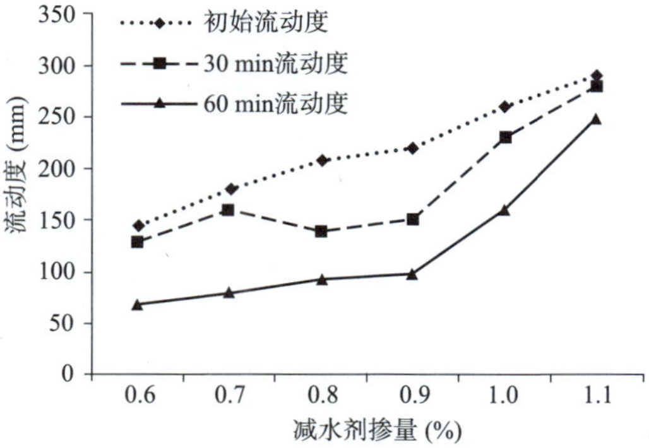

(a) 纯水泥浆体

图 4—3

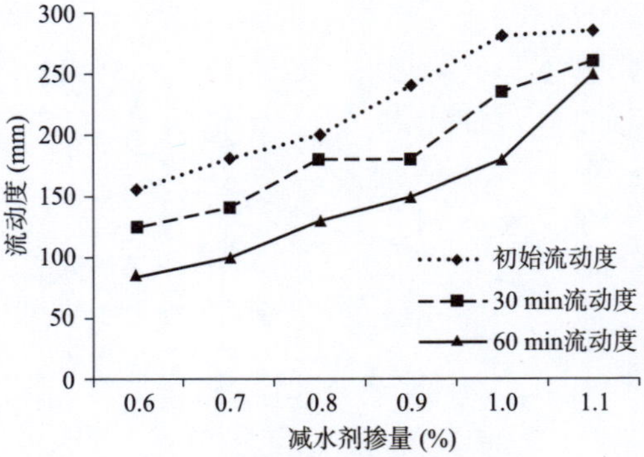

(b) 掺30%火山灰的浆体

图 4—3　MPS-100 水泥净浆流动度及经时损失

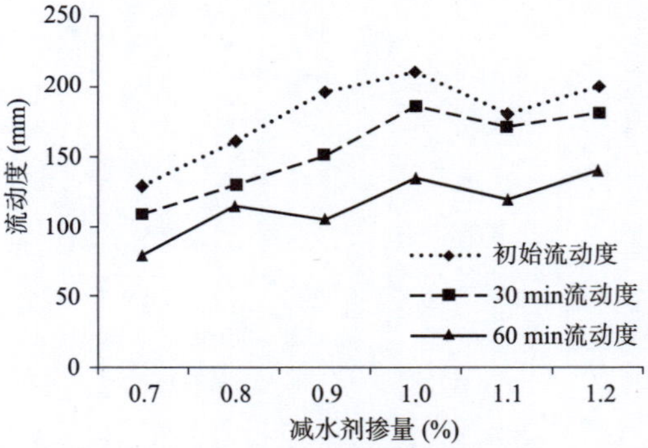

(a) 纯水泥浆体

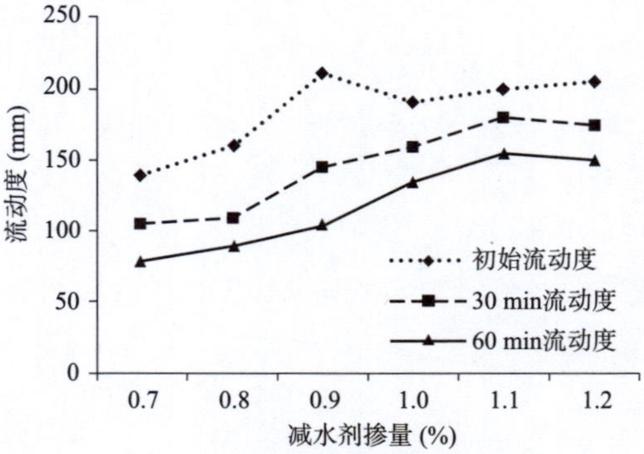

(b) 掺30%火山灰的浆体

图 4—4　RHEOBUILD-850 水泥净浆流动度及经时损失

(1)天然火山灰的掺入能一定程度上改善水泥浆体的流变性能。天然火山灰存在一定的非晶相，当其细化到一定程度即可获得较大的表面能，而高性能减水剂则使表面能降低，在两者的共同作用下，减水剂能迅速吸附在粉体的表面，同时由于静电斥力而对浆体产生分散效应，另一方面天然火山灰的微细粒子可以将填充于水泥空隙之中的填充水置换出来，成为自由水，粒子之间的间隔水层加厚，因此加入 30%天然火山灰后水泥浆体的初始流动度增大，甚至饱和掺量点也有所下降。

(2)对比纯水泥浆体，掺入天然火山灰后，经时损失也有一定程度的改善。这是因为当水泥浆体中加入高性能减水剂后，水泥初期水化速度加快，致使体系粘度增加，流动度迅速降低，而且随着水化的进行，水泥颗粒及其水化产物表面将吸附大量的减水剂，使液相内减水剂浓度明显不足，对水泥的分散作用变得不充分。而采用天然火山灰部分取代水泥之后，胶凝体系的颗粒级配得到改善，体系的空隙率减小，对减水剂的吸附量降低，液相中减水剂浓度能持续保持，从而降低了流动度经时损失。

再对比不同减水剂与天然火山灰的适应性，可以看出：

(1)天然火山灰与 KL-3 减水剂适应性最好，随着减水剂掺量的增长，初始流动度几乎呈直线上升，流动度经时损失也最小，且在试验过程中无泌水现象产生。

(2)天然火山灰与 RHEOBUILD-850 的适应性最差，以减水剂掺量 0.9%为分界点，当掺量小于 0.9%时，流动度随减水剂掺量增加而加大，但流动度损失很大，当掺量大于 0.9%时，初始流动度先降后缓慢增加。30 min、60 min 流动度以 1.1%为分界点，掺量小于 1.1%时，流动度随减水剂掺量增加而加大，当掺量大于 1.1%时，初始流动度开始下降。

(3)天然火山灰与减水剂 P100A 和 MPS-100 适应性一般，具体表现虽然流动度随着减水剂掺量的增加而增大，但是流动度损失较大，且减水剂掺量达到一定程度后，容易出现泌水现象。

二、对比其他掺合料

同时将掺天然火山灰的浆体与掺粉煤灰、矿渣粉的浆体进行了流动性对比，图 4—5 给出了水灰比为 0.29，各矿物掺合料掺量为 30%，减水剂 KL-3 掺量固定为 1%时浆体流动度及流动度经时损失相对于纯水泥浆体的变化情况。粉煤灰的初始流动度和30 min 流动度均比天然火山灰的大，但是一小时后流动度损失较多；矿渣粉的初始流动度较小，30 分钟流动度略有增加，一小时流动度损失率与天然火山灰相差不大。

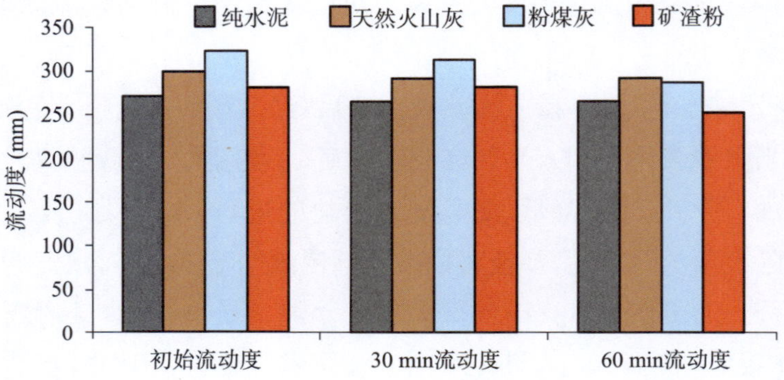

图 4—5　不同掺合料的净浆流动度及经时损失

通过对比掺不同减水剂时天然火山灰浆体的流动度及经时损失，建研昆仑有限公司生产的聚羧酸减水剂 KL-3 与天然火山灰适应性较好，而对比不同掺合料的净浆流动度及经时损失，KL-3 与粉煤灰和矿渣粉均具有较好的适应性，因此，本课题火山灰高性能混凝土的试验研究主要采用 KL-3 减水剂。

第三节　研究方案设计

一、基准配合比确定

东非地区铁路工程中用到的现浇混凝土强度等级较多，研究选择应用范围较广、用量较大的 C40 混凝土为主，具体的指标要求如下：

(1)设计强度等级：C40。

(2)工作性能：考虑到 C40 混凝土应用范围较广，以坍落度较大控制为宜，因此控制在 160～210 mm，扩展度 450～550 mm，含气量 2%～4%。混凝土拌合物和易性好，泌水小，混凝土不分层离析，可泵性好，易于浇筑密实。

(3)力学性能：要求 28 d 配制强度不低于 48.3 MPa。

(一)配合比计算

混凝土配合比设计计算按照《普通混凝土配合比设计规程》(JGJ 55—2011)进行，配合比设计计算工具采用中国建筑科学研究院自主开发的《混凝土配合比设计智能化软件 CACD》，该软件开发的规范依据为《普通混凝土配合比设计规程》(JGJ 55—2011)。配合比设计计算步骤示例如下：

1. 确定混凝土配制强度

对于设计强度等级为 C40 的混凝土，混凝土的强度标准差，查 JGJ 55—2011 中表 4.0.2，可得混凝土的强度标准差为 5.0 MPa。

表 4.0.2　标准差 σ 值(MPa)

混凝土强度标准值	≤C20	C25～C45	C50～C55
σ	4.0	5.0	6.0

混凝土的设计强度等级小于 C60，按照 JGJ55—2011 中公式(4.0.1—1)

$$f_{cu,0} \geqslant f_{cu,k} + 1.645\sigma \quad (4.0.1—1)$$

式中　$f_{cu,0}$——混凝土配制强度(MPa)；

$f_{cu,k}$——混凝土立方体抗压强度标准值，这里取设计混凝土强度等级值(MPa)，即 $f_{cu,k}=40$ MPa；

σ——混凝土强度标准差(MPa)；

计算得到混凝土的配制强度应满足 $f_{cu,0} \geqslant 48.225$ MPa，因此取配制强度 $f_{cu,0}$ 为 48.3 MPa。

2. 确定水胶比

(1)确定强度回归系数

强度回归系数查 JGJ55—2011 中表 5.1.2，可得，回归系数 a_a 为 0.53，回归系数 a_b 为 0.20。

表 5.1.2　回归系数(a_a、a_b)取值表

系数 \ 粗骨料品种	碎石	卵石
a_a	0.53	0.49
a_b	0.20	0.13

(2)计算胶凝材料 28 d 胶砂抗压强度

表 5.1.3　粉煤灰影响系数 γ_f 和粒化高炉矿渣粉影响系数 γ_s

掺量(%)种类	粉煤灰影响系数 γ_f	粒化高炉矿渣粉影响系数 γ_s
0	1.00	1.00
10	0.85～0.95	1.00
20	0.75～0.85	0.95～1.00
30	0.65～0.75	0.90～1.00
40	0.55～0.65	0.80～0.90
50	—	0.70～0.85

注:1　采用Ⅰ级粉煤灰宜取上限值;

2　采用 S75 级粒化高炉矿渣粉宜取下限值,采用 S95 级粒化高炉矿渣粉宜取上限值,采用 S105 级粒化高炉矿渣粉可取上限值加 0.05;

3　当超出表中的掺量时,粉煤灰和粒化高炉矿渣粉影响系数应经试验确定。

本次研究确定天然火山灰掺量为 30%,参照粉煤灰的系数,查 JGJ55—2011 中表 5.1.3 可得粉煤灰影响系数的取值范围为 0.65～0.75。由第二章可知,天然火山灰的活性指数略低于粉煤灰,因此取下限为 0.65。

由 JGJ55—2011 中表 5.1.3 可知,未掺加粒化高炉矿渣粉时,粒化高炉矿渣的影响系数 gs 取为 1.0。

将 γ_f、γ_s 和 f_{ce} 取值分别代入 JGJ55—2011 中公式(5.1.3)

$$f_b = \gamma_f \cdot \gamma_s \cdot f_{ce} \tag{5.1.3}$$

式中　γ_f、γ_s——天然火山灰的影响系数和粒化高炉矿渣粉影响系数,可按表 5.1.3 选用;

f_{ce}——水泥 28 d 胶砂抗压强度(MPa),本次研究采用肯尼亚

Bamburi 水泥厂生产的水泥，考虑到 42.5 的两种水泥都会用到，因此取强度较低的Ⅱ水泥来计算，f_{ce}=52.6 MPa；

$$f_b=\gamma_f\cdot\gamma_s\cdot f_{ce}=0.65\times1.0\times52.6\ \text{MPa}=34.2\ \text{MPa}$$

计算得到胶凝材料 28 d 胶砂抗压强度 f_b为 34.2 MPa。

(3)计算水胶比

混凝土设计强度等级不大于 C60，根据 JGJ55—2011 中公式(5.1.1)，

$$W/B=\frac{a_a\cdot f_b}{f_{cu,0}+a_a\cdot a_b\cdot f_b} \qquad (5.1.1—1)$$

式中　W/B——混凝土水胶比；

a_a、a_b——回归系数，按本规程 5.1.2 条取值应符合本规程 5.1.2 的规定；

f_b——胶凝材料 28 d 胶砂强度(MPa)，试验方法应按现行国家标准《水泥胶砂强度检验方法(ISO 法)》(GB/T 17671)执行；

计算得混凝土的水胶比 W/B 为 0.349。

3. 计算用水量

(1)推定用水量基准值

对于流动性或大流动性混凝土的用水量，首先，根据 JGJ55—2011 表 5.2.1—2，选取(并插值)得到碎石最大公称粒径 20.0 mm 且满足坍落度 90 mm 的塑性混凝土的用水量为基础，即 215 kg；

表 5.2.1—2　塑性混凝土的用水量(kg/m³)

拌合物稠度		卵石最大公称粒径(mm)				碎石最大公称粒径(mm)			
项目	指标	10.0	20.0	31.5	40.0	16.0	20.0	31.5	40.0
坍落度(mm)	10～30	190	170	160	150	200	185	175	165
	35～50	200	180	170	160	210	195	185	175
	55～70	210	190	180	170	220	205	195	185
	75～90	215	195	185	175	230	215	205	195

注：1. 本表用水量系采用中砂时的取值。采用细砂时，每立方米混凝土用水量可增加 5 kg～10 kg；采用粗砂时，可减少 5 kg～10 kg。

2. 掺用矿物掺合料和外加剂时，用水量应相应调整。

然后，按每增大 20 mm 坍落度相应增加 5 kg 用水量来计算，得到未掺加外加剂满足设计坍落度要求、砂为中砂情况下的混凝土用水量为 230 kg/m³。

(2)掺外加剂时的用水量计算

对于掺用外加剂的混凝土，其用水量利用 JGJ55—2011 中公式 5.2.2 计算

$$m_{wo}=m'_{wo}(1-\beta) \tag{5.2.2}$$

式中 m_{wo}——计算配合比每立方米混凝土的用水量(kg/m³)；

m'_{wo}——未掺外加剂的满足实际坍落度时要求的每立方米混凝土用水量(kg/m³)，以本规程表 5.2.1—2 中 90 mm 坍落度的用水量为基础，按每增大 20 mm 坍落度相应增加 5 kg/m³ 用水量来计算；

β——外加剂的减水率(%)，应经混凝土试验确定；

本研究采用建研昆仑有限公司的 KL-3 聚羧酸减水剂减水率为 30%，代入 JGJ55—2011 中公式(5.2.2)计算得到考虑外加剂 I 减水后的用水量为 161 kg/m³。

4. 计算胶凝材料用量

将混凝土的水胶比(0.349)和用水量(161 kg/m³)分别代入 JGJ55—2011 中公式(5.3.1)

$$m_{b0}=\frac{m_{w0}}{W/B} \tag{5.3.1}$$

计算得到胶凝材料用量 m_{b0} 为 461.32 kg/m³。

5. 计算外加剂用量

混凝土中外加剂用量(m_{a0})应按 JGJ55—2011 中公式(5.2.3)计算：

$$m_{a0}=m_{b0}\cdot\beta_a \tag{5.2.3}$$

式中 m_{a0}——计算配合比每立方米混凝土中外加剂用量(kg/m³)；

m_{b0}——计算配合比每立方米混凝土中胶凝材料用量(kg/m³)，计算应符合本规程 5.3.1 条的规定；

β_a——外加剂掺量(%)，应经混凝土试验确定。

本研究采用 KL-3 外加剂按照经验初步取掺量为 1.0%，按照 JGJ55—2011 中公式(5.2.3)，计算得到得到混凝土中用量为 4.61 kg/m³。

6. 计算矿物掺合料用量

混凝土的矿物掺合料用量(m_{f0})应按 JGJ55—2011 中公式(5.3.2)计算:

$$m_{f0}=m_{b0}\cdot\beta_f \tag{5.3.2}$$

式中　m_{f0}——计算配合比每立方米混凝土中矿物掺合料用量(kg/m³);

β_f——矿物掺合料掺量(%);

火山灰采用较大掺量为 30%,按照 JGJ55—2011 中公式(5.3.2),计算得到混凝土中火山灰用量为 138.00 kg/m³。

7. 计算水泥用量

混凝土的水泥用量(m_{c0})应按 JGJ55—2011 中公式(5.3.3)计算

$$m_{c0}=m_{b0}-m_{f0} \tag{5.3.3}$$

式中　m_{c0}——计算配合比每立方米混凝土中水泥用量(kg/m³);

即从胶凝材料用量中扣除矿物掺合料用量 138.00 kg/m³,计算得到水泥用量为 323.00 kg/m³。

8. 计算砂率

(1)确定砂率范围基准值

砂率应根据骨料的技术指标、混凝土拌合物性能和施工要求,参考既有历史资料确定。当缺乏砂率的历史资料可参考时,可在 JGJ55—2011 中表 5.4.2 进行选取调整。

表 5.4.2　混凝土的砂率(%)

水胶比	卵石最大公称粒径(mm)			碎石最大粒径(mm)		
	10.0	20.0	40.0	16.0	20.0	40.0
0.40	26～32	25～31	24～30	30～35	29～34	27～32
0.50	30～35	29～34	28～33	33～38	32～37	30～35
0.60	33～38	32～37	31～36	36～41	35～40	33～38
0.70	36～41	35～40	34～39	39～44	38～43	36～41

注:1　本表数值系中砂的选用砂率,对细砂或粗砂,可相应地减少或增大砂率;

2　采用人工砂配制混凝土时,砂率可适当增大;

3　只用一个单粒级粗骨料配制混凝土时,砂率应适当增大。

在当前水胶比小于 0.40 时,按 0.40 水胶比对应的砂率范围取值。

在表5.4.2中，本研究碎石最大公称粒径为20.0 mm，砂为机制砂和河砂混合中砂，砂率范围为29%～34%。

(2)砂率范围的调整

根据JGJ55—2011条款5.4.2的要求：对坍落度大于60 mm的混凝土，在JGJ55—2011中表5.4.2选取的砂率范围基础上，按坍落度每增大20 mm、砂率增大1%的幅度予以调整。设计坍落度按200 mm，按照上述规则对最小和最大砂率进行调整后，得到新砂率范围为36%～41%。

(3)选取砂率

由于本研究采用的机制砂较粗，因此砂率调大，选择41%。

9. 计算粗细骨料用量

采用体积法计算粗、细骨料用量时，联立JGJ55—2011中公式(5.5.1—2)和公式(5.5.2)

$$\frac{m_{c0}}{\rho_c}+\frac{m_{f0}}{\rho_f}+\frac{m_{g0}}{\rho_g}+\frac{m_{s0}}{\rho_{s0}}+\frac{m_{w0}}{\rho_w}+0.01\alpha=1 \tag{5.5.2}$$

$$\beta_s=\frac{m_{s0}}{m_{g0}+m_{s0}}\times 100\% \tag{5.5.1—2}$$

式中 ρ_c——水泥密度(kg/m^3)，应按《水泥密度测定方法》(GB/T 208)测定，也可取2 900～3 100 kg/m^3；

ρ_f——矿物掺合料密度(kg/m^3)，可按《水泥密度测定方法》(GB/T 208)测定；

ρ_g——粗骨料的表观密度(kg/m^3)，应按现行行业标准《普通混凝土用砂、石质量及检验方法标准》(JGJ 52)测定；

ρ_s——细骨料的表观密度(kg/m^3)，应按现行行业标准《普通混凝土用砂、石质量及检验方法标准》(JGJ 52)测定；

ρ_w——水的密度(kg/m^3)，可取1 000 kg/m^3；

α——混凝土的含气量百分数，在不使用引气型外加剂时，α可取为1；

m_{g0}——每立方米混凝土的粗骨料用量(kg)；

m_{s0}——每立方米混凝土的细骨料用量(kg)；

β_s——砂率(%)。

由第三章可知，本研究水泥密度为 3 100 kg/m^3，天然火山灰密度为 3 000 kg/m^3，碎石密度为 2 970 kg/m^3，混合砂按照机制砂：河砂＝6：4 计算密度为 2 862 kg/m^3，含气量按照经验选取 3%，计算得出砂用量为 790.29 kg，碎石用量 1 137.23 kg。

10. 用水量复核

从当前用水量(161 kg)中扣除外加剂 KL-3 自身的含水量(3.23 kg)，得到用水量为 157.77 kg。

11. 计算配合比

根据以上计算结果，初步得到 C40 混凝土计算配合比见表 4—1。

表 4—1　C40 混凝土计算配合比

强度	水胶比	砂率(%)	胶材(kg)	水泥(kg)	火山灰(kg)	砂(kg)	碎石 5～25 mm	减水剂(kg)	水(kg)
C40	0.349	41.0	461	323	138 (30%)	790	1 137	4.61 (1.0%)	157

(二)基准配合比

以上述标准计算配合比为基础，参考国内铁路部分 C40 混凝土配合比(见表 4—2)，再结合以前试验数据资料及实际原材料情况，在实验室进行试配，调整容重、用水量、砂率等参数，确定了基准配合比见表 4—3。

表 4—2　国内铁路部分 C40 混凝土配合比

工程名称	部位	水泥(kg)	粉煤灰(kg)	矿渣粉(kg)	砂(kg)	石(kg)	用水量(kg)
石武铁路	墩台	269	145	—	768	1 061	153
	桩基	283	152	—	720	1 079	156
沪昆铁路	桩基	308	132	—	754	1 041	145
	桥面挡板	312	128	—	723	1 084	153

续上表

工程名称	部位	水泥(kg)	粉煤灰(kg)	矿渣粉(kg)	砂(kg)	石(kg)	用水量(kg)
厦深铁路	桩基	332	142	—	772	1 024	180
	普通	304	130	—	796	1 055	165
京沪铁路	墩台	237	79	79	717	1 074	140
	桩基	284	85	55	750	1 036	140

表 4—3　C40 混凝土基准配合比

水胶比	砂率	水泥(kg)	掺合料(kg)	水(kg)	机制砂(kg)	河砂(kg)	石(kg)
0.35	44	301	129	150	516	344	1 095

二、试验方案

天然火山灰高性能混凝土研究，目的是通过试验验证天然火山灰是否能够作为混凝土掺合料使用，其性能能否达到与传统掺合料，如粉煤灰、矿渣粉相近的程度。因此试验研究方案，对比了不同掺合料(Athi River 磨细凝灰岩、Simba 磨细火山渣、粉煤灰、矿渣粉、石灰石粉)在相同掺量的情况下，对混凝土性能的影响，同时考虑天然火山灰掺量和比表面积不同的影响，以及采用火山灰分别复合粉煤灰、矿渣粉、石灰石粉探索改善天然火山灰混凝土性能的措施。

(一)掺合料种类的影响

采用基准配比，掺合料分别采用粉煤灰(FA)、矿渣粉(Slag)、Athi River 凝灰岩(1＃NP)、Simba 火山渣(2＃NP)，研究不同掺合料对混凝土工作性，7 d、28 d、56 d 抗压强度的影响，如表 4—4 所示，其中减水剂掺量固定为 1.2%，对比工作性不同，然后初始坍落度控制在 200±10 mm 时，对比减水剂掺量的不同。

表 4—4 掺合料种类的影响试验配合比

编号	水(kg)	水泥(kg)	掺合料(kg)				机制砂(kg)	河砂(kg)	石(kg)
			FA	Slag	1＃NP	2＃NP			
K-1	150	430	—	—	—	—	516	344	1 095
K-2	150	301	129	—	—	—	516	344	1 095
K-3	150	301	—	129	—	—	516	344	1 095
K-4	150	301	—	—	129		516	344	1 095
K-5	150	301	—	—	—	129	516	344	1 095

注:配合比中用水量包含减水剂中带入的水量。

(二)复合掺合料

Simba 火山渣(2＃NP)和粉煤灰、矿渣粉、石灰石粉分别复合的比例为30/0、20/10、10/20、0/30,研究复合效应对混凝土工作性,7 d、28 d、56 d 抗压强度的影响,如表 4—5 所示,其中减水剂掺量的调整,以控制混凝土拌和物初始工作性基本一致,即满足初始坍落度 200±10 mm 为原则。

表 4—5 复合掺合料试验配合比

编号	水(kg)	水泥(kg)	掺合料(kg)				掺量(%)	机制砂(kg)	河砂(kg)	石(kg)
			FA	Slag	2＃NP	SF				
K-2	150	301	129	—	—	—	30/0	516	344	1 095
K-6	150	301	86	—	43	—	20/10	516	344	1 095
K-7	150	301	43	—	86	—	10/20	516	344	1 095
K-5	150	301	—	—	129	—	0/30	516	344	1 095
K-8	150	301	—	43	86	—	10/20	516	344	1 095
K-9	150	301	—	86	43	—	20/10	516	344	1 095
K-3	150	301	—	129	—	—	30/0	516	344	1 095
K-10	150	301	—	—	—	129	0/30	516	344	1 095

续上表

编号	水(kg)	水泥(kg)	掺合料(kg)				掺量(%)	机制砂(kg)	河砂(kg)	石(kg)
			FA	Slag	2＃NP	SF				
K-11	150	301	—	—	43	86	10/20	516	344	1 095
K-12	150	301	—	—	86	43	20/10	516	344	1 095

注:配合比中用水量包含减水剂中带入的水量,SF为石灰石粉。

(三)天然火山灰掺量的影响

天然火山灰采用Simba火山渣(2＃NP),掺量分别为10%、20%、30%、40%,研究天然火山灰掺量对混凝土工作性,7 d、28 d、56 d抗压强度的影响,如表4—6所示,其中减水剂掺量的调整,以控制混凝土拌和物初始工作性基本一致,即满足初始坍落度200±10 mm为原则。

表4—6 天然火山灰掺量的影响试验配合比

编号	水(kg)	水泥(kg)	2＃NP(kg)	掺量(%)	机制砂(kg)	河砂(kg)	石(kg)
K-1	150	430	—	0	516	344	1 095
K-13	150	387	43	10	516	344	1 095
K-14	150	345	86	20	516	344	1 095
K-5	150	301	129	30	516	344	1 095
K-15	150	259	172	40	516	344	1 095

注:配合比中用水量包含减水剂中带入的水量。

(四)天然火山灰细度的影响

天然火山灰采用Simba火山渣(2＃NP),粉磨时间分别为30 min、40 min、60 min,研究天然火山灰不同粉磨时间得到的不同细度对混凝土工作性,7 d、28 d、56 d抗压强度的影响,如表4—7所示,其中减水剂掺量的调整,以控制混凝土拌和物初始工作性基本一致,即满足初始坍落度200±10 mm为原则。

表 4—7　天然火山灰细度的影响试验配合比

编号	粉磨时间(min)	细度(%)	比表面积(m^2/kg)	水(kg)	水泥(kg)	2#NP(kg)	机制砂(kg)	河砂(kg)	石(kg)
K-16	30	19	295	150	301	129	516	344	1 095
K-5	40	10	412	150	301	129	516	344	1 095
K-17	60	6	496	150	301	129	516	344	1 095

注:配合比中用水量包含减水剂中带入的水量。

(五)水泥种类的影响

水泥采用肯尼亚当地 Bamburi 水泥厂的 CEM Ⅰ 42.5 和 CEM Ⅱ/A-L 42.5,鉴于 CEM Ⅱ/A-L 掺有 6%～20%的石灰石粉作为混合材,因此天然火山灰掺量确定为 20%,研究水泥种类对混凝土工作性,7 d、28 d、56 d 抗压强度的影响,如表 4—8 所示,其中减水剂掺量的调整,以控制混凝土拌和物初始工作性基本一致,即满足初始坍落度 200±10 mm 为原则。

表 4—8　水泥种类的影响试验配合比

编号	水泥种类	水(kg)	水泥(kg)	2#NP(kg)	掺量(%)	机制砂(kg)	河砂(kg)	石(kg)
K-5	CEM Ⅰ 42.5	150	301	129	30	516	344	1 095
K-18	CEM Ⅱ/A-L 42.5	150	345	86	20	516	344	1 095

注:配合比中用水量包含减水剂中带入的水量。

(六)水胶比的影响

由于实际工程中,用到的混凝土强度等级较多,因此采用水胶比 0.39、0.35、0.33、0.29,研究不同水胶比对混凝土工作性,7 d、28 d、56 d 抗压强度的影响,如表 4—9 所示,其中减水剂掺量的调整,以控制混凝土拌和物初始工作性基本一致,即满足初始坍落度 200±10 mm 为原则,同时为不同标号的混凝土,提供参考水胶比。

表 4—9 水胶比的影响试验配合比

编号	水胶比	水(kg)	水泥(kg)	2#NP(kg)	掺量(%)	机制砂(kg)	河砂(kg)	石(kg)
K-19	0.39	150	272	116	30	551	368	1 078
K-5	0.35	150	301	129	30	516	344	1 095
K-20	0.33	150	319	137	30	486	324	1 119
K-21	0.29	142	392	98	20	457	304	1 142

注:配合比中用水量包含减水剂中带入的水量。

(七)引气方式的影响

混凝土含气量控制在2%～4%,由于减水剂本身的引气成分引入混凝土中气泡往往不均匀,且有存在大气泡的风险,因此考虑先消泡后引气的方式控制混凝土含气量,研究消泡方式对混凝土工作性,7 d、28 d、56 d抗压强度的影响,如表4—10所示。其中消泡剂和引气剂均为建研昆仑有限公司生产,掺量通过含气量控制在2%～4%调整。

表 4—10 引气方式的影响试验配合比

编号	引气方式	水(kg)	水泥(kg)	2#NP(kg)	掺量(%)	机制砂(kg)	河砂(kg)	石(kg)
K-5	减水剂引气	150	301	129	30	516	344	1 095
K-22	先消后引	150	301	129	30	516	344	1 095

注:配合比中用水量包含减水剂中带入的水量。

(八)细骨料的影响

工程实际中不同项目的细骨料也不同,有机制砂、河砂,也有混合砂,因此研究细骨料对混凝土工作性,7 d、28 d、56 d抗压强度的影响,如表4—11所示,其中减水剂掺量的调整,以控制混凝土拌和物初始工作性基本一致,即满足初始坍落度200±10 mm为原则。

表 4—11　细骨料体系的影响试验配合比

编号	细骨料体系 机制砂：河砂	水 (kg)	水泥 (kg)	2＃NP (kg)	掺量 (%)	机制砂 (kg)	河砂 (kg)	石 (kg)
K-23	10：0	150	301	129	30	860	—	1 095
K-24	0：10	150	301	129	30	—	860	1 095
K-5	6：4	150	301	129	30	516	344	1 095
K-25	7：3	150	301	129	30	602	258	1 095

注：配合比中用水量包含减水剂中带入的水量。

第四节　天然火山灰对混凝土工作性的影响

混凝土新拌物性质包括初始坍落度/扩展度、坍落度/扩展度经时损失、泌水率、压力泌水率等工作性能和容重、含气量、凝结时间等物理性能，试验方法依据 GB/T 50080—2002《普通混凝土拌和物性能试验方法》。

一、掺合料种类的影响

掺合料种类对新拌混凝土工作性的影响见表 4—12。由试验结果可知，30%掺量的粉煤灰、矿渣粉和磨细火山渣（2＃天然火山灰），混凝土拌和物初始坍落度和扩展度测得结果相差不大，其中粉煤灰作为掺合料的新拌混凝土扩展度最大，达到 520 mm。胶凝材料为纯水泥的混凝土，初始坍落度和扩展度均较小，且有轻微泌水现象。1＃天然火山灰（即 Athi River 磨细凝灰岩）作为掺合料的混凝土，初始坍落度达到 200±10 mm 时，减水剂掺量高达 1.6%，而当减水剂掺量 1.2%时，混凝土工作性较差，这是由于磨细凝灰岩所取的样测得 MB 值均较大，最小的样为 1.7，大于机制砂中规定的 1.4（MB 值得试验方法按照 JGJ/T318—2014《石灰石粉在混凝土中应用技术规程》，该方法为参照机制砂而定），对减水剂具有一定的吸附作用，但是混凝土黏聚性较好。

表 4—12　掺合料种类对混凝土工作性的影响

序　号	掺合料种类	减水剂掺量（%）	坍落度/扩展度(mm)		作性描述
			初始	1 h	
K-1	—	1.2	190/420	—	轻微泌水
K-2	粉煤灰	1.1	210/520	—	黏聚性好、流动性好
K-3	矿渣粉	1.2	200/490	—	黏聚性好
K-4	磨细凝灰岩	1.6	195/460	—	黏聚性好、流动性偏差
K-5	磨细火山渣	1.2	210/480	—	黏聚性好、流动性好

二、复合掺合料

天然火山灰与粉煤灰、矿渣粉、石灰石粉复合对新拌混凝土工作性的影响见表 4—13。由表 4—13 试验结果可知，天然火山灰与粉煤灰、矿渣粉、石灰石粉分别复合新拌混凝土均能得到较好的工作性，坍落度大于 200 mm。扩展度在 450～550 mm 之间。其中，火山灰与矿渣粉 2∶1 复合时，坍落度和扩展度损失略大，分别为 30 mm 和 50 mm。石灰石粉作为矿物掺合料，新拌混凝土流动性较好，与天然火山灰复合同样具有较好的效果，其试验结果与第二章中胶砂的试验具有一定的相关性。

表 4—13　复合掺合料对混凝土工作性的影响

序号	复合种类	复合比例	减水剂掺量(%)	坍落度/扩展度(mm)		工作性描述
				初始	1 h	
K-2	粉煤灰	30/0	1.1	210/520	—	黏聚性好、流动性好
K-6	粉煤灰/火山灰	20/10	1.1	205/500	—	黏聚性好、流动性好
K-7	粉煤灰/火山灰	10/20	1.2	200/510	190/460	黏聚性好、流动性好
K-5	火山灰	0/30	1.2	210/480	—	黏聚性好、流动性好
K-8	火山灰/矿渣粉	20/10	1.2	200/480	170/430	黏聚性好、流动性好

续上表

序号	复合种类	复合比例	减水剂掺量(%)	坍落度/扩展度(mm)		工作性描述
				初始	1 h	
K-9	火山灰/矿渣粉	10/20	1.2	210/500	—	黏聚性好、流动性好
K-3	矿渣粉	0/30	1.2	200/490	—	黏聚性好
K-10	石灰石粉	30/0	1.1	220/550	—	流动性好
K-11	石灰石粉/火山灰	20/10	1.1	210/530	—	黏聚性好、流动性好
K-12	石灰石粉/火山灰	10/20	1.2	215/540	210/500	黏聚性好、流动性好

三、天然火山灰掺量的影响

天然火山灰不同掺量对新拌混凝土工作性的影响见表 4—14。由表 4—14 试验结果可知，一定数量的天然火山灰等量取代水泥，可以改善混凝土拌合物的工作性，在掺量小于 30%时，随着掺量的增加，改善效果愈加明显(坍落度逐渐增加)，而掺量 40%时，虽然坍落度比掺量 30%要小，但是混凝土拌合物仍然具有较好的黏聚性和流动性。

表 4—14　天然火山灰掺量对混凝土工作性的影响

序号	火山灰掺量(%)	减水剂掺量(%)	坍落度/扩展度(mm)		工作性描述
			初始	1 h	
K-1	0	1.2	190/420	—	轻微泌水
K-13	10	1.2	195/470	—	流动性偏差
K-14	20	1.2	205/500	180/460	黏聚性好
K-5	30	1.2	210/480	—	黏聚性好、流动性好
K-15	40	1.2	200/490	—	黏聚性好、流动性好

四、天然火山灰细度的影响

天然火山灰细度对新拌混凝土工作性的影响见表 4—15。由表 4—15 试验结果可知，随着粉磨时间的延长，比表面积加大，天然火山灰作为混凝土掺合料提高新拌混凝土工作性的效果愈加明显，其中比表面积 496 m^2/kg 时，混凝土坍落度和扩展度分别为 220 mm 和 530 mm。

表 4—15　天然火山灰细度对混凝土工作性的影响

序号	比表面积（m^2/kg）	减水剂掺量（%）	坍落度/扩展度(mm)		工作性描述
			初始	1 h	
K-16	295	1.2	200/470	—	黏聚性好
K-5	412	1.2	210/480	—	黏聚性好、流动性好
K-17	496	1.2	220/530	—	黏聚性好、流动性好

五、水泥种类的影响

水泥种类对新拌混凝土工作性的影响见表 4—16。由表 4—16 试验结果可知，在减水剂掺量相同的情况下(1.2%)，水泥采用 CEMⅡ/A-L 42.5 得到了更大的坍落度和扩展度，分别达到了 220 mm 和 530 mm，两种水泥配制的混凝土拌合物均黏聚性好，流动性良好。

表 4—16　水泥种类对混凝土工作性的影响

序号	水泥种类	减水剂掺量（%）	坍落度/扩展度(mm)		工作性描述
			初始	1 h	
K-5	CEMⅠ 42.5	1.2	210/480	—	黏聚性好、流动性好
K-18	CEMⅡ/A-L 42.5	1.2	220/520	—	黏聚性好、流动性好

六、水胶比的影响

不同水胶比对新拌混凝土工作性的影响见表 4—17。由表 4—17 试验结果可知，随着水胶比的减小，混凝土工坍落度和扩展度逐渐变小，同时拌合物状态也逐渐偏粘。其中水胶比为 0.29 的，为 C60 轨枕配合比，实际工程中要求为干硬性混凝土，因此减水剂掺量达到 1.0%后没有继续增加，混凝土黏度较大。

表 4—17 水胶比对混凝土工作性的影响

序号	水胶比	减水剂掺量(%)	坍落度/扩展度(mm)		工作性描述
			初始	1 h	
K-19	0.39	1.2	200/500	180/440	黏聚性好、流动性好
K-5	0.35	1.2	210/480	—	黏聚性好、流动性好
K-20	0.33	1.2	190/460	—	偏黏、流动性偏差
K-21	0.29	1.0	40/—	—	偏黏、流动性差

七、引气方式的影响

不同引气方式对新拌混凝土工作性的影响见表 4—18。由表 4—18 试验结果可知,引气方式为先消后引时,混凝土的坍落度和扩展度均较小,分别为 195 mm 和460 mm。同时试验过程中发现,消泡剂和引气剂掺量比较难调整。

表 4—18 引气方式对混凝土工作性的影响

序号	引气方式	含气量(%)	减水剂掺量(%)	坍落度/扩展度(mm)		工作性描述
				初始	1 h	
K-5	减水剂引气	3.9	1.2	210/480	—	黏聚性好、流动性好
K-22	先消后引	2.8	1.2	195/460	—	偏黏、流动性偏差

八、细骨料体系的影响

细骨料体系对新拌混凝土工作性的影响见表 4—19。由表 4—19 试验结果可知,细骨料采用纯机制砂时,混凝土坍落度达到 200±10 mm,减水剂掺量需要高达 1.5%,同时坍落度和扩展度损失较快,1 h 后坍落度损失 60 mm,基本没有扩展度,这是因为试验采用的机制砂 MB 值较大,且石粉含量偏高。细骨料为纯河砂时,混凝土坍落度到达 220 mm 时,减水剂掺量仅为 0.9%。当机制砂：河砂为7：3时，混凝土坍落度达到200±10 mm，减水剂需要掺到1.3%，同时坍落度和扩展度均比机制砂：河砂为6：4小。

表4—19　细骨料体系对混凝土工作性的影响

序号	细骨料体系	减水剂掺量(%)	坍落度/扩展度(mm)		工作性描述
	机制砂：河砂		初始	1 h	
K-23	10：0	1.5	190/460	130/—	流动性偏差
K-24	0：10	0.9	220/530	—	黏聚性好、流动性好
K-5	6：4	1.2	210/480	—	黏聚性好、流动性好
K-25	7：3	1.3	200/460	—	偏黏、流动性偏差

九、混凝土拌合物性能研究

通过上述对混凝土拌合物工作性的研究可知，2#天然火山灰(Simba磨细火山渣)作为掺合料在减水剂掺量相差不大的情况下，其混凝土工作性与粉煤灰作为掺合料的混凝土相差不大。为进一步对比两种掺合料对混凝土工作性的影响，系统试验了两种混凝土的工作性，包括坍落度及其损失、扩展度及其损失、容重。含气量、泌水情况、凝结时间等，结果见表4—20。

表4—20　天然火山灰和粉煤灰对混凝土工作性的影响

序号	凝结时间(h：min)		坍落度/扩展度(mm)		泌水情况	容重(kg/m^3)	含气量(%)
	初凝	终凝	初始	1 h			
K-2	6：10	8：50	210/520	200/490	不泌水	2 510	3.4
K-5	4：30	7：10	210/480	190/460	不泌水	2 540	3.9

由表4—20可知，粉煤灰混凝土(K-2)和磨细火山渣混凝土(K-5)初始坍落度200±10 mm，初始扩展度450～550 mm，且1 h损失较小，满足一般混凝土工程对混凝土工作性的要求；凝结时间上，K-2初凝时间和终凝时间均较长；两种混凝土均不泌水；由于粗骨料和细骨料中的机制砂岩性均为玄武岩，表观密度较大，因此两种混凝土容重均较大，K-2为2 510 kg/m^3，K-5为2 540 kg/m^3；

同时两种混凝土含气量均满足 2%～4%的要求。可见，天然火山灰作为混凝土掺合料得到的混凝土拌合物性能能够满足工程施工要求，且与粉煤灰混凝土工作性相近。

第五节 天然火山灰对混凝土力学性能的影响

硬化混凝土物理力学性能研究包括立方抗压强度、轴心抗压强度、劈裂抗拉强度和抗压弹性模量，试验方法依据 GB/T 50081—2002《普通混凝土力学性能试验方法标准》。立方抗压强度试件尺寸 100 mm×100 mm×100 mm；轴心抗压强度试件尺寸 100 mm×100 mm×300 mm 棱柱体；劈裂抗拉强度试件尺寸 100 mm×100 mm×100 mm 立方体；抗压弹性模量试件尺寸 100 mm×100 mm×300 mm 棱柱体。试验机采用浙江中科仪器有限公司生产的 SYE-3000 型压力试验机(3 000 kN)。

首先，针对不同影响因素，研究了硬化混凝土 7 d、28 d、56 d 立方抗压强度，然后，对不同掺合料种类和天然火山灰掺量进行了系统的物理力学性能研究。

一、掺合料种类的影响

掺合料种类对混凝土抗压强度的影响见表 4—21。由表 4—21 试验结果结合图 4—6 可知，三个龄期的试验，掺 30%矿渣粉的 K-3 组强度均最大，说明矿渣粉对混凝土强度有很好的提高作用。除去矿渣粉 K-3 组，剩下的抗压强度以纯水泥的最大，说明粉煤灰和天然火山灰一定程度上减小了混凝土的早期强度，但是在 56 d 龄期时，纯水泥组仅比磨细火山渣组高 3.5%，相差并不大。就粉煤灰和两种天然火山灰而言，粉煤灰与 2＃天然火山灰在三个龄期抗压强度相差均不大，56 d 龄期时磨细火山渣比粉煤灰高 4.3%，而磨细凝灰岩组是这三种掺合料中抗压强度最低的，说明其活性略低于粉煤灰和磨细火山渣。

由表 4—21 的试验结果可知，五组配比的 56 d 抗压强度均较大，对 C40 混凝土而言富余系数偏大，原因是：在水胶比计算时，以 CEMⅡ/A-L 42.5 胶砂强度为准，比 CEMⅠ小 10 MPa，另外掺合料的影响系数也是取的低值

0.65，因此水胶比计算和选择的较低，抗压强度偏高。考虑到运回国内的Bamburi水泥取样时处于肯尼亚的水泥需求淡季，水泥胶砂强度本身富余较大，比如CEM I42.5水泥28 d的胶砂抗压强度为62.6 MPa。而实际工程中，采购的CEM I 42.5水泥28 d胶砂强度富余并不多，甚至出现强度不合格现象，因此本研究中，仍然采用了0.35水胶比，保持较大的强度富余系数，以期对将来的实际工程应用具有更大的指导意义。

表4—21　掺合料种类对混凝土抗压强度的影响

序号	掺合料种类	抗压强度(MPa)		
		7 d	28 d	56 d
K-1	—	51.3	67.0	73.4
K-2	粉煤灰	47.3	64.0	68.0
K-3	矿渣粉	56.9	69.5	82.1
K-4	磨细凝灰岩(1#)	44.4	61.8	67.7
K-5	磨细火山渣(2#)	47.3	65.8	70.9

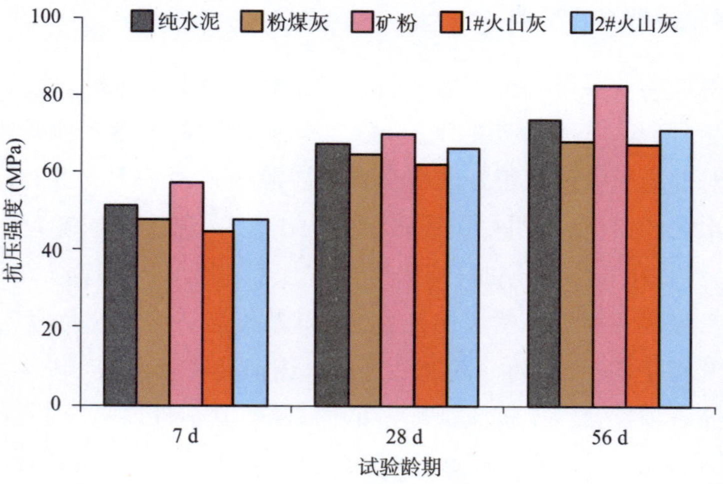

图4—6　掺合料种类对混凝土抗压强度的影响

二、复合掺合料

天然火山灰复合粉煤灰、矿渣粉、石灰石粉对混凝土抗压强度的影响见表4—22。由表4—22试验结果结合图4—7可知，天然火山灰与粉煤灰复掺能够小幅度提高混凝土的抗压强度，其中56 d龄期试验，粉煤灰掺量20％，火山灰掺量10％复掺时，比30％粉煤灰组的抗压强度提高8.4％，比30％天然火山灰组提高3.9％；天然火山灰复掺矿渣粉，在各个龄期均能有效提高混凝土的抗压强度，在56 d龄期时，天然火山灰和矿渣粉掺量比例2∶1和1∶2抗压强度相差不多，因此天然火山灰可以复掺小掺量矿渣粉来提高混凝土抗压强度；天然火山灰复掺石灰石粉后，随着石灰石粉掺量的增加，混凝土各个龄期的抗压强度均逐渐降低，但是第四节试验中发现，石灰石粉可以一定程度上改善混凝土的工作性，因此在抗压强度能够满足工程要求的前提下，天然火山灰可以考虑复掺小掺量的石灰石粉。

表4—22　复合掺合料对混凝土抗压强度的影响

序号	掺合料种类	复合比例	抗压强度(MPa)		
			7 d	28 d	56 d
K-2	粉煤灰	30/0	47.3	64.0	68.0
K-6	粉煤灰/火山灰	20/10	52.7	71.7	73.7
K-7	粉煤灰/火山灰	10/20	48.7	68.6	71.5
K-5	火山灰	0/30	47.3	65.8	70.9
K-8	火山灰/矿渣粉	20/10	51.9	69.7	78.9
K-9	火山灰/矿渣粉	10/20	54.8	73.6	80.3
K-3	矿渣粉	0/30	56.9	69.5	82.1
K-10	石灰石粉	30/0	38.0	51.3	56.7
K-11	石灰石粉/火山灰	20/10	41.6	57.4	62.5
K-12	石灰石粉/火山灰	10/20	45.2	61.3	67.6

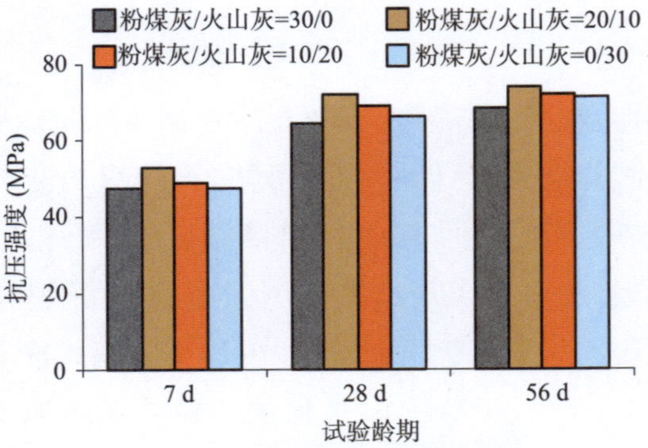

(a) 天然火山灰与粉煤灰复合

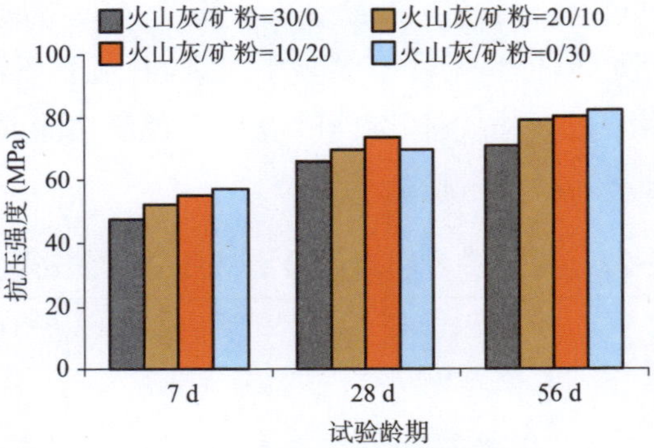

(b) 天然火山灰与矿渣粉复合

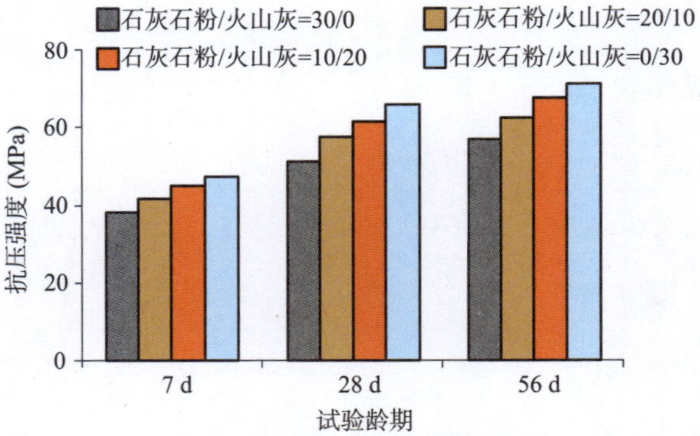

(c) 天然火山灰与石灰石粉复合

图 4—7　复合掺合料对混凝土抗压强度的影响

三、天然火山灰掺量的影响

天然火山灰掺量对混凝土抗压强度的影响见表 4—23。由表 4—23 试验结果结合图 4—8 可知，混凝土早期抗压强度(7 d)随着天然火山灰掺量的增加逐渐减小，说明天然火山灰的掺入一定程度上减小了混凝土的早期强度，在掺量不大时，减小程度较小，10%掺量减小了 2.6 MPa，相当于 5%，而掺量40%时，减小了 10.3 MPa，相当于 20%。随着龄期的增长，天然火山灰对混凝土抗压强度减小的程度逐渐变小，56 d 时，40%掺量的天然火山灰组抗压强度仅比纯水泥组小 3.4 MPa，相当于 4.6%。

表 4—23　天然火山灰掺量对混凝土抗压强度的影响

序号	火山灰掺量(%)	抗压强度(MPa)		
		7 d	28 d	56 d
K-1	0	51.3	67.0	73.4
K-13	10	48.7	65.5	72.1
K-14	20	47.6	65.3	68.1
K-5	30	47.3	65.8	70.9
K-15	40	41.0	61.4	70.0

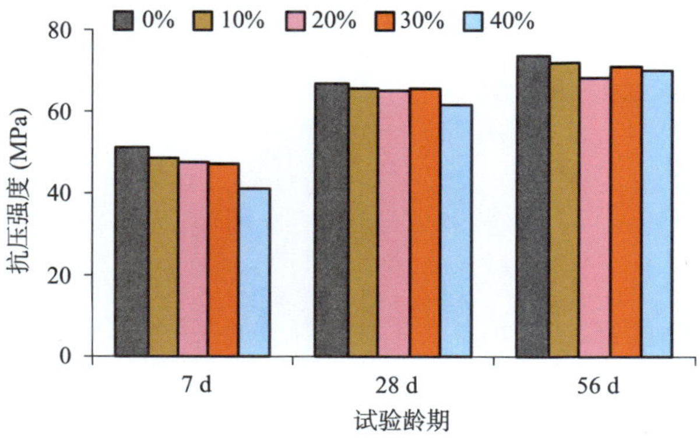

图 4—8　天然火山灰掺量对混凝土抗压强度的影响

四、天然火山灰细度的影响

天然火山灰细度对混凝土抗压强度的影响见表 4—24。由表 4—24 试验结果结合图 4—9 可知，各个龄期，混凝土的抗压强度均随着天然火山灰比表面积的增大而增大，由第四节的试验结果可知，天然火山灰越细，混凝土工作性越好，因此，在合理的能耗范围内，天然火山灰越细越好。

表 4—24　天然火山灰细度对混凝土抗压强度的影响

序　号	比表面积(m^2/kg)	抗压强度(MPa)		
		7 d	28 d	56 d
K-16	295	42.1	62.4	67.0
K-5	412	47.3	65.8	70.9
K-17	496	48.1	67.8	74.1

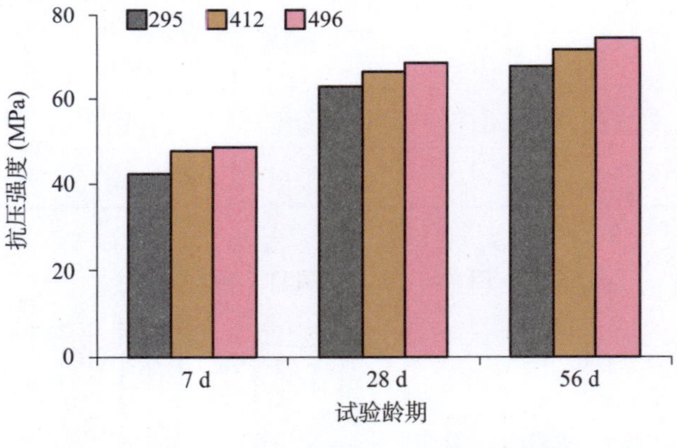

图 4—9　天然火山灰细度对混凝土抗压强度的影响

五、水泥种类的影响

水泥种类对混凝土抗压强度的影响见表 4—25。由表 4—25 试验结果可知，两种水泥在各个龄期的混凝土抗压强度相差不大，原因是虽然 CEMⅡ/A-L 42.5 水泥中作为混合材的石灰石粉含量较多，但是天然火山灰掺量为 20%

比 K-5 相比掺量少 10%，因此在两个配合比中对强度贡献最大的水泥熟料含量相差不大。

表 4—25 水泥种类对混凝土抗压强度的影响

序号	水泥种类	抗压强度(MPa)		
		7 d	28 d	56 d
K-5	CEM Ⅰ 42.5	47.3	65.8	70.9
K-18	CEM Ⅱ/A-L 42.5	48.1	66.4	69.6

六、水胶比的影响

水胶比对混凝土抗压强度的影响见表 4—26。由表 4—26 试验结果结合图 4—10 可知，天然火山灰混凝土的抗压强度随着水胶比的减小而增大，其中水胶比 0.39 时，混凝土 56 d 抗压强度 60.2 MPa，水胶比 0.29 时，混凝土 56 d 抗压强度高达 83.3 MPa，可见，通过水胶比的调整，天然火山灰作为矿物掺合料能够配制出工程所需的各强度等级混凝土。

表 4—26 水胶比对混凝土抗压强度的影响

序号	水胶比	抗压强度(MPa)		
		7 d	28 d	56 d
K-19	0.39	37.6	51.6	60.2
K-5	0.35	47.3	65.8	70.9
K-20	0.33	53.3	70.3	78.5
K-21	0.29	59.3	74.8	83.3

七、引气方式的影响

引气方式对混凝土抗压强度的影响见表 4—27。由表 4—27 试验结果可知，引气方式采用先消泡后引气，混凝土的 7 d 和 56 d 抗压强度均大于减水剂直接引气的混凝土，可能的原因是，先消后引混凝土本身含气量较小，同时有害气泡含量少。

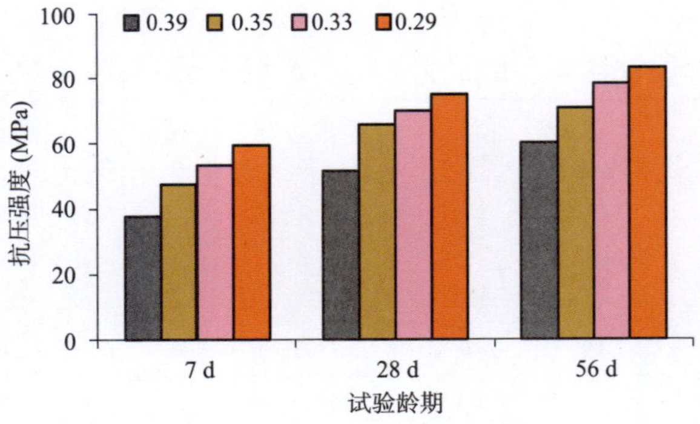

图 4—10　水胶比对混凝土抗压强度的影响

表 4—27　引气方式对混凝土抗压强度的影响

序号	引气方式	含气量(%)	抗压强度(MPa)		
			7 d	28 d	56 d
K-5	减水剂引气	3.9	47.3	65.8	70.9
K-22	先消后引	2.8	48.6	63.1	72.4

八、细骨料体系的影响

细骨料体系对混凝土抗压强度的影响见表 4—28。由表 4—28 试验结果可知，细骨料采用纯机制砂时，混凝土抗压强度最高，可能是因为，机制砂含粉量较高，造成混凝土有效水胶比降低。细骨料采用机制砂和河砂的比例 6∶4 和 7∶3 的混合砂时，混凝土抗压强度均较高，由第四节可知，6∶4 比例的混合砂配制的混凝土工作性较好，因此本研究细骨料采用机制砂和河砂比例 6∶4 的混合砂。

表 4—28　细骨料体系对混凝土抗压强度的影响

序号	细骨料体系	抗压强度(MPa)		
	机制砂∶河砂	7 d	28 d	56 d
K-23	10∶0	46.7	67.4	73.1

续上表

序号	细骨料体系	抗压强度(MPa)		
	机制砂∶河砂	7 d	28 d	56 d
K-24	0∶10	45.1	62.8	65.4
K-5	6∶4	47.3	65.8	70.9
K-25	7∶3	48.6	64.4	71.3

九、物理力学性能研究

对粉煤灰和两种天然火山灰，以及不同火山灰掺量进行了系统的物理力学性能试验，包括立方体抗压强度、轴心抗压强度、劈拉强度和弹性模量。试验配合比见表4—29。

表4—29 物理力学性能试验配合比

编号	水(kg)	水泥(kg)	掺合料(kg)			机制砂(kg)	河砂(kg)	石(kg)
			FA	1＃NP	2＃NP			
K-1	150	430	—	—	—	516	344	1 095
K-2	150	301	129	—	—	516	344	1 095
K-4	150	301	—	129	—	516	344	1 095
K-5	150	301	—	—	129	516	344	1 095
K-7	150	301	43	—	86	516	344	1 095
K-13	150	387	—	—	43	516	344	1 095
K-14	150	345	—	—	86	516	344	1 095
K-15	150	259	—	—	172	516	344	1 095

(一)火山灰高性能混凝土抗压强度

掺合料种类及天然火山灰掺量对混凝土抗压强度的影响见表4—30，包括7 d、28 d、56 d立方抗压强度和7 d、28 d、56 d轴心抗压强度。立方体抗压强度情况已经分析，下面对轴心抗压强度影响规律进行分析。

表 4—30　混凝土抗压强度

编号	立方抗压强度(MPa)			轴心抗压强度(MPa)		
	7 d	28 d	56 d	7 d	28 d	56 d
K-1	51.3	67.0	73.4	45.6	58.6	68.3
K-2	47.3	64.0	68.0	42.4	57.4	65.6
K-4	44.4	61.8	67.7	41.7	55.9	63.0
K-5	47.3	65.8	70.9	44.3	54.2	62.3
K-7	48.7	68.6	71.5	43.8	56.3	66.5
K-13	48.7	65.5	72.1	46.1	59.7	68.1
K-14	47.6	65.3	68.1	39.5	53.4	58.9
K-15	41.0	61.4	70.0	36.7	52.0	56.8

由表 4—30 的试验结果，结合图 4—11 可知：

a)掺加掺合料后，轴心抗压强度均低于基准的纯水泥组，其中 56 d 轴压强度最低为磨细火山渣组，62.3 MPa，与磨细凝灰岩组相差很少；磨细火山渣和粉煤灰复掺对轴压强度有一定的提高作用，其 56 d 轴压强度比粉煤灰组增加 1.6%，比磨细火山渣组增加 6.7%，这可能是因为两种掺合料复合后，填充作用更加明显；各组混凝土的轴压强度均随着龄期有较大的增长，但是 7 d 到 28 d 增长幅度更大，而 28 d 到 56 d 增长幅度明显降低。

b)磨细火山渣(2＃)掺量 10%时，轴压强度和基准纯水泥组相差不大，28 d 轴压强度还要比基准组增加 1.1%，56 d 轴压强度仅比基准组降低 0.29%；但是随着磨细火山渣(2＃)掺量的增加，轴压强度降低明显，在 40%掺量时，7 d、28 d、56 d 轴压强度分别比基准组降低 19%、11%、17%；20%与 30%掺量的磨细火山渣组相比，30%掺量 K-5 的 56 d 轴压强度比 20%掺量的 K-14 增加 5.8%，因此，综合考虑强度和掺合料掺加降低成本的因素，磨细火山渣合理的掺量应该在 20%～30%之间。

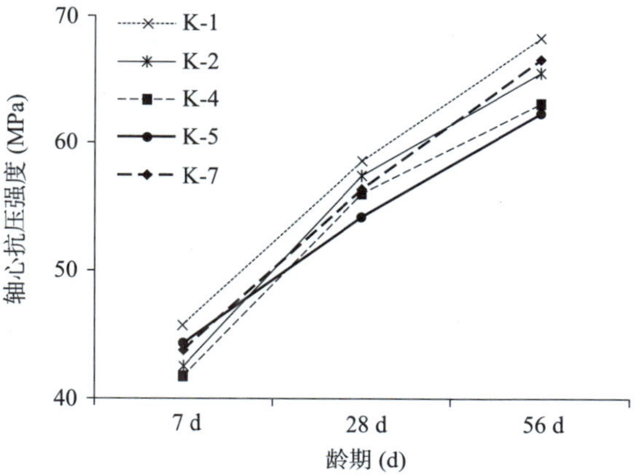

(a) 掺合料种类的影响

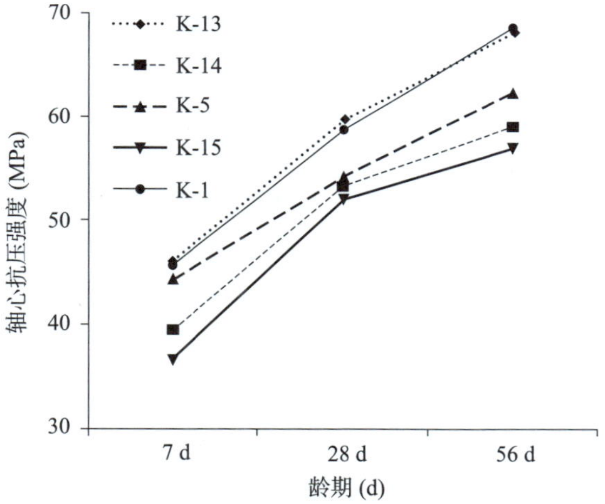

(b) 天然火山灰掺量的影响

图 4—11　混凝土轴心抗压强度

(二)火山灰高性能混凝土劈裂抗拉强度

掺合料种类及天然火山灰掺量对混凝土劈裂抗拉强度的影响见表 4—31，包括 7 d、28 d、56 d 劈裂抗压强度。

表 4—31　混凝土劈裂抗拉强度

编　号	劈裂抗拉强度(MPa)			劈裂抗拉强度相对百分率(%)		
	7 d	28 d	56 d	7 d	28 d	56 d
K-1	3.62	4.33	4.69	100	100	100
K-2	3.37	4.08	4.46	93	94	95
K-4	3.35	3.89	4.41	93	90	94
K-5	3.22	3.96	4.34	89	91	93
K-7	3.14	4.05	4.60	87	94	98
K-13	3.85	4.31	4.80	106	100	102
K-14	3.39	3.88	4.09	94	94	91
K-15	2.77	3.95	4.16	77	91	89

由表 4—31 的试验结果,结合图 4—12 可知:

a)30%掺加粉煤灰、两种天然火山灰以及磨细火山渣(2#)与粉煤灰复掺,7 d、28 d、56 d 劈拉强度均比纯水泥组要低,56 d 分别低 4.9%、6.0%、7.5%、1.9%;磨细火山渣与粉煤灰复掺与抗压强度具有相似的规律,即其 56 d 劈拉强度比粉煤灰组和磨细火山渣组分别增加 3.1%和 6.0%;两种天然火山灰和粉煤灰相比,在三个龄期的劈拉强度均相差不大。

b)10%掺量的磨细火山渣(2#)组在 7 d、56 d 龄期,劈拉强度分别比基准组增加 6.4%、2.3%,这可能是因为,早期少量天然火山灰掺入,对水泥起到了稀释作用,在低水胶比下(0.35)促进水泥的水化,后期少量细度较大的天然火山灰起到了填充作用,改善骨料—浆体的界面过渡区,同时火山灰二次水化效应起到了密实混凝土的作用。

(三)火山灰高性能混凝土抗压弹性模量

掺合料种类及天然火山灰掺量对混凝土抗压弹性模量的影响见表 4—32,包括 28 d、56 d 抗压弹性模量。

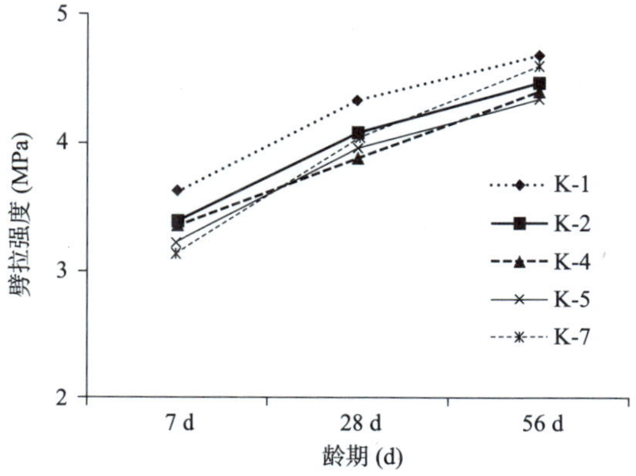

(a) 掺合料种类的影响

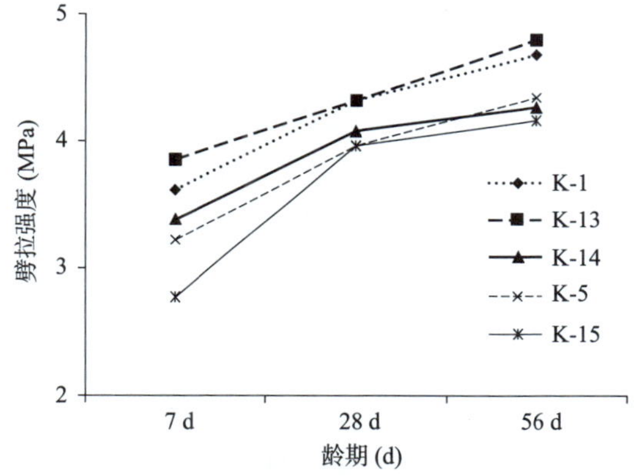

(b) 天然火山灰掺量的影响

图 4—12 混凝土劈裂抗拉强度

表 4—32 混凝土抗压弹性模量

编 号	弹性模量(GPa)		弹性模量相对百分率(%)	
	28 d	56 d	28 d	56 d
K-1	44.4	45.2	100	100
K-2	42.7	44.3	96	98
K-4	42.2	42.6	95	94
K-5	44.6	45.1	100	100

续上表

编　　号	弹性模量(GPa)		弹性模量相对百分率(%)	
	28 d	56 d	28 d	56 d
K-7	42.7	43.9	96	97
K-13	43.1	45.6	97	101
K-14	39.4	46.1	89	102
K-15	39.9	42.0	90	93

由表4—32的试验结果可知，两种天然火山灰、粉煤灰以及磨细火山渣(2＃)和粉煤灰复掺抗压弹性模量均与基准组相差不大，56 d弹性模量最小为磨细凝灰岩也仅比基准组小6%；磨细火山渣在掺量较小时(小于20%)，56 d弹性模量比基准组的还要大，掺量40%，也仅比基准组小7%。

第六节　结　　论

采用建研昆仑KL-3、东方雨虹P100A、辽宁科隆MPS-100以及巴斯夫RHEOBUILD-850研究了天然火山灰质材料与减水剂的适应性；然后试验研究了火山灰高性能混凝土配合比参数，包括掺合料种类、复合掺合料、火山灰细度、火山灰掺量、水泥种类、水胶比、细骨料体系等对工作性和力学性能的影响。

(1)天然火山灰质材料与聚羧酸减水剂适应性良好，其中与建研昆仑KL-3适应性最好，与东方雨虹P100A和辽宁科隆MPS-100适应性较好，与巴斯夫HEOBUILD-850适应性稍差；

(2)磨细凝灰岩(1＃)混凝土工作性达到与粉煤灰混凝土相当时，需要的减水剂较多，因此，工程应用中推荐磨细Simba火山渣(2＃)。磨细Simba火山渣(2＃)作为掺合料用于混凝土，能够得到与粉煤灰混凝土相当的工作性和力学性能。

(3)混凝土强度随着火山灰掺量的增加而降低，前期更加明显，混凝土强度等级在C40以上时，火山灰掺量宜控制在30%以下。

(4)磨细 Simba 火山渣(2＃)细度对混凝土的工作性和力学性能有明显影响,复合矿渣粉可以提高混凝土抗压强度,而复合石灰石粉对强度有一定降低,但是能够提高工作性;CEMⅡ水泥配制的混凝土工作性优于 CEMⅠ水泥,但是抗压强度略低。

(5)磨细 Simba 火山渣(2＃)混凝土抗压强度随着水胶比的降低而增加,水胶比 0.29 时,混凝土抗压强度超过 80 MPa,因此,采用天然火山灰作为矿物掺合料,通过配合比调整可以配制东非铁路所需的各强度等级的混凝土。

第五章　天然火山灰质材料用于预制混凝土研究

第一节　前　　言

东非地区铁路所用到的预制混凝土主要有C50、C55预应力梁用混凝土和C60轨枕混凝土，本章将以C60混凝土为主研究天然火山灰作为掺合料用于预制高强混凝土的可行性，研究内容将包括预制混凝土蒸养制度研究、提高天然火山灰在蒸养预制混凝土活性的技术方案探讨及天然火山灰预制高强混凝土综合物理力学性能研究。

第二节　火山灰用于预制混凝土的蒸养制度研究

合理的蒸养制度是提高混凝土轨枕生产效率，保证轨枕混凝土力学性能、长期性和耐久性的关键。蒸汽养护过程分为静养、升温、恒温、降温四个阶段[63−69]：

(1)静养阶段

静养阶段也称预养期或前置期，为混凝土制品浇筑成型后到蒸养开始前在常温环境下的放置阶段。该阶段主要是使混凝土获得一定程度的初始强度，以抵抗升温阶段的热胀作用。静养时间的长短，关系到蒸养混凝土强度发展以及耐久性能的好坏。

静养时间的选取与混凝土的配合比、水泥的种类、环境的温湿度、升温速率等因素有关。在采用早强剂、高标号或早强型水泥，或环境温度高，升温速率较慢等情况下，可适当减少静养时间。

(2)升温阶段

升温阶段为混凝土由静养温度升至恒温温度的阶段，该阶段的控制参数是升温速率。在升温阶段，水泥水化速度加快，促进混凝土强度发展；另一方面，水和湿空气气泡的膨胀作用和水、汽的在温度梯度下的迁移作用可能会使混凝土内部孔结构劣化。过快的升温速率会加快表面水向混凝土内部的迁移，形成大量的连通孔；同时过快的升温速率会形成分布不均、结晶粗大的水化产物，易产生较多的孔隙，进而对混凝土的耐久性能产生不利作用。最好将升温速率控制在 10 ℃/h 左右，轨枕混凝土早期静养时间增加，升温速率可相应增加。

(3)恒温阶段

恒温阶段是轨枕混凝土获得良好力学性能的主要阶段，主要控制参数是恒温温度和恒温时间。恒温温度和时间增加，轨枕混凝土的强度发展速度和最终强度可能增加；但当恒温时间超过某一值后，强度会出现“锯齿”波动，时升时降。经长时间的高温养护，混凝土中的水泥石及其与骨料间的界面处会出现不同程度的微裂纹；同时，水化产物结晶粗大且分散不均匀，孔隙率增加，有害孔和多害孔数量明显增加，孔结构劣化，对氯离子、二氧化碳和水向混凝土内部迁移的抵抗能力下降。

(4)降温阶段

降温阶段为混凝土由恒温温度降至环境温度的阶段，不良的降温制度会在混凝土内部产生裂纹，将对混凝土性能产生不利作用。降温阶段要缓慢停汽、均匀降温、保持湿度。对于厚大尺寸、低强度或低配筋构件，需降温缓慢，以避免产生过大的收缩拉应力；对于小型、高强度或高配筋构件，降温速度可稍微增加。

与正常养护的混凝土不同，尽管蒸养混凝土早期强度较高，但经高温养护后，在水泥石中及其与骨料界面过渡区处会由于热膨胀变形的不一致性而出现一定数量的微裂纹[70]。与此同时，随着养护温度升高，水泥水化所生成的 C-S-H 凝胶等水化产物变得粗大，水化产物之间接触点变少；高温养护时水泥水化产物没有足够的时间扩散，使水化产物分散不均匀，同时水化产物 CH 晶体及 C-S-H 凝胶都会变得紧密，硬化水泥石结构会出现较大的孔隙；在蒸养的混凝土中，微裂纹处也易形成钙矾石晶体富集的现象，同时钙矾石会随龄期的增长在微裂纹处继续生长，这样可导致微裂纹的进一步发展。这些因素都会造成混凝土结构后期的强度增长缓慢，甚至比同龄期的普通养护混凝土要低[71—76]。总之，较高养护温度会导致水泥水化产物的数量及分布的变化，从而影响混凝土的微观结构，进而使其宏观物理力学性能异于常温养护混凝土，因此有必要分析研究蒸养制度对轨枕混凝土的物理力学性能影响。

本节将试验研究蒸养制度的主要控制参数，即静养时间、升温速率、恒温时间及恒温温度对天然火山灰轨枕混凝土物理力学性能的影响，探讨蒸养火山灰高强混凝土物理力学性能变化的机理，以期建立合理的天然火山灰高强混凝土养护制度。

采用 2＃天然火山灰作为矿物掺合料，掺量 20％的情况下，研究蒸养制度对火山灰轨枕混凝土力学性能的影响，试验配合比见表 5—1。

表 5—1　蒸养制度试验混凝土配合比

编号	水(kg)	水泥(kg)	2＃NP (kg)	2＃NP 掺量 (％)	机制砂 (kg)	河砂(kg)	石(kg)
K-28	142	392	98	20	401	268	1 299

一、静养时间

静养阶段也称预养期或前置期，为混凝土制品浇筑成型后到蒸养开始前在常温环境下放置阶段。试验采用的蒸养制度见表 5—2，试验结果见表 5—3 和图 5—1。

表 5—2　静养时间不同的蒸养制度

编　号	静养时间(h)	升温速率(℃/h)	恒温时间(h)	恒温温度(℃)
ZY-1	2	10	3.5	60
ZY-2	4	10	3.5	60
ZY-3	6	10	3.5	60

表 5—3　静养时间对抗压强度的影响

编号	静养时间(h)	抗压强度		
		3 d	28 d	56 d
K-28-1	2	59.4	74.3	78.8
K-28-2	4	64.7	82.9	84.5
K-28-3	6	65.8	83.2	85.9

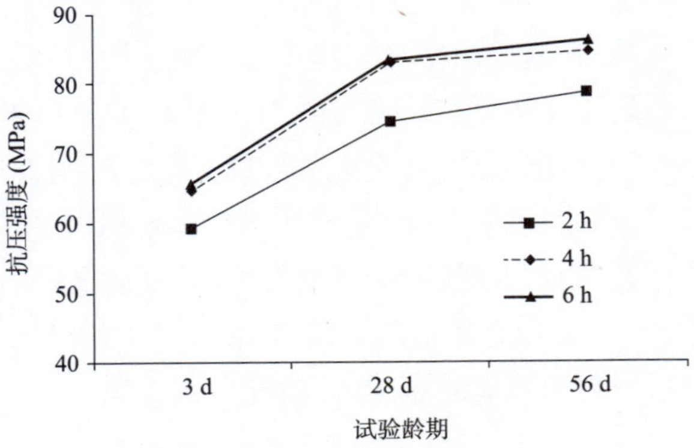

图 5—1　静养时间对抗压强度的影响

由表 5—3 和图 5—1 的试验结果可知，随着静养时间的增加，混凝土各个龄期的强度均有所提高，其中静养时间 4 h、6 h 的混凝土比静养时间 2 h 混凝土的 3 d 抗压强度分别增加 8.9%、10.8%，28 d 抗压强度分别增加 11.6%、12.0%，56 d 抗压强度分别增加 7.2%、9.0%。由此可看出静养时间越长，火山灰混凝土强度增长幅度越大，这表明静养时间延长可以减弱蒸养制度对混凝土后强度增长造成的不利影响，但是静养时间 6 h 比 4 h 混凝土抗压强度增长幅度不大。

蒸养对高强混凝土后期强度发展不利的原因，除了与水化物分布不均匀，结晶程度低，晶体颗粒粗大，会造成混凝土整体密实程度变差有关外，还与蒸养过程中水汽转变产生的热胀作用对混凝土内部结构的破坏程度有关[71]。由于混凝土在蒸养过程中会发生水由液相向气相转变的过程，该过程产生的热胀力会对混凝土内部孔壁造成一定的压应力，如果混凝土已开始凝结但尚不具有足够的结构强度时，这种气水的热胀作用，将会对混凝土内部结构产生膨胀力，并引起内部结构裂缝，对混凝土后期强度的增长造成不利的影响。而静养时间的延长，之所以能够减弱这种不利影响，关键在于静养时间的延长改善了混凝土内部孔结构，平均孔径下降，使混凝土获得足够的结构强度，以抵抗蒸汽的热胀作用。因此蒸养过程中静养时间的延长对高强混凝土后期物理力学性能的增长有促进作用，但也不能为了提高混凝土的物理力学性能而单纯的提高静养时间，这样会延长混凝土的生产周期，降低生产效率，因此需要对静养时间进行合理选择，既保证混凝土在初期获得能够抵抗膨胀应力的足够强度，又不影响蒸养混凝土的生产效率。著名混凝土专家吴中伟教授指出，最佳静养期为混凝土强度达到 0.39～0.49 MPa 时所需的时间。因此，若环境气温较高时，混凝土形成初始结构强度的时间可以缩短。根据混凝土要求达到的最低成熟度值来确定静养时间更为合理，针对肯尼亚的情况，选取 3～4 h 较为合理，以下试验研究选择 4 h。

二、升温速率

升温过程对于混凝土的热物理特性有重要影响。试验采用的蒸养制度见表 5—4，试验结果见表 5—5 和图 5—2。

表 5—4　升温速率不同的蒸养制度

编号	静养时间(h)	升温速率(℃/h)	恒温时间(h)	恒温温度(℃)
ZY-4	4	10	3.5	60
ZY-5	4	15	3.5	60
ZY-6	4	30	3.5	60

表 5—5　升温速率对混凝土抗压强度的影响

编号	升温速率(℃/h)	抗压强度		
		3 d	28 d	56 d
K-28-4	10	64.7	82.9	84.5
K-28-5	15	63.5	79.6	81.8
K-28-6	30	63.7	70.8	72.5

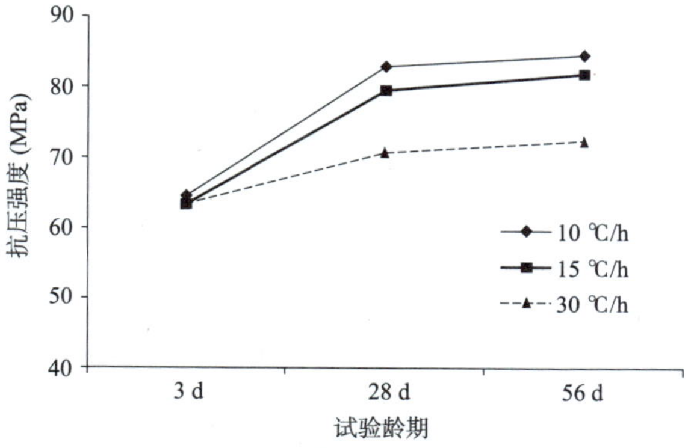

图 5—2　升温速率对混凝土抗压强度的影响

由表 5—5 和图 5—2 的试验结果可知，提高升温速度对于 3 d 抗压强度影响不大，但是随着升温速率的提高，混凝土的 28 d、56 d 抗压强度有所区别，升温速率为 30 ℃/h 的混凝土后期强度明显低于其余两组混凝土，可见早期升温速度的提高，不利于混凝土后期强度，因此升温速度需要控制在一定范围内，否则会对混凝土的微结构和强度造成破坏。

可能的原因是，混凝土在升温过程中，较高的升温速度可以促进水泥及矿物掺合料的水化反应，促进混凝土强度发展，起到积极有利的促进"结构形成"的作用，这有利混凝土早期结构强度的提高；但另一方面，提高升温速度其加剧气水热胀现象的发生，起到不利的"结构破坏"作用，这是蒸养过程中的一个矛盾问题。由试验结果可知，当升温速率为 30 ℃/h 时混凝土的后期强度增长明显放慢，这表明在过快的升温速度蒸养条件下，其所起的"结构破坏"作用将占据主导地位，这是由于混凝土在蒸养过程中会出现液气转移及温度应力的问题，过快的升温速度会加速表面水向混凝土内部的迁移，使其在混凝土内部易造成大量的连通孔，同时其还会加大混凝土表里的温度差，增加混凝土内部的温度应力，加剧水、气两相之间的转变过程中对混凝土内部孔结构造成破坏的作用；另一方面，尽管快速升温会加速胶凝材料的水化过程，但该种情况下形成的水化产物往往结晶粗大，并在混凝土内部分布不均，易形成较多的孔隙，对混凝土后期物理力学性能的发展产生极为不利的影响。针对肯尼亚情况，以下的试验研究，火山灰混凝土蒸养升温速率选取 10 ℃/h。

三、恒温时间

恒温期是蒸养混凝土获得强度的主要阶段。试验采用的蒸养制度见表 5—6，试验结果见表 5—7 和图 5—3。

表 5—6　恒温时间不同的蒸养制度

编号	静养时间(h)	升温速率(℃/h)	恒温时间(h)	恒温温度(℃)
ZY-7	4	10	2.0	60
ZY-8	4	10	3.5	60
ZY-9	4	10	6.0	60

表 5—7　恒温时间对混凝土抗压强度的影响

编号	恒温时间(h)	抗压强度		
		3 d	28 d	56 d
K-28-7	2.0	61.1	83.2	86.3
K-28-8	3.5	64.7	82.9	84.5
K-28-9	6.0	65.5	76.6	77.9

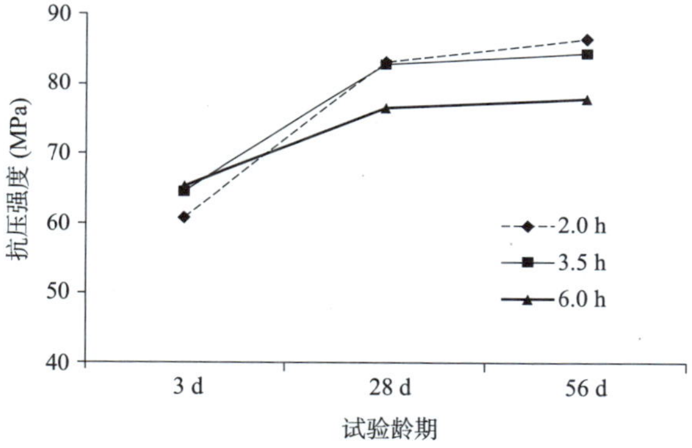

图 5—3　恒温时间对混凝土抗压强度的影响

由表 5—7 和图 5—3 的试验结果可知，恒温时间为 3.5 h、6 h 的混凝土比恒温时间 2 h 混凝土的 3 d 抗压强度分别增加 5.9%、7.2%，而 28 d 抗压强度分别降低 0.4%、7.9%，56 d 抗压强度分别降低了 2.1%、9.7%。

可见，早期抗压强度随着恒温时间的延长逐渐增加，这主要是温度的升高加快了水泥水化速度。在 28 d 和 56 d 抗压强度中，除了恒温时间为6 h 的两组混凝土明显偏低外，其余两组混凝土的强度相差不大。强度之所以随时间而增长，不仅是由于密实度的提高，更多的是因为连接点的增多，李哈茨 · W 和劳海尔 · P · W 提出[76]，硅酸三钙的主要水化产物水化硅酸钙随其生成时期的不同，其纤维具有不同的尺寸。水化的早期阶段(一天以内)生成的尺寸较大，在后期继续硬化时生成的尺寸较小。在蒸养条件下，水泥水化速度加快，缩短恒温时间，有利于削弱水化产物的聚集程度，抑制内部气泡受热膨胀和定向迁移，减少孔隙连通和初始裂缝的扩展。随着恒温时间的延长，粗短纤维状晶体水化产物数量增加，因而早期强度较高，但同时由于未完全水化颗粒周围形成密实的屏蔽膜阻碍水化反应进一步进行及水化产物相互间连接点的减少，使得试件后期强度偏低。说明恒温时间延长会明显提高混凝土的早期强度，但对于后期强度有不利影响，同时延长恒温时间，对于控制生产成本也是不利的，由上述分析可得生产中的的恒温时间选取应在 2～4 h 为佳，以下的试验研究选取 3.5 h。

四、恒温温度

恒温温度为恒温期的主要参数之一。试验采用的蒸养制度见表 5—8，试验结果见表 5—9 和图 5—4。

表 5—8　恒温温度不同的蒸养制度

编号	静养时间(h)	升温速率(℃/h)	恒温时间(h)	恒温温度(℃)
ZY-10	4	10	3.5	50
ZY-11	4	10	3.5	60
ZY-12	4	10	3.5	80

表 5—9　恒温温度对混凝土抗压强度的影响

编号	恒温温度(℃)	抗压强度		
		3 d	28 d	56 d
K-28-10	50	62.9	87.0	89.6
K-28-11	60	64.7	82.9	84.5
K-28-12	80	66.3	78.6	79.8

由表 5—9 和图 5—4 的试验结果可知，在其他养护制度一样的情况下，混凝土的早期抗压强度随着恒温温度的提高而显著增加，恒温温度 60 ℃、80 ℃的混凝土比恒温温度 50 ℃混凝土的 3 d 抗压强度分别增加 2.9%、5.4%，而 28 d 抗压强度降低了 4.7%、9.7%，56 d 抗压强度降低了 5.7%、10.9%。当恒温温度为 50 ℃时，早期强度最低，但是其后期的强度发展最快，恒温温度为

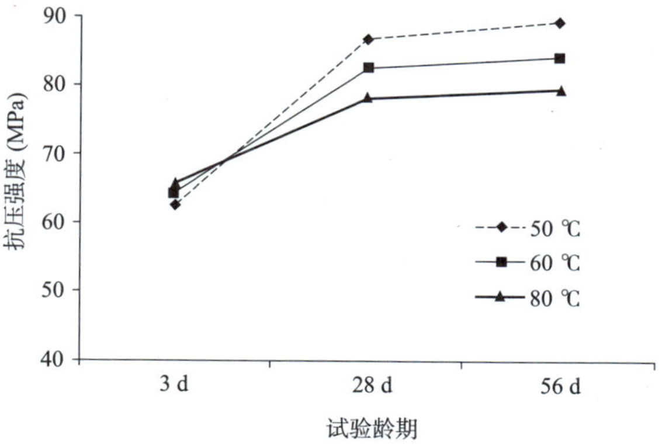

图 5—4　恒温温度对混凝土抗压强度的影响

80 ℃时，混凝土的早期强度最高，但是后期的强度发展变缓，到达 56 d 龄期时，强度反而是各组中最低的。因为，水泥水化速度与温度有很大的关系，水化早期，在蒸养条件下，温度升高，水化速度加快，有资料显示，当温度升至 80 ℃时，水泥水化的速度比在 20 ℃时增加 5 倍；当温度升至 100 ℃时，水泥水化的速度比 20 ℃时增加 9 倍，因此，混凝土的早期强度随着温度的升高而增加。

可能的原因是，尽管高温养护会能够促进水泥熟料，特别是矿物掺合料的水化反应，进而形成更多凝胶，由于凝胶具有大量的凝胶孔，因而使得水泥石内部孔结构不断细化，且总孔隙率增加，但是由于 C-S-H 凝胶具有较强的吸附作用，其表面及孔壁会有大量凝胶水，如果蒸养过程中恒温温度越高，水由液体向气体转变的趋势增加，同时已有气泡之间的压差逐渐增大，气泡容积增大，由此产生的膨胀压作用在孔隙、凝胶孔内壁，并对水泥石内部的孔结构造成破坏。同时温度的升高还会造成水的表面能降低，黏性下降，流动性增大，这更利于水在混凝土内部的汽化和转移，并在混凝土内部形成连通性孔隙，对后期强度有重大影响，前期温度越高，后果越严重，因此恒温温度不宜过高。结合试验结果，火山灰混凝土的恒温温度 50 ℃～60 ℃为宜，以下试验研究选取 60 ℃。

由以上试验结果可知，天然火山灰轨枕混凝土的蒸养参数应有一合理范围，选用合适的静养时间(3～4 h)以保证混凝土升温时有足够抵抗混凝土自身变形的能力，同时升温速度控制在 15 ℃/h 以内，恒温时间控制在 2～4 h，恒温温度控制在 50 ℃～60 ℃为宜。

第三节 火山灰早期活性提高研究

由第二章天然火山灰技术指标研究可知，火山灰的活性略低于粉煤灰，用于 C60 高强轨枕混凝土需要考虑提高其活性的措施，本课题将采用提高火山灰细度、化学激发剂、外加剂、复合掺合料等技术手段研究提高天然火山灰早期活性的方案。

根据 JGJ55—2011《普通混凝土配合比设计规程》计算和查阅相关文献制定试验基准混凝土配合比见表 5—10，根据 5-2 节的试验结果结合铁建设〔2010〕241 号《铁路混凝土工程施工技术指南》制定养护制度见表 5—11。

表 5—10 C60 轨枕混凝土基准配合比

水胶比	砂率	机制砂：河砂	水泥(kg)	掺合料(kg)	水(kg)	砂(kg)	石(kg)
0.29	34	6：4	392	98	142	669	1 299

表 5—11 基准养护制度

静养时间	升温速度	恒温时间	恒温温度	降温速度
4 h	10 ℃/h	3.5 h	60 ℃	10 ℃/h

一、火山灰细度对活性的影响

采用磨细 Simba 火山渣（2＃）三个粉磨时间得到的 45μm 筛余 19%、10%、6%试验火山灰细度对混凝土强度的影响，同时对比粉煤灰、1＃天然火山灰在标准养护和蒸汽养护条件下的混凝土强度，试验配合比见表 5—12，试验结果见表 5—13、图 5—5、图 5—6。

表 5—12　火山灰细度对活性影响的试验配合比

编号	细度(%)	水(kg)	水泥(kg)	矿物掺合料(kg)			机制砂(kg)	河砂(kg)	石(kg)
				FA	1＃NP	2＃NP			
K-26	10	142	392	98	—	—	401	268	1 299
K-27	19	142	392	—	—	98	401	268	1 299
K-28	10	142	392	—	—	98	401	268	1 299
K-29	6	142	392	—	—	98	401	268	1 299
K-30	11	142	392	—	98	—	401	268	1 299

表 5—13　细度对火山灰混凝土抗压强度的影响

编号	抗压强度(MPa)					
	蒸汽养护			标准养护		
	3 d	28 d	56 d	3 d	28 d	56 d
K-26	63.0	80.2	83.6	50.4	87.7	91.6
K-27	61.5	79.5	83.1	48.6	84.1	88.5
K-28	64.7	82.9	84.5	52.3	89.7	92.5
K-29	65.3	84.6	87.7	53.1	91.6	92.8
K-30	62.2	82.9	83.9	50.4	84.4	87.8

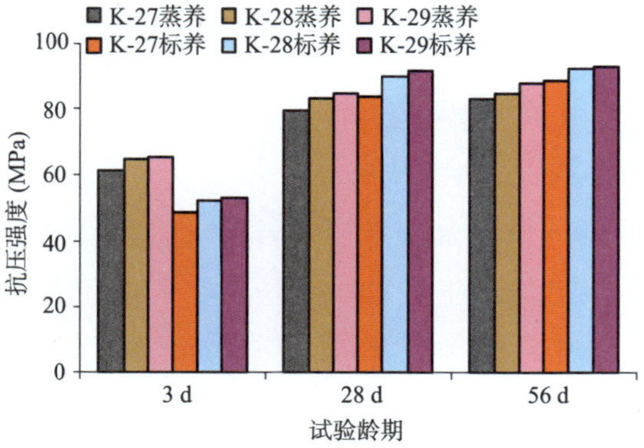

图 5—5　细度对火山灰混凝土抗压强度的影响

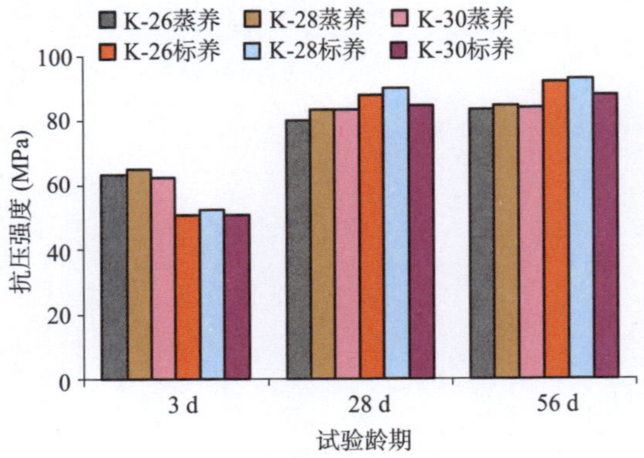

图 5—6　对比粉煤灰对混凝土抗压强度的影响

由表 5—13、图 5—5、图 5—6 的试验结果可知：

(1)随着天然火山灰细度(45 μm 筛余)的增加，混凝土各个龄期的抗压强度均在增大。其中火山灰细度 6%比 19%在 3 d、28 d、56 d 蒸汽养护条件下抗压强度分别增加 6.2%、6.4%、5.5%。当细度由 10%增大到 6%时，混凝土强度的增加幅度有所下降，在 3 d、28 d、56 d 蒸汽养护条件下抗压强度增加 0.9%、2.1%、3.8%，而标准养护条件下仅增加 1.5%、2.1%、0.3%。因此，考虑到细度增大粉磨加工成本的增加，细度应综合考虑，结合第二章火山灰技术指标的研究中活性指数的试验结果，天然火山灰细度控制在≤15%较为合理。

(2)对比蒸汽养护和标准养护两种养护条件可以发现，在混凝土成型早期(3 d)蒸汽养护得到混凝土强度要比标准养护高很多，而到 56 d 时，标准养护得到的混凝土强度要比蒸汽养护高，3 d 龄期 K-26、K-27、K-28、K-29、K-30 各组混凝土蒸汽养护抗压强度比标准养护分别增加 25%、27%、24%、22%、23%，而 56 d 龄期蒸汽养护混凝土抗压强度比标准养护降低 8.7%、6.1%、8.6%、5.5%、4.4%。

原因可能是，蒸养在能够加快水泥熟料水化速度的同时，还会提高矿物掺合料(粉煤灰和天然火山灰)的二次水化反应速度，进而形成以低碱性水化硅酸钙为主体的水化硅酸钙、水化铝酸钙、水化铁铝酸钙，这些水化产物相互交叉延伸，逐渐交织成具有相当强度的空间网络结构，进而把骨料与未水化的粒子紧紧粘在一起，形成具有局部较高密实程度的水泥石，从而使得混凝土具有较高的初期强度[74—75]，但是这种快速的水化反应速度会导致水化物分布不均匀，结晶程度低，晶体颗粒粗大，会造成混凝土整体密实程度变差，不利于其后期强度的发展。标准养护混凝土 56 d 抗压强度较高的原因在于，标准养护过程是在高湿度条件下进行的，因而外界环境中有充足的水分供应能够使混凝土的水化反应持续进行，使得其内部水化产物无论是结晶状态，还是分布均优于蒸养养护，因此该种养护条件下有利于混凝土后期强度的发展。

可见，虽然蒸汽养护提高混凝土早期的强度，有利于构件较早脱模，提高施工进度，但是对混凝土长期力学性能不利。

(3)对比两种天然火山灰和粉煤灰可知，在蒸汽养护的条件下，三种掺合料 20%掺量得到的混凝土抗压强度相差不多，而在标准养护条件下，在各个龄期抗压强度的顺序为磨细火山渣>粉煤灰>磨细凝灰岩。

二、化学激发

由第二章中的试验结果可知，化学激发剂中仅有明矾石($KAl_3(SO4)_2(OH)_6$)具有一定效果，因此采用明矾石 8%的掺量(以天然火山灰为基数)，试验研究化学激发提高天然火山灰强度。试验混凝土配合比见表 5—14，试验结果见表 5—15 和图 5—7。

表 5—14 化学激发对活性影响的试验配合比

编号	细度(%)	水(kg)	水泥(kg)	2#NP(kg)	明矾石(kg)	机制砂(kg)	河砂(kg)	石(kg)
K-28	10	142	392	98	—	401	268	1 299
K-31	10	142	392	90.2	7.8	401	268	1 299

表 5—15 化学激发对混凝土抗压强度的影响

编号	抗压强度(MPa)					
	蒸汽养护			标准养护		
	3 d	28 d	56 d	3 d	28 d	56 d
K-28	64.7	82.9	84.5	52.3	89.7	92.5
K-31	63.6	81.3	83.4	51.8	82.8	87.9

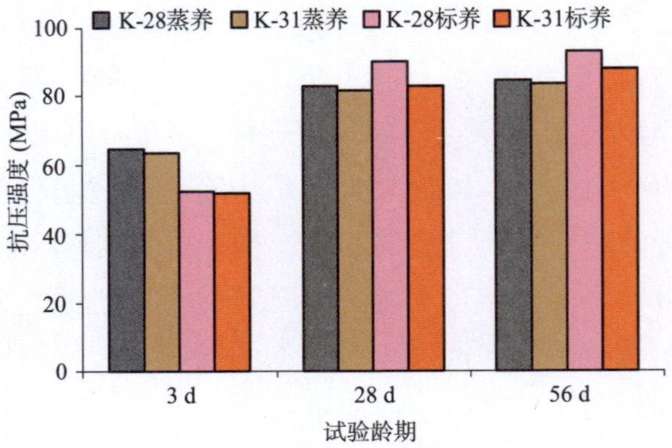

图 5—7　化学激发对混凝土抗压强度的影响

由表 5—15 和图 5—7 的试验结果可知，掺加明矾石作为化学激发剂的 K-31 抗压强度在各个龄期，两种养护条件下均比未掺的 K-28 小，其中蒸汽养护，3 d、28 d、56 d 降低 1.7%、1.9%、1.3%，而标准养护条件下降低 0.96%、7.7%、5.0%。可见，天然火山灰作为矿物掺合料用于混凝土，化学激发并不能提高其活性。

三、外加剂对早期强度的影响

采用建研昆仑公司早强型聚羧酸减水剂 KLZ-5，试验研究外加剂对火山灰混凝土抗压强度的影响，试验配合比见表 5—16，试验结果见表 5—17、图 5—8 和图 5—9。

表 5—16　外加剂对混凝土抗压强度影响的试验配合比

编号	水(kg)	水泥(kg)	矿物掺合料(kg)			机制砂(kg)	河砂(kg)	石(kg)	减水剂类型
			FA	1#NP	2#NP				
K-26	142	392	98	—	—	401	268	1 299	普通
K-28	142	392	—	—	98	401	268	1 299	普通
K-30	142	392	—	98	—	401	268	1 299	普通
K-32	142	392	98	—	—	401	268	1 299	早强
K-33	142	392	—	—	98	401	268	1 299	早强
K-34	142	392	—	98	—	401	268	1 299	早强

表 5—17　外加剂对混凝土抗压强度的影响

编号	抗压强度(MPa)					
	蒸汽养护			标准养护		
	3 d	28 d	56 d	3 d	28 d	56 d
K-26	63.0	80.2	83.6	50.4	87.7	91.6
K-28	64.7	82.9	84.5	52.3	89.7	92.5
K-30	62.2	82.9	83.9	50.4	84.4	87.8
K-32	66.8	79.4	80.5	55.6	88.1	91.4
K-33	67.9	80.6	81.5	60.1	87.4	89.6
K-34	65.3	81.8	83.2	57.3	81.6	85.7

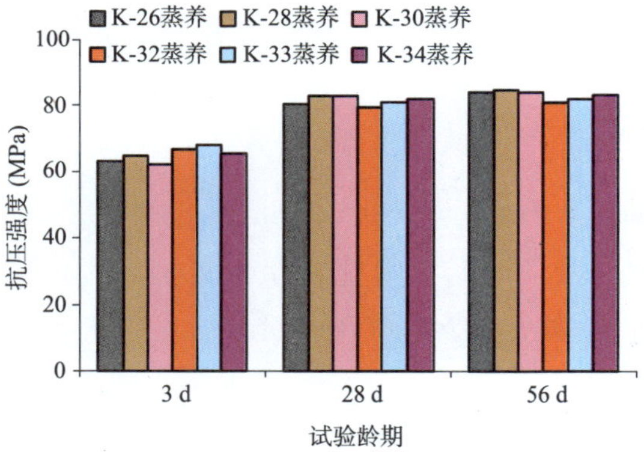

图 5—8　外加剂对混凝土抗压强度的影响

由表 5—17、图 5—8、图 5—9 的试验结果可知：

(1)3 d 龄期，相同的配比，分别掺两种火山灰和粉煤灰，采用早强型聚羧酸减水剂比普通聚羧酸减水剂的混凝土抗压强度分别增加 6.0%、4.9%、5.0%；而到了 56 d 龄期反而要分别降低 3.7%、3.6%、0.83%，可见，早强型聚羧酸减水剂提高天然火山灰混凝土早期强度，但是对后期强度的发展不利。

(2)对比蒸汽养护和标准养护两种养护条件对早强型聚羧酸减水剂配制

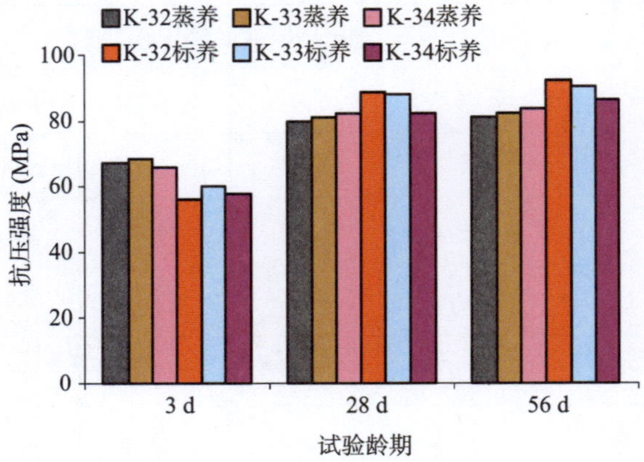

图 5—9　养护方式对混凝土抗压强度的影响

的天然火山灰混凝土抗压强度的影响，可以发现，具有和采用普通聚羧酸减水剂一样的规律，即蒸汽养护可以提高混凝土早期的抗压强度，而标准养护得到的混凝土后期强度更高。

四、复合掺合料

采用粉煤灰和石灰石粉分别与磨细 Simba 火山渣（2＃）1∶1 复合，试验研究矿物掺合料复合效应对 C60 轨枕混凝土抗压强度的影响，试验配合比见表 5—18，试验结果见表 5—19 和图 5—10。

表 5—18　复合掺合料对混凝土抗压强度影响的试验配合比

编号	水(kg)	水泥(kg)	矿物掺合料(kg)			机制砂(kg)	河砂(kg)	石(kg)
			FA	2＃NP	石灰石粉			
K-26	142	392	98	—	—	401	268	1 299
K-28	142	392	—	98	—	401	268	1 299
K-35	142	392	49	49	—	401	268	1 299
K-36	142	392	—	49	49	401	268	1 299

表 5—19 复合掺合料对混凝土抗压强度的影响

编号	抗压强度(MPa)					
	蒸汽养护			标准养护		
	3 d	28 d	56 d	3 d	28 d	56 d
K-26	63.0	80.2	83.6	50.4	87.7	91.6
K-28	64.7	82.9	84.5	52.3	89.7	92.5
K-35	66.0	85.1	89.5	51.7	91.4	93.6
K-36	62.7	81.2	83.3	51.8	87.7	90.4

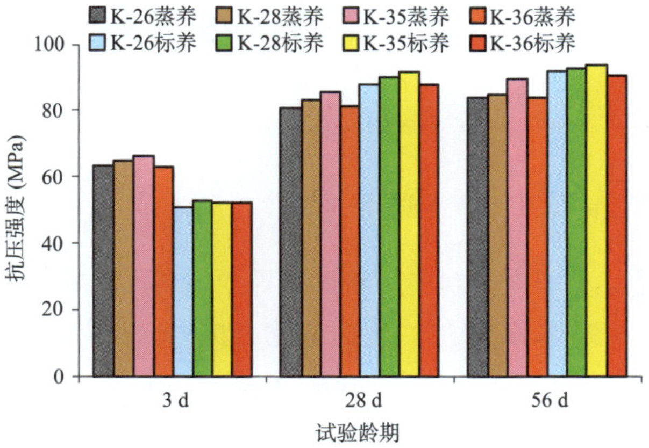

图 5—10 复合掺合料对混凝土抗压强度的影响

由表 5—19 和图 5—10 的试验结果可知：

(1)采用粉煤灰和磨细 Simba 火山渣(2#)复合掺合料得到的混凝土比纯天然火山灰作为掺合料抗压强度高，在蒸养条件下 3 d、28 d、56 d 三个龄期分别增加 2.0%、2.7%、5.9%，标养条件下分别增加－1.1%、1.9%、1.2%，可见粉煤灰和天然火山灰复合能够很好地提高混凝土的抗压强度。

(2)而采用石灰石粉和磨细 Simba 火山渣(2#)复合掺合料得到的混凝土比纯天然火山灰作为掺合料抗压强度低，主要原因是，石灰石粉为惰性材料，掺入混凝土仅能起到填充作用。

第四节　火山灰对预制构件混凝土基本性能影响研究

对比研究两种天然火山灰和粉煤灰对预制高强混凝土基本物理力学性能的影响，包括立方体抗压强度、轴心抗压强度、劈拉强度和弹性模量。试验配合比见表 5—20，试验采用的蒸养制度见表 5—11。

表 5—20　基本物理力学性能试验配合比

编号	水(kg)	水泥(kg)	矿物掺合料(kg)			机制砂(kg)	河砂(kg)	石(kg)
			FA	1#NP	2#NP			
K-26	142	392	98	—	—	401	268	1 299
K-28	142	392	—	—	98	401	268	1 299
K-30	142	392	—	98	—	401	268	1 299

一、火山灰预制混凝土抗压强度

对比两种天然火山灰质材料和粉煤灰对预制高强混凝土抗压强度的影响试验结果见表 5—21 和图 5—11，包括蒸汽养护和标准养护两种养护条件下的 3 d、28 d、56 d 立方抗压强度和轴心抗压强度，56 d 立方抗压强度均大于 60 MPa，且已在本章第三节中进行分析，下面对轴心抗压强度影响规律进行分析探讨。

表 5—21　混凝土抗压强度

编号	立方体抗压强度(MPa)					
	蒸汽养护			标准养护		
	3 d	28 d	56 d	3 d	28 d	56 d
K-26	63.0	80.2	83.6	50.4	87.7	91.6
K-28	64.7	82.9	84.5	52.3	89.7	92.5
K-30	62.2	82.9	83.9	50.4	84.4	87.8

续上表

编号	立方体抗压强度(MPa)					
	蒸汽养护			标准养护		
	3 d	28 d	56 d	3 d	28 d	56 d
轴心抗压强度(MPa)						
K-26	54.1	69.3	73.6	39.8	76.3	79.5
K-28	51.5	71.2	72.8	40.5	79.2	81.0
K-30	50.5	67.5	70.4	38.1	73.6	76.2

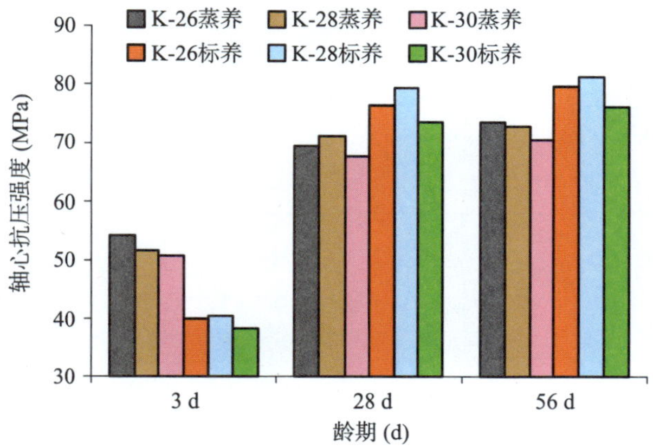

图 5—11 混凝土轴心抗压强度

由表 5—21 和图 5—11 的试验结果可知，在蒸汽养护条件下，20％掺量的粉煤灰混凝土轴压强度在 3 d 和 56 d 是最高，而磨细 Simba 火山渣(2＃)组 28 d 轴压强度最高；标准养护条件下，3 d、28 d 和 56 d 三个龄期，轴压强度最高的均为磨细 Simba 火山渣(2＃)组；对比标准养护和蒸汽养护可知，其规律与立方抗压强度规律一致，即标准养护混凝土前期强度较低，而后期强度高于蒸汽养护。

二、火山灰预制混凝土劈裂抗拉强度

对比两种天然火山灰和粉煤灰对预制高强混凝土劈裂抗拉强度的影响试验结果见表 5—22 和图 5—12，包括蒸汽养护和标准养护两种养护条件下的 3 d、28 d、56 d 劈裂抗拉强度。

表 5—22　混凝土劈裂抗拉强度

编号	劈裂抗拉强度（MPa）					
	蒸汽养护			标准养护		
	3 d	28 d	56 d	3 d	28 d	56 d
K-26	4.40	4.85	5.06	3.64	4.92	5.17
K-28	4.24	4.78	4.93	3.58	4.86	5.20
K-30	4.14	4.81	5.02	3.65	4.87	5.13

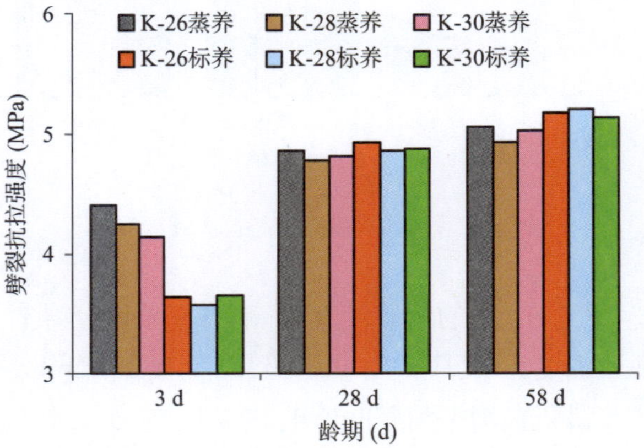

图 5—12　混凝土劈裂抗拉强度

由表 5—22 和图 5—12 的试验结果可知，在蒸汽养护条件下，粉煤灰作为掺合料的混凝土劈拉强度相对于两种天然火山灰要高，其中 3 d 分别高

3.8%、6.3%，28 d分别高1.2%、0.83%，56 d分别高2.6%、0.80%，可见三种掺合料配制的混凝土劈拉强度相差不多，而在标准养护条件下，三种掺合料配制的混凝土劈拉强度同样相差较小。

三、火山灰预制混凝土弹性模量

对比两种天然火山灰和粉煤灰对预制高强混凝土弹性模量的影响试验结果见表5—23和图5—13，包括蒸汽养护和标准养护两种养护条件下的3 d、28 d、56 d弹性模量。

表5—23　混凝土弹性模量

编号	弹性模量(GPa)					
	蒸汽养护			标准养护		
	3 d	28 d	56 d	3 d	28 d	56 d
K-26	39.2	45.8	47.5	36.7	46.5	48.2
K-28	40.7	47.4	48.2	39.8	47.9	49.4
K-30	40.6	46.3	46.9	38.5	45.2	47.7

由表5—23和图5—13的试验结果可知，在蒸汽养护条件下，采用磨细Simba火山渣(2#)的混凝土弹性模量最高，其中3 d弹性模量比粉煤灰和磨细凝灰岩(1#)高3.8%、0.25%，28 d弹性模量分别高3.5%、2.4%，56 d弹性模量分别高1.5%、2.8%；在标准养护条件下，磨细Simba火山渣(2#)作为掺合料的混凝土弹性模量也是最高的。

由上可见，天然火山灰作为混凝土掺合料用于预制高强混凝土当中能够得到与粉煤灰相差不多的抗压强度、劈拉强度、弹性模量等力学性能，因此，天然火山灰在混凝土力学性能角度考虑可以用于预制轨枕C60混凝土。

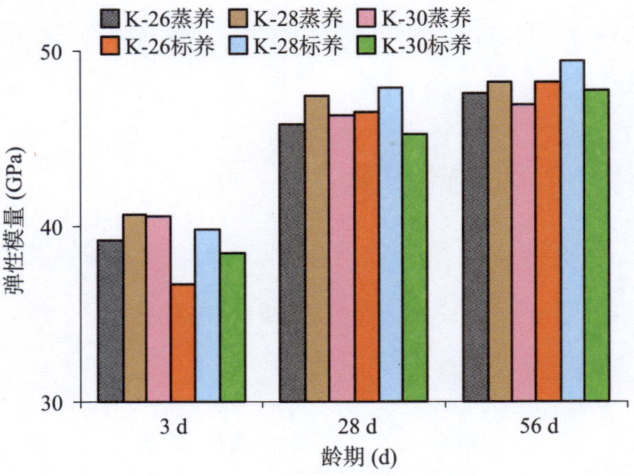

图 5—13　混凝土弹性模量

第五节　结　　论

针对天然火山灰用于预制混凝土的蒸养制度进行了试验研究，包括静养时间、升温速率、恒温时间和恒温温度；在固定蒸养制度的前提下，研究了提高天然火山灰活性的技术措施和天然火山灰对预制高强混凝土物理力学性能的影响。

(1)通过固定配合比研究静养时间、升温速率、恒温时间和恒温温度对混凝土抗压强度的影响，得出天然火山灰预制 C60 混凝土合理的蒸养制度为：静养时间 3～4 h、升温速度 10～15 ℃/h、恒温时间 2～4 h、恒温温度 50 ℃～60 ℃。

(2)与标准养护相比，蒸汽养护条件下，天然火山灰混凝土早期强度较高，后期强度增长缓慢，比同龄期的标准养护混凝土低。

(3)天然火山灰细度增加能够提高混凝土强度，结合火山灰活性指数的试验结果，细度控制在≤15%较为合理；化学激发对天然火山灰活性提高性能果不明显；早强型减水剂能够提高天然火山灰混凝土早期强度，但是对后期强度的发展不利；复合粉煤灰可以提高火山灰混凝土的强度。

(4)天然火山灰作为混凝土掺合料用于预制高强混凝土当中能够得到与粉煤灰相差不多的抗压强度、劈拉强度、弹性模量等力学性能，在物理力学性能的角度考虑可以用于预制轨枕 C60 混凝土。

第六章　火山灰混凝土长期性能和耐久性能研究

第一节　前　　言

混凝土结构的耐久性是指在其使用过程中抵抗外界环境或内部自身所产生的侵蚀破坏的能力，而结构的耐久性损伤或耐久性破坏则指结构性能随时间的劣化现象。从产生耐久性损伤的直接原因来看，可以将混凝土耐久性损伤原因分为内部原因与外部原因。

产生混凝土损伤的内部原因是指混凝土自身的一些缺陷，如在混凝土内部存在气泡和毛细管孔隙，这些孔隙为空气中的二氧化碳、水分与氧气向混凝土内部的扩散提供了通道。另外，当混凝土中掺加氯盐或使用含盐的骨料时，由于氯离子的作用将使混凝土中的钢筋产生锈蚀；当混凝土使用碱活性骨料，且含有的碱含量过高，在适宜条件下，会发生碱—骨料反应，导致混凝土崩溃。

产生混凝土损伤的外部原因主要是指自然环境与使用环境引起的劣化，可分为一般环境、特殊环境及灾害环境。一般环境中的二氧化碳、环境温度与环境湿度、酸雨等将使混凝土中性化，并诱导钢筋产生锈蚀，而环境温度与环境湿度等则是影响钢筋锈蚀的最主要因素；特殊环境中的酸、碱、盐是导致混凝土腐蚀破坏与钢筋锈蚀破坏的最主要原因，如沿海地区的盐害、寒冷地区的冻害、腐蚀性土壤及工业环境中酸碱腐蚀等；灾害环境主要指地震、火灾等对结构造成的偶然性损伤，这种损伤与环境损伤等因素的共同作用，也将使结构随时间劣化。

混凝土耐久性的实质就是抵抗这些损伤导致劣化作用的能力。它包括许多方面，如：抗冻融循环、抗氯离子渗透、抗盐类侵蚀、抗钢筋锈蚀、抗碳化、抗碱—骨料反应以及裂缝、变形引起的破坏等。随着混凝土技术向高性能、绿色环保方向的发展，减少混凝土结构的修补、延长混凝土结构的使用寿命、提高混凝土的耐久性，对节约资源、改善环境均有重大的意义。

东非地区铁路设计使用年限100年，对混凝土长期性能和耐久性要求高。本章通过对比天然火山灰和粉煤灰作为掺合料对混凝土长期性能和耐久性的影响，试验验证天然火山灰应用于混凝土的可行性，主要试验包括，抗渗、抗氯离子渗透、碳化、冻融、硫酸盐侵蚀、收缩和徐变等。

第二节 抗渗性能

混凝土的耐久性大多与混凝土的内部传质能力有关。混凝土的腐蚀大多是在水及有害离子侵入的条件下发生的，腐蚀破坏过程与水密切相关。因此，混凝土的抗渗性能被认为是评价混凝土耐久性的最重要指标之一。

混凝土是一种多孔非均质材料，其渗透性很大程度上取决于其内部的孔结构。往往连通的孔是造成混凝土渗水的主要原因。而在混凝土中加入适量引气剂，能在内部产生大量的均匀而微小的气泡，抑制沉降泌水。气泡的相隔作用可以改变毛细管的数量和特性，提高混凝土的抗渗性。良好的级配能使骨料的孔隙率和总表面积较小，提高混凝土的密实度。研究表明，普通骨料的抗渗性一般都高于水泥石。因此，在一定的压力作用下，水分渗透通过水泥石到达界面区时，要绕过骨料颗粒继续渗透，因此在混凝土加入高抗渗的骨料可以切断毛细管道的连续性，同时还要控制好骨料的粒径，骨料粒径越大，界面过渡区相对较差，渗透系数越高，这是水泥浆体与骨料界面处的孔结构和微裂缝造成的。因此从混凝土耐久性考虑，应选择粒径较小的粗骨料；对砂子来说，从渗透性和耐久性考虑，宜用中粗砂，尤其粗骨料级配较差时，砂以偏粗为好。

本节就天然火山灰对混凝土抗渗性能的影响进行了试验研究，同时对比了粉煤灰和纯水泥的情况。

用于抗渗试验的配合比见表6—1，混凝土透水情况如图6—1，试验结果表明各组混凝土56 d渗水高度均为0 mm。

表 6—1　混凝土耐久性试验配合比

编号	水(kg)	水泥(kg)	掺合料(kg)			机制砂(kg)	河砂(kg)	石(kg)
			FA	1＃NP	2＃NP			
K-1	150	430	—	—	—	516	344	1 095
K-2	150	301	129	—	—	516	344	1 095
K-4	150	301	—	129	—	516	344	1 095
K-5	150	301	—	—	129	516	344	1 095
K-7	150	301	43	—	86	516	344	1 095

图 6—1　混凝土透水情况

抗渗性试验结果表明，5 组试件均具有良好的抗渗性，渗水高度均为 0 mm，说明 5 组混凝土具有较好的密实性，抗渗性能优良。这主要是因为 K-1 纯水泥组，强度较高，56 d 抗压强度达到 73.4 MPa，因此混凝土密实度较大；其他四组，掺加天然火山灰、粉煤灰、天然火山灰和粉煤灰复掺可以较好的改善混凝土的抗渗性能，因为这些掺合料颗粒粒径较小，填充性好，能够较好的填充混凝土的孔隙，使混凝土的密实度大大增加，另外，由于掺合料还具有一定的火山灰性，它们在混凝土硬化后还会与混凝土中的 $Ca(OH)_2$ 发生水化反应生成具有胶凝性的组分，改善了混凝土内部的孔结构，而且随着龄期的增长二次水化反应进行，还会使混凝土的密实度进一步的增加，同时进一步改善混凝土的抗水渗透性能。

第三节 抗氯离子渗透性能

钢筋混凝土结构有其优点，如取材容易、价格低廉等，钢筋混凝土结构仍然是最常用的结构形式之一。这并不是说钢筋混凝土结构是十全十美的。事实上，从混凝土应用于土木工程至今的150年间，大量的钢筋混凝土结构由于各种各样的原因而提前失效，氯离子是钢筋混凝土引起钢筋锈蚀的主要原因之一。当今国内外土木工程界一致认为，钢筋锈蚀是混凝土结构破坏和耐久性不足的首要因素。而大量的事实表明，引起混凝土中钢筋锈蚀的主要环境因素是“盐害”，其次是混凝土的“中性化”。造成盐害的罪魁祸首当然是氯离子。钢筋锈蚀对结构的影响是显而易见的，而由氯离子引起的钢筋腐蚀最为直接、严重和普遍。因此，研究混凝土的抗氯离子渗透性能显得尤为重要。

影响混凝土抗氯离子渗透性能的因素主要有：混凝土组成材料的种类、用量。这些因素在混凝土硬化过程中影响其内部微观结构的形成，而微观结构又影响到混凝土的密实程度，从而决定氯离子侵入混凝土的难易程度。具体影响程度可以通过混凝土的氯离子扩散系数来衡量。氯离子扩散系数越大，表示氯离子侵入混凝土越容易。

环境因素对氯离子侵入混凝土产生影响，主要包括气候条件和混凝土表面的情况等。气候条件主要是建筑物、构筑物附近区域的温度、湿度、光照等条件，这些条件影响到混凝土表面的温度、湿度以及干湿情况；混凝土表面情况包括混凝土表面的温度、湿度、干湿与含氯介质接触的情况和表面氯离子的浓度等，这些因素决定了氯离子侵入混凝土的方式和快慢。

通过对混凝土抗氯离子渗透性能的研究，一方面能对已有的建筑结构物进行耐久性评定和剩余寿命预测，以选择对其正确的处理方法；另一方面也可对新建工程项目进行耐久性设计与研究，揭示影响结构寿命的内部与外部因素，从而提高工程的设计水平和工程质量，确保混凝土结构使用全过程的功能正常。因此，它既有服务于服役结构的现实意义，又有指导待建结构进行耐久性设计的重要作用。

按照 GB/T 50082—2009 中的 RCM 方法对混凝土进行了抗氯离子渗透性能试验。试验配合比见表 6—1，试验结果见表 6—2。

表 6—2　RCM 氯离子扩散系数

编号	掺合料种类	扩散系数（$\times10^{-12}m^2/s$）		
		28 d	56 d	84 d
K-1	—	6.63	5.70	4.45
K-2	30%FA	5.57	4.23	3.54
K-4	30%1#NP	9.15	7.37	4.36
K-5	30%2#NP	7.65	5.24	3.68
K-7	20%2#NP+10%FA	6.26	4.36	3.39

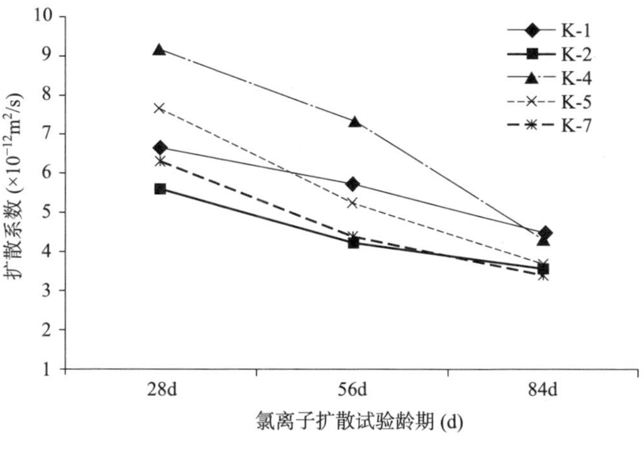

图 6—2　氯离子扩散系数试验结果

由表 6—2 和图 6—2 可知，对比天然火山灰和基准纯水泥组，28 d 龄期磨细凝灰岩和磨细火山渣的氯离子扩散系数分别高 38%和 15%，而 84 d 龄期磨细凝灰岩和磨细火山渣的氯离子扩散系数却分别降低了 2.0%和 17%，说明天然火山灰作为掺合料掺入混凝土，初期由于火山灰活性不高，其氯离子扩散系数相对较大，随着龄期的发展，火山灰与水泥水化产物 $Ca(OH)_2$ 发生反应，产生的水化产物填充水泥浆体孔隙，使其氯离子扩散系数减小。天然火山灰与粉煤灰相比，混凝土的氯离子扩散系数大过粉煤灰混凝土，其中2＃天然火山灰组，84 d 龄期的氯离子扩散系数比粉煤灰组增加了4.0％，可见相差并不多。为提高天然火山灰混凝土的氯离子扩散系数可以采用复掺粉煤灰的方法，由试验结果可知，20％掺量的磨细火山渣复合10％掺量的粉煤灰得到的混凝土84 d 氯离子扩散系数分别比磨细火山渣组和粉煤灰组减小了7.9％和4.2％，原因可能是，由于2＃天然火山灰和粉煤灰复合可以得到更好的颗粒级配，从而对混凝土的填充作用更加明显。

第四节　密　实　性

按照 GB/T 50082—2009 中的电通量方法对混凝土进行了测试。试验配合比见表6—1，同时考虑采用复合粉煤灰和矿渣粉的方式提高天然火山灰混凝土的密实性，试验配合比见表6—3，电通量的试验结果如表6—4所示。

表6—3　复合效应提高天然火山灰混凝土电通量

编号	水(kg)	水泥(kg)	掺合料(kg)			掺量(%)	机制砂(kg)	河砂(kg)	石(kg)
			FA	GGBS	2＃NP				
K-7	150	301	43	—	86	10/20	516	344	1 095
K-8	150	301	—	43	86	10/20	516	344	1 095

表6—4　密实性试验结果

编　号	掺合料种类	电通量(C)	
		28 d	56 d
K-1	—	1 925	1 440
K-2	30％FA	1 814	955
K-4	30％1＃NP	2 013	1 296

续上表

编　　号	掺合料种类	电通量(C)	
		28 d	56 d
K-5	30%2#NP	1 864	1 156
K-7	20%2#NP+10%FA	1 658	1 009
K-8	20%2#NP+10%GGBS	1 531	934

由表 6—5 和图 6—3 可知：

(1)两种天然火山灰和粉煤灰作为掺合料得到的混凝土，28 d 和 56 d 电通量大小顺序均为磨细凝灰岩>磨细火山渣>粉煤灰，说明粉煤灰在提高混凝土密实性能上比两种天然火山灰优越。磨细火山渣 56 d 电通量为 1 156 C，满足铁路混凝土对密实性的要求，见表 6—5。对比三种掺加 30%掺合料的混凝土电通量和基准纯水泥组电通量可知，在 28 d 时四组混凝土电通量相差不大，但是随着龄期的增长，掺加掺合料的混凝土电通量降低幅度明显大于基准纯水泥组，其中基准组 56 d 电通量分别比粉煤灰、磨细凝灰岩、磨细火山渣大 50%、11%、25%，原因是火山灰质材料的二次水化反应，使混凝土更加密实。

(2)由试验结果可知，粉煤灰混凝土的电通量低于天然火山灰混凝土，同时矿渣粉对电通量也有较大的降低作用，因此考虑天然火山灰复合这两种掺合料降低电通量，提高混凝土密实性。由图 6—8(b)可以看到，复合粉煤灰电通量在 28 d 和 56 d 分别降低 11%和 13%；复合矿渣粉电通量在 28 d 和 56 d 分别降低 18%和 19%，可见复合粉煤灰和矿渣粉对提高天然火山灰混凝土密实性效果明显，其中复合矿渣粉效果更佳。

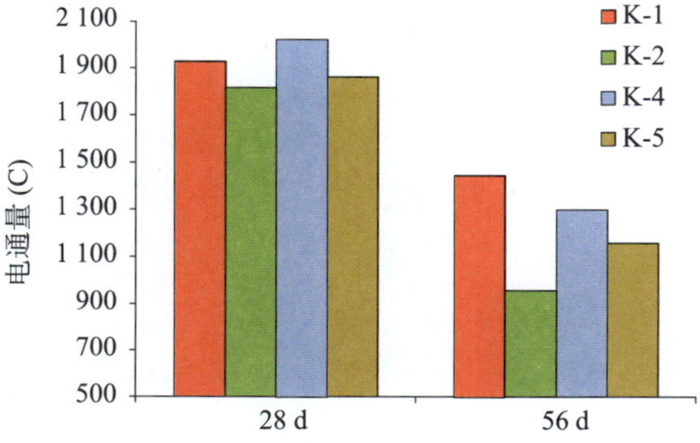

(a) 掺合料种类对电通量的影响

图　6—3

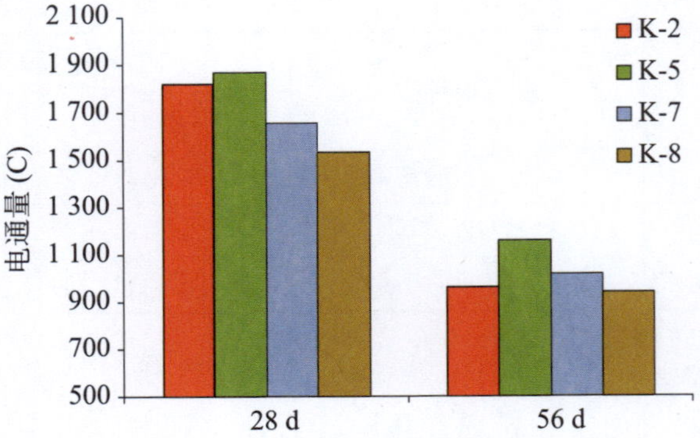

(b) 复合掺合料对电通量的提高

图 6—3　混凝土电通量试验结果

表 6—5　不同强度等级铁路混凝土的密实性要求

混凝土强度等级	设计使用年限		
	100 年	60 年	30 年
＜C30	＜1 500	＜2 000	＜2 500
C30～C50	＜1 200	＜1 500	＜2 000
＞C50	＜1 000	＜1 200	＜1 500

第五节　抗碳化性能

混凝土结构通常由混凝土和混凝土内部的钢筋组成，钢筋在混凝土结构中主要承受拉力并赋予结构以延性，补偿混凝土抗拉能力差、容易开裂和脆断的缺陷，而混凝土主要承受压力并保护内部钢筋不发生锈蚀。与钢材和木材相比，混凝土或钢筋混凝土抵抗环境作用的能力较强，常被认为是耐久的材料，但实际情况并不总是这样。

埋在混凝土中的钢筋通常不会锈蚀，这是由于混凝土呈高度碱性，会在钢筋表面形成一层可以防止锈蚀发展的钝化膜。而在一般环境条件下，大气中的二氧化碳从混凝土表面向里渗透并与混凝土中的碱性物质发生化学反应，使混凝土的碱度降低。当碳化发展到钢筋表面或碱度降到一定值后，钢筋的钝化膜就会被破坏，钢筋会发生钢筋锈蚀。因此，进行混凝土的碳化研究，对于钢筋混凝土结构的耐久性研究具有重要的意义。

从碳化机理可知，影响碳化的最主要因素，是混凝土本身的密实性和碱性储备的大小，即混凝土的渗透性及其 $Ca(OH)_2$ 碱性物质含量的大小。但是，影响混凝土密实性和碱性储备的因素十分复杂，混凝土自身的影响因素主要有以下几个方面：

水泥品种对混凝土碳化有重要影响。方憬等人通过对不同标号、不同种类的水泥进行试验，结果表明，同配合比时，水泥强度等级高，混凝土碳化深度小；早强型水泥与同标号水泥相比，抗碳化性能较高。矿渣水泥、火山灰水泥、粉煤灰水泥混凝土的碳化速度比硅酸盐水泥混凝土的碳化速度快。

水灰比是决定混凝土性能的重要参数，对混凝土碳化速度影响极大。众所周知，水灰比基本上决定了混凝土的孔结构，水灰比越大，混凝土内部的孔隙率就越大。由于 CO_2 扩散是在混凝土内部的气孔和毛细孔中进行的，因此水灰比在一定程度上决定了 CO_2 在混凝土中的扩散速度，水灰比越大，混凝土碳化速度也就越快。同样混凝土强度能反映其孔隙率、密实度的大小，因此混凝土强度能宏观地反映其抗碳化性能。总体来说，混凝土强度越高，碳化速率越小。

试验配合比见表 6—1，试验结果见表 6—6。

表 6—6　碳化试验结果

编　号	掺合料种类	碳化深度(mm)			
		3 d	7 d	14 d	28 d
K-1	—	1.9	3.4	4.0	4.2
K-2	30%FA	2.1	3.6	3.8	4.4
K-4	30%1#NP	3.0	5.4	5.6	5.7
K-5	30%2#NP	2.5	4.2	6.2	6.7
K-7	20%2#NP+10%FA	2.2	3.5	3.6	4.7

由表 6—6 和图 6—4 的试验结果可知，五组不同矿物掺合料的混凝土各个龄期的碳化深度均较小，碳化深度最大的为 2＃天然火山灰组，其 28 d 碳化深度也仅有 6.7 mm。粉煤灰组和磨细火山渣复合粉煤灰组碳化深度和基准纯水泥组碳化深度相差不多，略大于基准组。两种天然火山灰单掺，碳化深度大于基准组。混凝土抗碳化能力与混凝土抗二氧化碳气体渗透的能力有关。如果配合比相同，氢氧化钙含量的差异是抗碳化能力不同的决定因素。掺加天然火山灰和粉煤灰，由于它们的活性较低，早期反应程度低，所以会导致混凝土早期孔隙率增大，从而加重碳化深度。降低水胶比和长期的湿养护是提高混凝土密实性，从而也是提高其抗碳化能力的主要技术措施。

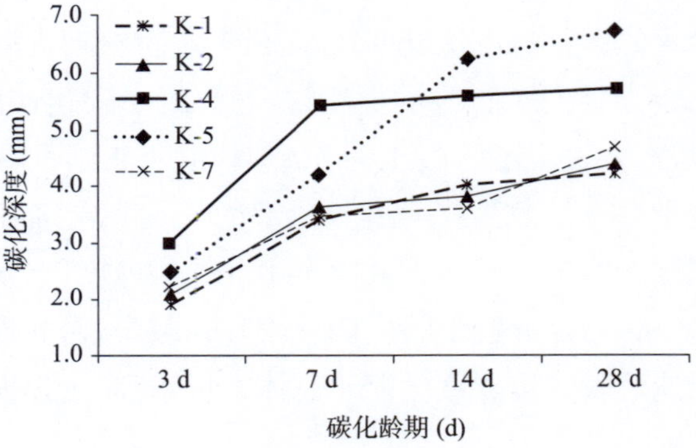

图 6—4　碳化试验结果

第六节　抗 冻 性 能

混凝土的冻融破坏与钢筋锈蚀、碱—骨料反应一起被视为混凝土最主要的三大耐久性问题。冻融循环对混凝土十分不利，在冰冻地区的混凝土的破坏多数与冻融作用有关，混凝土在冻融循环作用下破坏是关系到建筑物使用寿命的重大问题。为此，混凝土抗冻性研究及评估作为混凝土耐久性研究的重要内容一直受到人们的关注。

但从本质上说，混凝土受冻破坏主要是由混凝土处于负温下时，其内部孔隙中的水将发生从液相到固相的转变所造成的。混凝土凝固硬化后遗存的游离水和通过空隙渗透进入的水都存留在内部的各种空隙中。当周围气温下降时,空隙中的水受冻结冰,体积约增大9%,若硬化混凝土空隙中的游离水达到饱和,则会在混凝土内部产生内应力,造成混凝土内部结构劣化。当混凝土环境温度周期性的降低和升高,使内部的水冻成冰,冰融成水,反复循环。每次循环使混凝土内部结构损伤不断积累,裂缝继续扩展延伸并相互贯通,破裂现象从混凝土的表层逐渐向深层发展,破坏材料的内部结构,同时导致混凝土强度下降。

影响混凝土抗冻性的因素很复杂,内部因素主要是混凝土的有效含气量、气泡的性质、混凝土的水胶比和各种原材料性质的差异等;外部因素主要是冻结的速度和温度等。

虽然,肯尼亚位于热带地区,并没有冻融环境,但是混凝土抗冻性能是表征混凝土耐久性的一个重要指标,天然火山灰作为掺合料用于铁路混凝土研究较少,有必要全面研究其对混凝土耐久性能的影响,因此,本课题也把抗冻性能试验作为研究的重要组成部分。

快速冻融试验配合比见表6—1,试验结果见表6—7和表6—8。

由表6—7和表6—8的试验结果可知,在冻融循环300次的情况下,五组胶凝材料不同的混凝土质量几乎没有损失,均不到1%。五组混凝土相对动弹模量也同样变化很小,均在0.5%以内。可以说明,天然火山灰混凝土抗冻性较好,从抗冻性的角度看,天然火山灰作为掺合料可以得到耐久性能良好的混凝土。

表6—7 质量损失率

编号	冻融次数相应的质量损失率(%)											
	25	50	75	100	125	150	175	200	225	250	275	300
K-1	−0.03	0.01	−0.11	−0.01	−0.01	0.40	−0.01	0.05	0.01	0.07	0.12	0.25
K-2	0.00	0.00	−0.01	−0.01	0.00	0.00	0.06	0.15	0.17	0.72	0.48	0.78

续上表

编号	冻融次数相应的质量损失率(%)											
	25	50	75	100	125	150	175	200	225	250	275	300
K-4	-0.45	-0.05	-0.65	-0.15	0.00	0.20	0.60	-0.80	-0.06	0.11	0.25	0.56
K-5	-0.05	-0.02	-0.12	-0.12	-0.05	-0.02	-0.01	0.08	0.11	0.37	0.39	0.81
K-7	-0.05	-0.21	-0.21	-0.18	-0.23	-0.18	-0.14	-0.06	-0.03	0.20	0.32	0.71

表 6—8 相对动弹模量

编号	冻融次数相应的相对动弹模量(%)											
	25	50	75	100	125	150	175	200	225	250	275	300
K-1	100	99.7	99.6	99.5	99.5	99.5	99.6	99.6	99.7	99.8	99.7	99.9
K-2	100	99.8	99.8	99.8	99.8	99.8	99.8	99.8	99.8	99.8	99.8	99.8
K-4	99.8	99.7	99.9	99.8	99.8	99.9	99.8	100	100	100	100	99.9
K-5	100	99.7	100	100	100	99.9	99.9	100	100	99.9	99.8	99.8
K-7	100	99.7	99.6	99.5	99.5	99.5	99.6	99.6	99.5	99.6	99.5	99.4

第七节 混凝土长期性能

混凝土的体积稳定性是指混凝土硬化过程中在无荷载作用下保持其初始几何尺寸的能力。影响混凝土体积稳定性的指标主要有线膨胀系数、收缩系数和应力松弛系数。其中混凝土的各种收缩和徐变是混凝土体积稳定性中较为活跃的研究领域。

引起高性能混凝土早期开裂的一个关键原因就是混凝土的收缩，混凝土收缩是指因内部或外部湿度温度的变化、化学反应等因素而引起的宏观体积变形，其中主要有塑性收缩、温度收缩、自收缩和干燥收缩。当混凝土处于自由状态时收缩可以通过宏观体积减小来补偿，但实际的混凝土结构总是处于内部约束(如骨料)和外部约束(如基础,钢筋或相邻部分)的作用下,因此收缩在约束状态下引起的拉应力一旦超过混凝土自身的抗拉极限时,很容易引起开裂,加速各种有害介质的侵入,严重影响混凝土的耐久性,甚至危害到结构的安全性。长期以来,如何减小混凝土的收缩,提高混凝土的抗裂性,已成为混凝土工程技术中的一项重大难题。

混凝土的徐变是指硬化后的混凝土在恒定荷载的长期作用下随时间而增加的变形,以单位应力作用下的徐变变形即徐变度表示,它是加荷龄期和时间的函数。在加荷瞬间产生的变形为弹性变形,而从测得的收缩和徐变总变形中扣除收缩(无载试件的)值后即得基本徐变变形。徐变总变形包括基本徐变和干燥徐变。当与周围介质没有湿度迁移时混凝土的徐变为基本徐变,由于干燥而引起或增大的徐变为干燥徐变。混凝土的徐变性能按规定试验方法测得,其大小可用徐变变形值、徐变度 Ct(单位荷载应力下的徐变变形值)和徐变系数 ϕt(徐变变形值与瞬时弹性变形值之比)来表示。

混凝土的徐变成因较复杂,水化水泥浆体受到持续应力时,根据施加应力的大小及持续时间的长短,C-S-H 凝胶会在不同程度上失去凝胶水或吸附水而出现徐变应变,此现象归结于水分迁移的结果。除此之外,还有其他一些因素也能引起混凝土的徐变。混凝土的徐变本质或机理较为复杂,目前尚未取得统一的认识,主要原因是混凝土自身力学特征的非线性。但对影响混凝土徐变的因素,根据国内外混凝土学者所作的研究与分析,其结论基本是一致的。既有混凝土材料本身所固有的,也有外部条件造成的。对混凝土的徐变起作用的因素大致如下:

①水泥用量与水灰比:水灰比相同的混凝土,其水泥用量愈多,徐变愈大。混凝土水灰比较小或在水中养护时,强度高,徐变较小。

②骨料:混凝土中的骨料对徐变所起的作用与收缩相类似,是起着限制或约束的作用以减少水泥浆体的潜在变形。骨料的弹性模量越高对徐变的约束越大。

③尺寸效应:混凝土试件的尺寸越大,由于增大了混凝土内部水分迁移的阻力,因此,其徐变较小。

④应力状态:对混凝土施加的荷载在极限荷载的 50%以下时,混凝土的

徐变与应力呈线性关系，超过此值后，混凝土徐变增长速率高于应力的增加速率。所受应力越大，徐变越大。

⑤湿度：湿度对混凝土徐变似乎是必要条件，可以认为徐变是混凝土中可蒸发水的一个函数。湿度越小，徐变越大。

⑥温度：如果在荷载作用期间，混凝土处于较高温度下，其徐变值比室温条件下高。在 80 ℃以下时，徐变与温度呈线性变化而增大。

⑦加荷龄期增长，徐变减小；持荷时间延长，徐变增大。因此，为了保证混凝土具有抵抗徐变的能力，应使混凝土经足够的养护龄期后再承载是必要的。

相对上述对混凝土徐变的影响因素，矿物掺合料对混凝土徐变特性的影响却报导较少，研究结果也不尽相同。其中，Jardine D J 研究发现大掺量磨细矿渣混凝土徐变比基准混凝土大得多[78]；Chern Jenn-Chuan 的研究表明矿渣水泥混凝土基本徐变小，但总变形却远大于基准混凝土[79]；Alexander M G 的研究结果为矿渣混凝土早期徐变比基准混凝土略大，但后期减小[80]；李建勇和姚燕的研究发现掺有 30%比表面积大于 600 m^2/kg 超细矿渣的高性能混凝土的徐变，比空白混凝土大幅度减小[81]；Rigan J 研究发现干燥环境下高掺量矿渣对混凝土的徐变、弹性模量、强度均有负面影响[82]。吴彬等人研究了粉煤灰掺量为 20%～25%的 100 MPa 粉煤灰高性能混凝土徐变，结果表明，徐变比不加粉煤灰的高强混凝土降低 50%左右[83]，邹建喜等研究了粉煤灰掺量 20%～40%的 C30 和 C50 混凝土的徐变，其 180 d 徐变为空白混凝土的60%～78%[84]，Ghosh R S 研究发现优质粉煤灰能大幅度降低混凝土的收缩和徐变[85]。赵庆新，孙伟，缪昌文等研究了磨细矿渣和粉煤灰对高性能混凝土徐变性能的影响[86]，磨细矿渣掺量为 30%和 50%时，磨细矿渣对混凝土徐变性能的影响不明显，当磨细矿渣掺量为 80%时，混凝土抵抗徐变的能力大大下降，其 1 年的徐变度为基准混凝土 1.7 倍；粉煤灰掺量为 12%和 30%时，混凝土抵抗徐变的能力随其掺量提高而增强，其 1 年的徐变度分别为基准混凝土的 76%和 46.5%；粉煤灰掺量为 50%时，混凝土抵抗徐变的能力没有得到改善，其 1 年的徐变度为基准混凝土的 102%；磨细矿渣和粉煤灰总取代率为 50%时，双掺的徐变度明显低于单掺磨细矿渣或粉煤灰的情况。而天然火山灰对混凝土徐变的影响研究未见文献报道，本节将对天然火山灰对混凝土收缩和徐变的影响进行探讨。

混凝土收缩试验按照《普通混凝土长期性能和耐久性能试验方法标准》GB/T 50082—2009 中 8.2 节的接触法进行。试验在温度保持在(20±2)℃，相对湿度保持在(60±5)%的恒温恒湿室内进行，采用卧式混凝土收缩仪测定混凝土试件的收缩变形值，如图 6—5 所示。

徐变试验按照《普通混凝土长期性能和耐久性能试验方法标准》GB/T 50082—2009 中的相关规定的方法进行。试验在温度保持在(20±2)℃，相对湿度保持在(60±5)%的恒温恒湿室内进行，采用弹簧式压缩徐变仪测定混凝土试件的变形值，如图 6—6 所示。

图 6—5　混凝土收缩测试仪

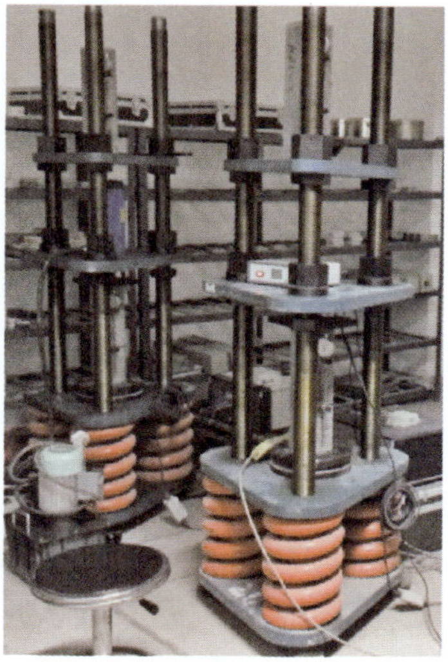

图 6—6　徐变试验情况

一、收　　缩

混凝土收缩试验结果见表 6—9 和图 6—7。由表 6—9 和图 6—7 试验结果可知，各组混凝土早期收缩(尤其是 28 d 之前)发展迅速，随着时间的延长而逐渐平缓。K-4(单掺 30%1＃天然火山灰)、K-5(单掺 30%2＃天然火山灰)同 K-1(基准混凝土)相比，收缩率明显减小，150 d 干缩率分别降低了 10%、15%；K-4、K-5 同 K-2(单掺 30%粉煤灰)相比，收缩率稍微增大，150 d 干缩率分别增加了 9%、3%；K-7(20%2＃天然火山灰、10%粉煤灰复掺)与 K-2 收缩率相差很小，同 K-5 相比，收缩率略有减小，150 d 干缩率降低了 6%。

因此，天然火山灰可以减小混凝土收缩，但是其收缩率比粉煤灰混凝土略大，小掺量复掺粉煤灰，可以得到与粉煤灰混凝土相差不大的收缩性能。同时，天然火山灰混凝土 56 d 收缩率均小于 400×10^{-6}，满足铁路混凝土标准对自密实混凝土和预应力混凝土收缩性能的要求。

表 6—9　混凝土收缩率

编号	收缩率($\times10^{-6}$)									
	1 d	3 d	7 d	14 d	28 d	45 d	60 d	90 d	120 d	150 d
K-1	23	66	130	192	246	273	288	310	329	345
K-2	19	51	74	130	197	217	229	245	262	284
K-4	5	49	87	153	211	226	244	268	287	310
K-5	11	47	110	156	206	221	236	263	278	293
K-7	9	46	92	141	195	215	230	252	266	275

二、徐　　变

混凝土徐变试验结果见表 6—10、表 6—11 和图 6—8。由表 6—10、表 6—11 和图 6—8 试验结果可知，K-4(单掺 30%磨细凝灰岩(1＃))、K-5(单掺 30%磨细 Simba 火山渣(2＃))同 K-1(基准混凝土)相比，徐变度明显减小，90 d徐变度分别降低了 6%、13%；K-4、K-5 同 K-2(单掺 30%粉煤灰)相比，徐变度

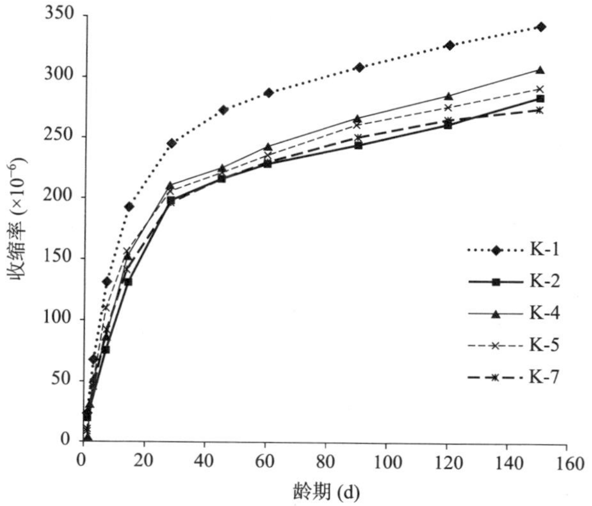

图 6—7　混凝土收缩率随龄期的变化

明显增大，90 d 徐变度分别增加了 30%、20%；K-7(20%2＃天然火山灰、10%粉煤灰复掺)徐变度介于 K-2 和 K-5 之间，比 K-2 增加了 6%，比 K-5 减小了 12%。

五组混凝土的徐变系数相差不大，均小于 1.0。K-4、K-5 分别比 K-1 减小了 11%、3%；K-2 和 K-7 的徐变系数介于 K-4、K-5 之间。

因此，天然火山灰可以减小混凝土徐变，但是其徐变度比粉煤灰混凝土大，小掺量复掺粉煤灰，可以明显减小天然火山灰的徐变。同时，天然火山灰混凝土 14 d 龄期加载 90 d 的徐变系数均小于 1.0，满足铁路混凝土标准对采用新材料、新工艺施工的预应力混凝土徐变系数的要求。

表 6—10　混凝土徐变度

编号	徐变度(×10⁻⁶/MPa)							
	1 d	3 d	7 d	14 d	28 d	45 d	60 d	90 d
K-1	6.4	9.5	13.6	16.1	20.2	21.9	23.5	25.3
K-2	5.5	8.5	9.7	10.3	12.5	13.3	15.8	18.2
K-4	5.6	8.8	11.2	13.2	17.5	18.8	21.0	23.7
K-5	5.8	8.7	11.2	13.4	16.7	18.4	20.0	21.9
K-7	5.8	9.0	10.6	12.7	14.5	15.9	17.6	19.3

表 6—11　混凝土 14 d 龄期加载 90 d 的徐变系数

编号	K-1	K-2	K-4	K-5	K-7
徐变系数	0.80	0.74	0.71	0.78	0.73

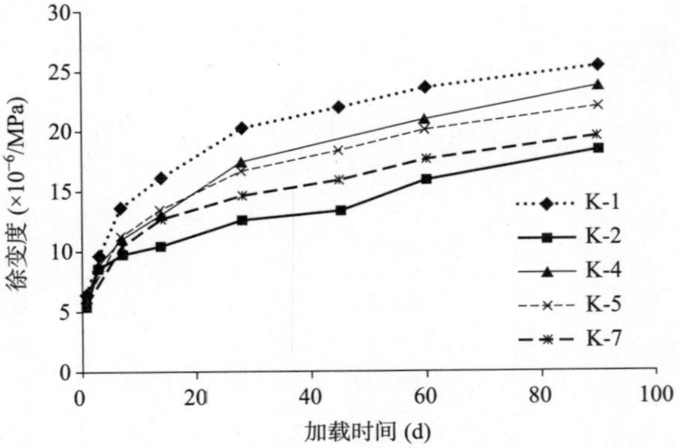

图 6—8　混凝土徐变度随加载时间的变化

第八节　结　　论

采用对比研究的方式，研究了天然火山灰对混凝土长期性能和耐久性能的影响。

(1)天然火山灰混凝土与粉煤灰混凝土一样，均具有较好的抗渗性能，采用渗水高度法进行试验，五组混凝土的渗水高度均为 0 mm。

(2)天然火山灰混凝土的氯离子扩散系数和电通量均比粉煤灰混凝土略大，通过复掺粉煤灰可以较好的改善。30%掺量的磨细 Simba 火山渣(2#)混凝土 56 d 电通量<1 200 C，满足铁路标准对设计使用年限 100 年的工程中 C30-C50 混凝土的要求。

(3)天然火山灰混凝土的抗碳化性能相比于纯水泥混凝土和粉煤灰混凝土，略有下降，复掺粉煤灰能够明显提高。

(4)天然火山灰混凝土和粉煤灰混凝土均具有较好的抗冻性能，300 次冻融循环，质量几乎没有损失，相对动弹模量也都大于 99.5%。

(5)天然火山灰可以减小混凝土收缩和徐变,但是其收缩率和徐变度比粉煤灰混凝土略大,小掺量复掺粉煤灰,可以得到与粉煤灰混凝土相差不大的收缩和徐变性能。同时,天然火山灰混凝土 56 d 收缩率均小于 400×10^{-6},满足铁路混凝土标准对自密实混凝土和预应力混凝土收缩性能的要求;14 d 龄期加载 90 d 的徐变系数均小于 1.0,满足铁路混凝土标准对采用新材料、新工艺施工的预应力混凝土徐变系数的要求。

第七章　火山灰混凝土的抗裂性能测试

第一节　前　　言

近年来，随着大型基础设施建设速度和规模的日益加大，高性能混凝土研究工作不断推进，其材料组分和性能发生了很大变化，以低水胶比和高性能减水剂、各种矿物掺合料应用为主要特征的高性能混凝土得到应用，混凝土的各项性能（如和易性、强度、耐久性）也得到明显改善。然而，面临的一个严重的问题是：许多新结构采取以往的施工操作，却出现比以往高得多的劣化速度，尤其是涉及早期收缩引起裂缝问题的工程事故不断增多，刚刚兴建的混凝土结构甚至在早期未曾拆模即出现贯穿裂缝的现象屡见不鲜。虽然混凝土的这一阶段与混凝土的使用年限相比微不足道，但该阶段是混凝土微观结构形成，强度、弹模、徐变、温度场、湿度场、体积变化最敏感的时期，对混凝土的长期性能和使用年限具有重要的影响。为了防止混凝土裂缝，除了采用有利于混凝土防裂的结构形式外，加强温湿度控制措施、减小混凝土浇筑块体的内外温差和采取合理的施工程序，同时提高混凝土材料本身的抗裂性能是防裂的关键。长期以来，如何增强混凝土的抗拉强度或极限拉伸值，提高混凝土的徐变度，降低混凝土的绝热温升与热膨胀系数，减小混凝土的收缩，已成为现代混凝土材料与工程领域中的研究热点。

本章将通过测定天然火山灰—水泥胶凝材料体系水化热、火山灰混凝土绝热温升、非接触收缩，再结合刀口约束早期抗裂试验所测得的火山灰混凝土开裂敏感性，综合评价火山灰高性能混凝土抗裂性能，重点研究天然火山灰对混凝土抗裂性能的影响规律。

第二节　抗裂性能试验

一、早期收缩

采用 GB/T 50082—2009 规定的非接触法测试混凝土的早期收缩，试验配合比见表 7—1，其中磨细凝灰岩组 K-4 未进行试验，图 7—2 为试验结果。

表 7—1　混凝土耐久性试验配合比

编号	水(kg)	水泥(kg)	掺合料(kg)			机制砂(kg)	河砂(kg)	石(kg)
			FA	1＃NP	2＃NP			
K-1	150	431	—	—	—	516	344	1 095
K-2	150	301	129	—	—	516	344	1 095
K-4	150	301	—	129	—	516	344	1 095
K-5	150	301	—	—	129	516	344	1 095
K-7	150	301	43	—	86	516	344	1 095

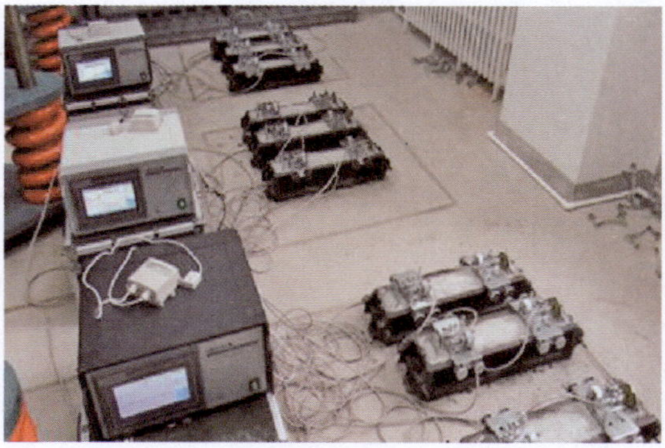

图 7—1　非接触收缩试验操作

由图 7—2 的试验结果可知，磨细火山渣（2＃）、粉煤灰及磨细火山渣与粉煤灰复掺均能够减少混凝土的早期收缩；磨细火山渣（2＃）和粉煤灰早期

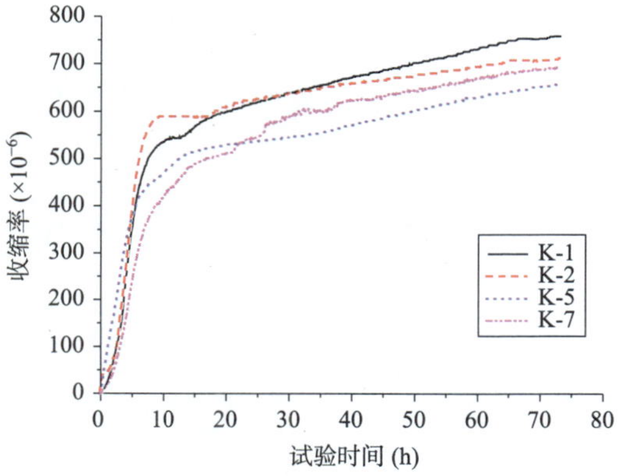

图 7—2　天然火山灰对混凝土早期收缩的影响

收缩对比，粉煤灰>磨细火山渣；磨细火山渣与粉煤灰 2：1 复掺的早期收缩介于磨细火山渣和粉煤灰之间；可见掺加磨细火山渣（2＃）或者磨细火山渣（2＃）与粉煤灰复掺可以有效减小混凝土的早期收缩，起到抗裂和防裂的效果。

二、早期抗裂试验

采用 GB/T 50082—2009 规定的早期抗裂性能试验方法试验配合比见表 7—1，表 7—2 和图 7—4 为试验结果。

图　7—3

图 7—3 刀口约束早期抗裂试验操作

表 7—2 早期抗裂试验数据

试件编号		刀口编号							评价指标				
		1	2	3	4	5	6	7	N(根)	a(mm²/根)	b(根/m²)	c(mm²/m²)	平均c
K-1	L(mm)	290	415	375	160	380	—	—	5	60.33	10.42	628.63	664.44
	W(mm)	0.28	0.23	0.58	0.43	0.37	—	—					
	L(mm)	340	370	525	430	385	180	—	6	56.02	12.50	700.25	
	W(mm)	0.16	0.18	0.51	0.36	0.25	0.18	—					
K-2	L(mm)	—	—	430	515	515	225	—	4	23.08	8.33	192.26	193.18
	W(mm)	—	—	0.10	0.12	0.12	0.08	—					
	L(mm)	—	380	510	540	210	—	—	4	23.30	8.33	194.09	
	W(mm)	—	0.11	0.13	0.11	0.09	—	—					
K-4	L(mm)	—	300	560	535	350	195	—	5	45.11	10.42	470.05	481.72
	W(mm)	—	0.13	0.50	0.14	0.13	0.06	—					
	L(mm)	—	410	545	550	435	200	—	5	47.35	10.42	493.39	
	W(mm)	—	0.23	0.43	0.15	0.11	0.05	—					

续上表

试件编号		刀口编号							评价指标				
		1	2	3	4	5	6	7	N(根)	a(mm²/根)	b(根/m²)	c(mm²/m²)	平均c
K-5	L(mm)	—	—	330	570	410	195	—	4	29.33	8.33	244.32	252.28
	W(mm)	—	—	0.12	0.21	0.16	0.05	—					
	L(mm)	—	315	420	525	480	180	—	5	24.98	10.42	260.24	
	W(mm)	—	0.10	0.11	0.17	0.15	0.06	—					
K-7	L(mm)	—	355	430	525	—	—	—	3	36.35	6.25	227.19	238.13
	W(mm)	—	0.11	0.16	0.21	—	—	—					
	L(mm)	—	315	520	555	190	—	—	4	29.90	8.33	249.07	
	W(mm)	—	0.11	0.14	0.21	0.08	—	—					

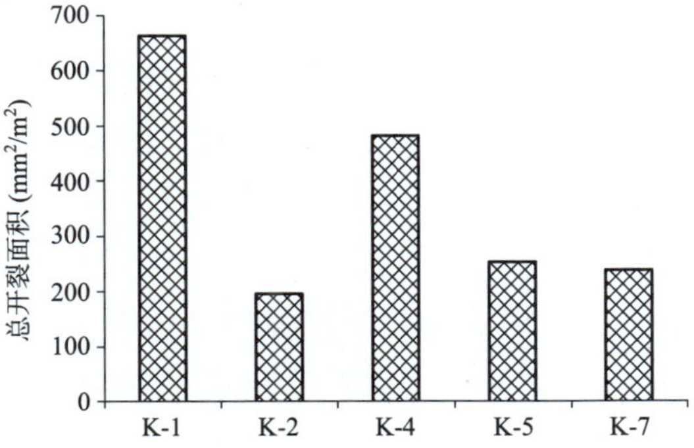

图 7—4　不同掺合料的早期抗裂

由表 7—2 的试验结果和图 7—4 可知，两种天然火山灰、粉煤灰以及磨细火山渣(2＃)和粉煤灰复掺均在一定程度上减小了平板的总开裂面积；两种火山灰和粉煤灰对混凝土抗裂性能的提高，粉煤灰＞磨细火山渣(2＃)＞磨细凝灰岩(1＃)，其中粉煤灰和磨细火山渣(2＃)优势较为明显；磨细火山渣与粉煤灰 2∶1 复掺对混凝土抗裂性能的影响介于磨细火山渣和粉煤灰之间；可见，磨细火山渣(2＃)或者磨细火山渣与粉煤灰复掺在对混凝土抗裂性能影响上接近粉煤灰，且抗裂性能较好。

第三节　水化热与绝热温升

一、水 化 热

水泥水化过程中所释放的热量(即水化热)会产生较大的温升和温度变化。混凝土温度应力则源于混凝土受约束时温度变化而导致的体积变形。由于混凝土的导热能力很低，水泥发出的热量聚集在结构物内部长期不易散失，从而在混凝土内、外部形成温度梯度，产生拉应力，当温度梯度导致的拉应力较大时，可使混凝土内部产生贯穿性裂缝，破坏结构的整体性。因此在实际工程应用中，胶凝材料水化热的大小、水化温峰的高低及温峰出现时间的早晚，直接影响混凝土结构的抗裂性能，应予以特别重视，特别是对于大体积混凝土。

(一)试验方法

采用 TAM Air 等温微量热仪，见图 7—5(TAM Air 是美国 TA 仪器出品的一款八通道微量热仪，专用于测量灵敏而稳定的热流。用于水泥和混凝土的水化热研究，同时可以用于大样品量且需要毫瓦级灵敏度的测量。TAM Air 的使用温度范围是 5～90℃，所有的量热通道都是孪生型的，包含一个样品池和一个参比池，每一个的容积都是 20 ml。恒温槽使用循环空气作为介质，通过一个调节系统来确保温度的稳定性，波动小于±0.02 K。恒温槽的高精确性和稳定性使得量热计可以进行连续长时间的热流测量)。测试复合胶凝材料 168 h 的水化放热速率和放热量，水化环境温度为 298k，胶凝材料配合比如表 7—3 所示。

表 7—3　水化热试验胶凝材料配合比

编号	水胶比	百分比(%)			
		水泥	粉煤灰	磨细凝灰岩(1#)	磨细火山渣(2#)
KR-1	0.4	100	—	—	—
KR-2	0.4	70	30	—	—
KR-3	0.4	70	—	30	—
KR-4	0.4	70	—	—	30

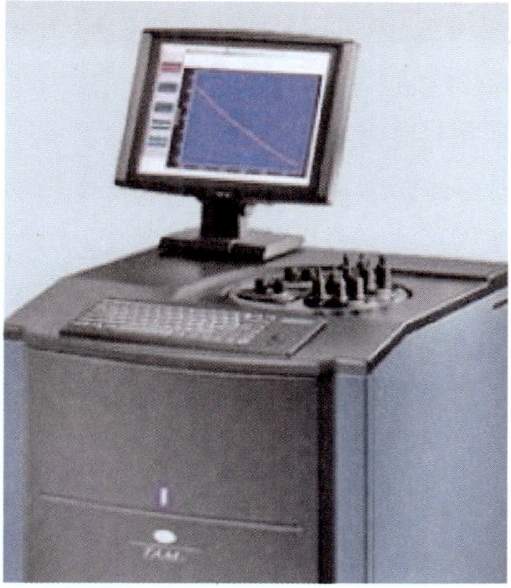

图 7—5 TAM Air 等温微量热仪

(二)试验结果与分析

试验胶凝材料配比见表 7—3,试验结果见表 7—4 和图 7—6。

表 7—4 复合胶凝材料水化热试验结果

编号	掺合料种类	最大水化放热速率(J/g·h)	最大放热速率出现时间(h)	放热量(J/g)				
				1 d	2 d	3 d	5 d	7 d
KR-1	—	13.47	9.84	197.5	251.1	275.8	288.4	287.1
KR-2	30%粉煤灰	10.24	13.42	150.5	189.7	210.8	232.9	238.0
KR-3	30%磨细凝灰岩(1#)	10.96	12.17	158.9	199.2	222.2	245.8	251.7
KR-4	30%磨细火山渣(2#)	9.66	12.37	145.4	180.6	200.6	222.2	228.2

由表 7—4 和图 7—6 的试验结果可知:

(1)天然火山灰的掺加降低了胶凝材料水化热和水化放热速率,同时延迟了最大水化放热速率出现时间,掺加磨细凝灰岩(1#)比纯水泥作为胶凝材料，最大放热速度降低 2.51 J/g·h，最大放热速率出现时间延迟 2.33 h，1 d、3 d、7 d 水化热降低 19.5%、19.4%、12.3%；掺加磨细火山渣（2#）比纯水泥作为胶凝材料，最大放热速度降低 3.81 J/g·h，最大放热速率出现时间延迟 2.53 h，1 d、3 d、7 d 水化热降低 26.4%、27.3%、20.5%。

（2）在矿物掺合料掺量同为 30%条件下，最终水化放热量大小顺序是：磨细凝灰岩（1#）＞粉煤灰＞磨细火山渣（2#）；其中，无论是水化放热量还是水化放热速率等，掺入磨细凝灰岩（1#）和粉煤灰的胶凝体系对水化放热性能的影响基本相当，而掺加磨细火山渣（2#）的水化放热量、水化速率均较低。这也说明磨细凝灰岩含有的非晶物质比磨细火山渣多，与图 7—6 XFD 分析结果相吻合。

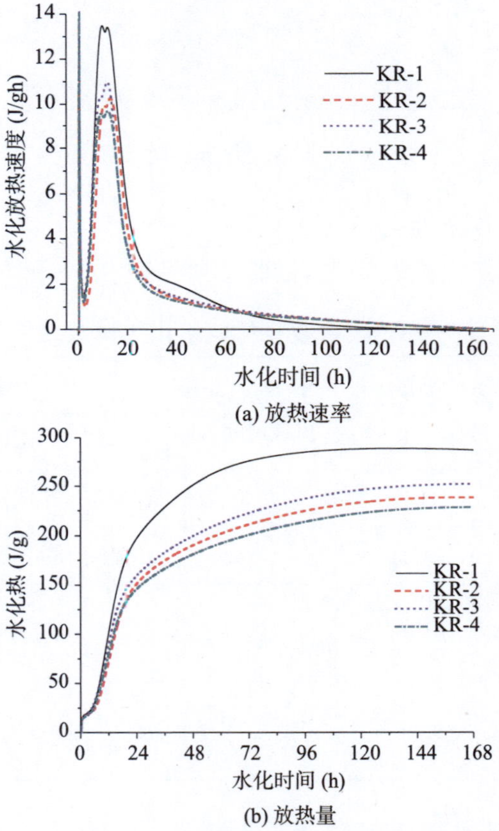

图 7—6　复合胶凝材料水化放热速率和放热量

天然火山灰对水化放热性能的影响可以理解为在胶凝材料一定的情况

下，天然火山灰的掺入使水泥相对用量减少，即放热量大的水泥矿物 C_3A 和 C_3S 的含量减少了，加上天然火山灰起到一定的分散作用，分散了水泥颗粒，一定程度上减缓了水化，降低了部分水化热。

硅酸盐水泥的水化过程可以用水泥水化时的放热速率随时间的变化曲线来表示，图 7—7 为硅酸盐水泥的水化放热曲线，据此可以将水泥的水化过程简单的概括为三个阶段[2,100]，即：

(1)钙矾石形成阶段：熟料矿物遇水立即溶解，水泥中的 C_3A 率先水化，并在有石膏存在的条件下迅速形成钙矾石(AFt)，因此出现了第一放热峰。由于 AFt 的形成使 C_3A 水化速率减慢，导致诱导期开始。

(2)C_3S 水化期：C_3S 开始迅速水化，形成 C-S-H 和 CH 相，大量放热，出现第二放热峰。有时会有第三放热峰或在第二放热峰上出现一个"峰肩"，一般认为这是由于体系中的石膏已消耗完毕，AFt 相向单硫型水化硫铝酸钙(AFm)转化所引起的。在此过程中，C_4AF 及 C_2S 也不同程度地参与了反应，生成了相应的水化产物。

(3)结构形成和发展期：此阶段的放热速率很小并趋于稳定。随着各种水化产物的增多，填入原先由水所占据的空间，再逐渐连接，相互交织，发展成硬化的浆体结构。

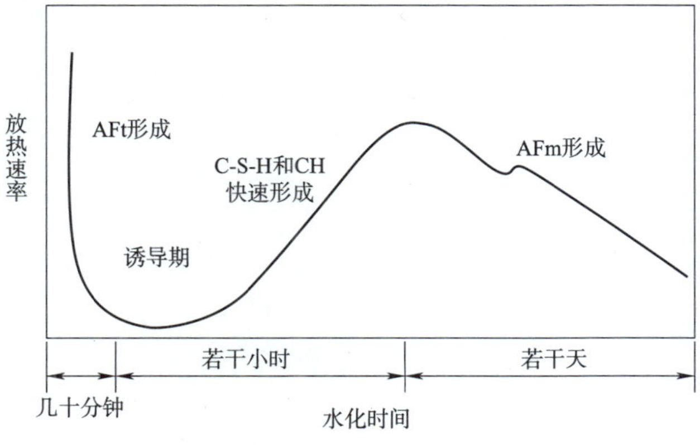

图 7—7　硅酸盐水泥水化放热曲线

因此，从图 7—6 中可以看出，两种天然火山灰和粉煤灰的掺入均在一定程度上延长了诱导期；而在 70 h 以后，纯水泥组的水化放热速率较掺加矿物掺合料的降低明显，说明此时矿物掺合料的二次水化效应提高了水化放热速率。

二、绝热温升

(一)试验方法

采用舟山市博远科技开发有限公司和中国建筑科学研究院联合研发的BY-ATC/A(B)型混凝土热物理参数测定仪,见图7—8(由绝热试验箱、绝热温升试样桶与比热容试验桶等组成,具有混凝土绝热温升、比热容测定功能,还具有高精度恒温试验箱和高精度模拟环境温度测试箱扩展功能,试验温度:5~80 ℃;绝热温度跟踪:小于±0.1 ℃,10~80 ℃)。试验配合比见表7—5,水胶比0.38,胶凝材料用量395 kg/m³,矿物掺合料掺量30%。

表7—5 绝热温升试验配合比

	水	水泥	磨细火山渣(2#)	粉煤灰	砂	石子
KJ-1	150	277	—	118	860	1 095
KJ-2	150	277	118	—	860	1 095

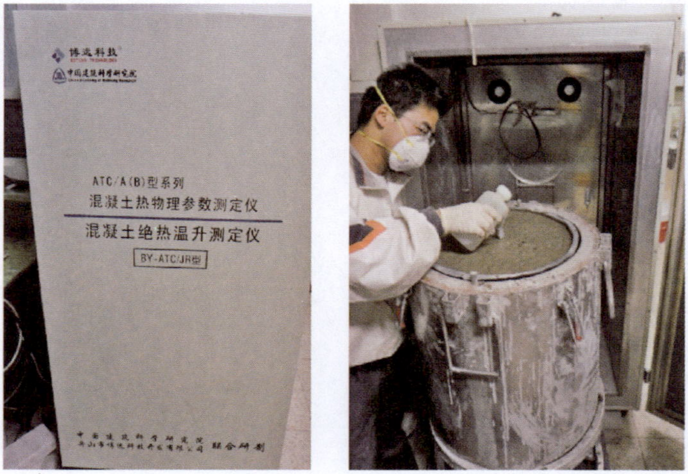

图7—8 混凝土热物理参数测定仪

(二)试验结果与分析

表7—6为混凝土绝热温升测试结果,图7—9是绝热温升曲线。由表7—6及图7—9可知。

(1)混凝土绝热温升最活跃的时期是在最初的 24 h，温度增长很快，基本上呈直线增长，之后增长速度减慢，到 48 h 后，绝热温升趋于稳定。因此，前 48 h 应看作是混凝土温控的关键时期，混凝土施工时应特别关注前 48 h 的温峰值并采取有效措施降低温峰。同时，在这一时期应加强混凝土表面的保护，避免应气温骤降而引起的混凝土表面急剧降温，导致混凝土内部与外部产生较大的温度梯度。

(2)掺加磨细火山渣(2＃)和粉煤灰，绝热温升曲线相似，温升温度也接近，掺加磨细火山渣(2＃)绝热温升比粉煤灰略低，在 16 h、32 h、72 h、144 h 时分别低 12.4%、8.1%、9.4%、7.4%。

表 7—6　绝热温升试验结果

编号	绝热温升(℃)									
	0 h	1 h	2 h	4 h	8 h	16 h	32 h	72 h	144 h	168 h
KJ-1	21.59	21.77	21.80	22.61	28.04	41.10	50.15	58.63	60.94	60.88
KJ-2	22.49	22.56	22.47	23.08	27.54	39.59	48.75	56.03	58.89	59.61

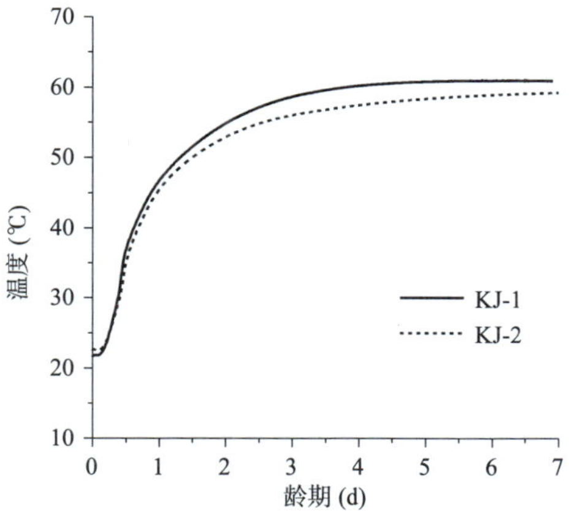

图 7—9　绝热温升图

(三)绝热温升曲线匹配养护

将绝热温升曲线输入匹配养护试验机，模拟大体积混凝土内部的混凝土养护环境，对比粉煤灰和火山灰在大体积混凝土应用中性能的不同，绝热温升曲线为图 7—9，试验配合比见表 7—5，试验结果见表 7—7 和图 7—10。

表 7—7　绝热温升曲线匹配养护后的抗压强度

编号	掺合料	龄　期	抗压强度(MPa)			
			3 d	7 d	28 d	56 d
KJ-1	粉煤灰	标准养护	22.6	37.5	55.3	64.3
		匹配养护	45.6	51.5	58.9	60.1
KJ-2	磨细火山渣	标准养护	19.9	35.5	52.7	60.3
		匹配养护	35.0	46.0	51.5	55.4

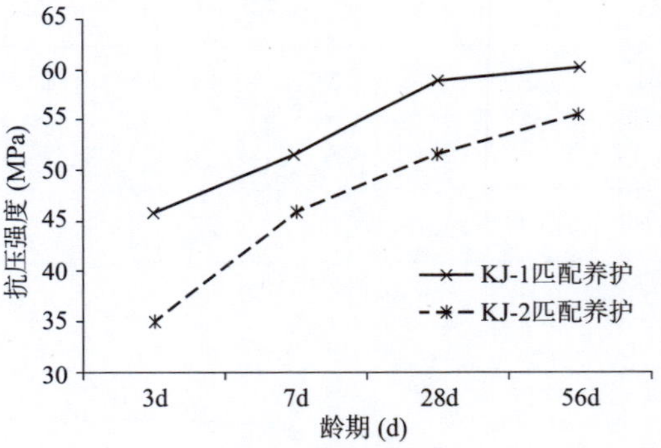

图 7—10　匹配养护后对比粉煤灰和火山灰的强度

由表 7—7 和图 7—10 的试验结果可知，匹配养护下，粉煤灰混凝土 3 d 抗压强度为 45.6 MPa，而火山灰混凝土 3 d 抗压强度却仅有 35.0 MPa，说明在匹配养护条件下，火山灰活性较粉煤灰低；56 d 标准养护条件火山灰混凝土抗压强度比匹配养护增加 9%，说明火山灰混凝土虽然在匹配养护下早期强度较高，但后期却增长缓慢，粉煤灰混凝土也有同样的规律。

第四节　结　　论

本章对比研究了天然火山灰和粉煤灰对混凝土早期收缩、早期抗裂、水化热及绝热温升的影响。

(1)磨细火山渣(2＃)能够减少混凝土的早期收缩，掺加磨细火山渣(2＃)或者磨细火山渣(2＃)与粉煤灰复掺可以有效减小混凝土的早期收缩。

(2)两种天然火山灰，均能减小平板的总开裂面积，提高混凝土的早期抗裂性能，磨细火山渣(2＃)或者磨细火山渣(2＃)与粉煤灰复掺在对混凝土抗裂性能影响上接近粉煤灰。

(3)两种天然火山灰均能够降低胶凝材料水化热，掺量同为30％条件下，最终水化放热量大小顺序为：磨细凝灰岩(1＃)＞粉煤灰＞磨细火山渣(2＃)；磨细火山渣(2＃)作为掺合料混凝土的绝热温升略小于粉煤灰。

(4)天然火山灰高性能混凝土的抗裂措施需要从混凝土的原料材优选、配比设计以及混凝土的拌和、运输、浇筑、振捣、养护等全过程来考虑。

第八章 天然火山灰—水泥胶凝材料体系水化亚微观机理研究

第一节 前 言

材料的微观结构决定了其宏观性能，性能是结构的外在反映，混凝土材料也不例外，因此，有必要研究天然火山灰—水泥胶凝材料体系水化的亚微观结构，以分析天然火山灰对混凝土宏观性质，包括力学性能、长期性能和耐久的影响机理[101,102]。

火山灰水泥加水后，首先是硅酸盐水泥中的熟料水化，生成 $Ca(OH)_2$，成为与火山灰发生二次水化反应的激发剂；火山灰中高度分散的活性氧化物吸收 $Ca(OH)_2$，进而相互反应形成以水化硅酸钙为主体的水化产物，即水化硅酸钙和水化铝酸钙凝胶。实际上，火山灰水泥的二次水化反应是交替进行的，而且彼此互为条件、相互制约。例如，由于发生了二次反应，在一定程度上消耗了熟料水化的生成物，$Ca(OH)_2$ 与活性的 SiO_2 和 Al_2O_3 发生二次水化反应，形成水化硅酸钙和水化铝酸钙。由此使其浓度降低，反过来又促使熟料矿物继续水化，如此反复进行，直到反应完全停止。

通常，加入火山灰会加速硅酸盐水泥的水化，这还取决于硅酸盐水泥和火山灰的特性。硅酸盐水泥的主要矿物为 C_2S、C_3S、C_3A 和 C_4AF，C_3S 和 C_3A 与火山灰反应起主导作用。相对于含有玻璃体的火山灰，含有蛋白石和水铝石英的火山灰与 C_3S 的反应活性更高。火山灰与 C_3S 反应机理如图 8—1 所示，火山灰颗粒作为成核位置，将加速 C_3S 水化反应。而且，钙离子与火山灰的化合将加速 C_3S 的溶解。C_3S 颗粒的水化进程遵循保护层理论。

对于 C_3A-火山灰系统，火山灰能够加速 C_3A 的水化。C_3A-火山灰系统的反应如图 8—2 所示，包括扩散和溶解的局部化学过程，与 C_3S-火山灰系统

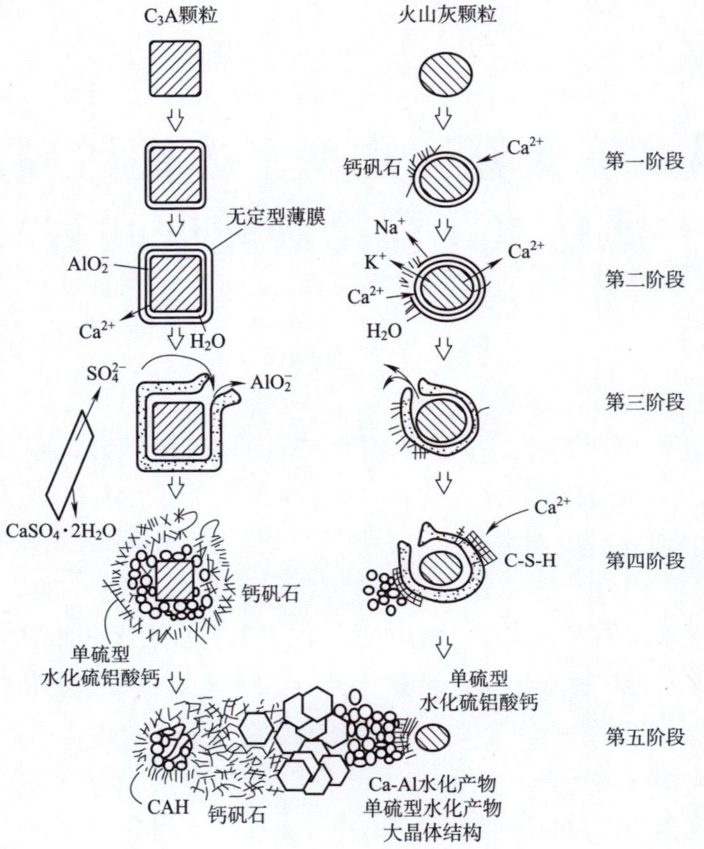

图 8—1　C_3S-火山灰反应过程示意图

反应过程相似。具体机理如下：C_3A 遇水反应释放钙离子，并在 C_3A 颗粒表面形成一层富含铝的无定形薄膜（第一阶段）。硫酸根和氢氧化钙溶解析出 Ca^{2+} 和 $SO_4{}^{2-}$（第二阶段）。钙离子吸附在水化 C_3A 颗粒表面，并与富铝层结合。该过程离子达到平衡时，反应暂时停止。在第三阶段中，渗透压力使薄膜破裂，释放出 Ca^{2+} 和 $SO_4{}^{2-}$。在薄膜破裂处形成钙矾石，而在 $SO_4{}^{2-}$ 不足的地方（特别是内表面）形成单硫型水化硫铝酸钙。析出物通过C_3A颗粒表面的水化膜扩散（第四阶段）。钙矾石将转变为其他类型的水化硫铝酸钙，即为第五阶段。通过钙离子并给钙矾石提供成核位置，火山灰能加速 C_3A 水化[9]。

本章将采用化学结合水、X 射线衍射（XRD）、差热和失重分析（TG-DTA）、扫描电镜（SEM）和压汞法（MIP）等测试方法，探讨火山灰—水泥胶凝

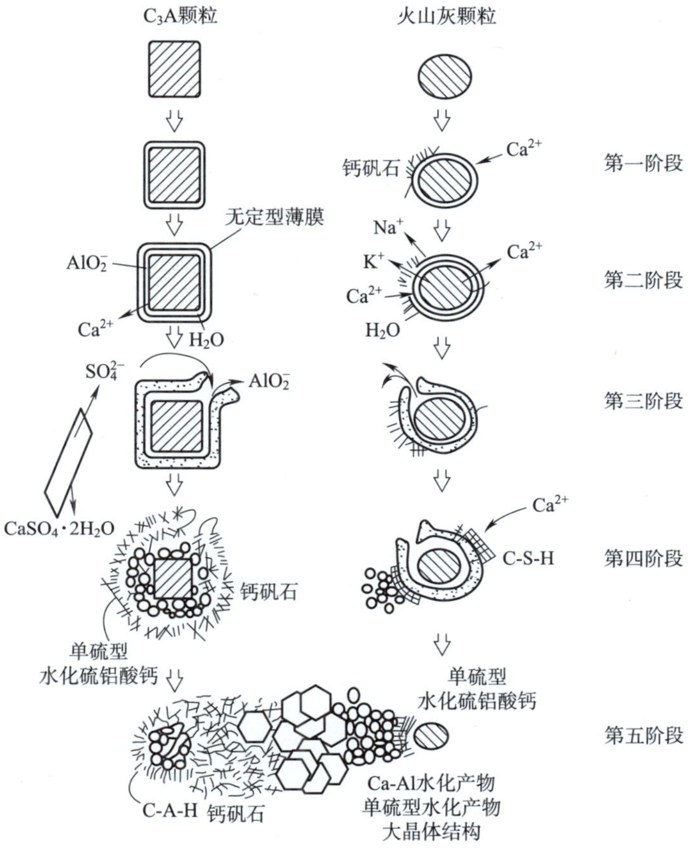

图 8—2 C_3A-火山灰反应过程示意图

材料体系水化机理，探讨采用天然火山灰作为矿物掺合料实现混凝土高性能化的内在逻辑。

第二节 化学结合水

表 8—1 为各组复合胶凝材料浆体的化学结合水测试结果。所有硬化浆体的水胶比固定为 0.32。试验用惰性石英粉 SiO_2 含量 95%以上，0.045 mm 筛余 9.3%，细度与两种天然火山灰相差不大。

表 8—1 复合胶凝材料硬化浆体不同龄期化学结合水含量测试结果

编号	胶凝材料组成	化学结合水含量(%)			
		3 d	7 d	28 d	56 d
1	100%C	10.3	11.2	12.4	12.4
2	70%C+30%1#NP	9.1	10.8	11.7	11.7
3	70%C+30%2# NP	8.6	10.6	11.3	11.5
4	70%C+30% SF	7.6	9.0	10.0	10.0
5	80%C+20%2# NP	9.2	10.8	11.8	12.0

注:C—CEM I42.5;NP—天然火山灰质材料;SF—石英粉

表 8—2 火山灰各龄期结合水含量减少百分比

编号	胶凝材料组成	化学结合水量相对空白组降低百分比(%)			
		3 d	7 d	28 d	56 d
1	100%C	0.0	0.0	0.0	0.0
3	70%C+30%2#NP	17.1	5.6	8.8	7.4
5	80%C+20%2#NP	11.2	3.3	4.8	3.2
—	3 号×2/3	11.4	3.7	5.9	4.9

由表 8—1 及由图 8—3 可知,试验的 5 种复合胶凝材料硬化浆体的化学结合水含量均随着水化龄期的增加而增加,即水泥的水化程度随养护龄期的延长逐步增加。

由图 8—3(a)可知,纯水泥浆体和 30%石英粉取代水泥两种浆体在 28 d 龄期前,结合水含量随水化龄期增长而快速增多,而 28 d-56 d 龄期间水化进行相对缓慢;当水泥被石英粉取代 30%时,石英粉—水泥浆体结合水含量较纯水泥各个龄期均大量降低,这是由于石英粉属于惰性填充物,在复合浆体中自身并不参加水化进程。而数值上石英粉取代组各个龄期结合水含量均高于纯水泥组结合水含量 70%的值,这是由于石英粉加入后水胶比不变,但'水/

水泥'的比值升高，导致该组中部分水泥的水化环境中含水量升高，促进一部分水化，使得水化产物量增多。7～56 d 石英粉组结合水含量相比纯水泥组结合水含量降低量维持在 19.5%左右。

由图 8—3(b)可以看到，当 1＃、2＃两种天然火山灰磨细粉以 30%取代水泥时，结合水含量均低于纯水泥组，同时均远高于石英粉取代组，这说明 1＃、2＃两种火山灰均具有火山灰性，可消耗水泥熟料水化过程中产生的 $Ca(OH)_2$；另一方面，在 3 d 龄期时，1＃、2＃结合水含量相对空白组分别减少 11%、16%，而 7 d 时这一数值降低到 3.5%、5.3%，这一现象由于 3～7 d 阶段 C-S-H 凝胶在大量生成和火山灰对 $Ca(OH)_2$ 的消耗，促进更多的水泥熟料水化生成并转化成 AFm。上述过程持续到 28 d 龄期后达到稳定，这符合水泥石中各胶凝材料发展规律。

图 8—3(c)是磨细火山渣以 20%、30%两种掺量取代水泥时，不同龄期结合水含量的变化值，由(c)图可明显看出同龄期时结合水含量 20%组高于 30%组。将各龄期结合水含量与空白组做差值后比上对照组，可得到各龄期结合水含量降低百分比，见表 8—2。由表中 3 号组任意数据乘以 2/3 可计算出掺量 20%时应降低的结合水含量，但通过数据可见，5 号组实测值均小于 3 号×2/3 的计算值，且 3～7 d 实测值与计算值相差 0.3%，28～56 d 相比计算值差出 1.2%左右。综上所述，磨细火山渣具有火山灰活性，20%掺量相对 30%掺量可以更好的促进水泥熟料水化和消耗 $Ca(OH)_2$。

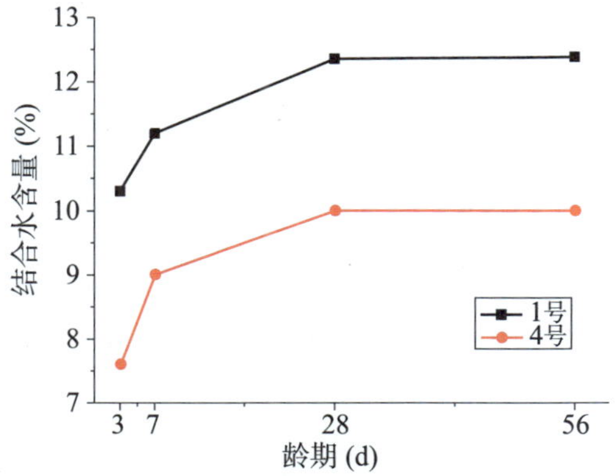

(a) 参照石英粉

图　8—3

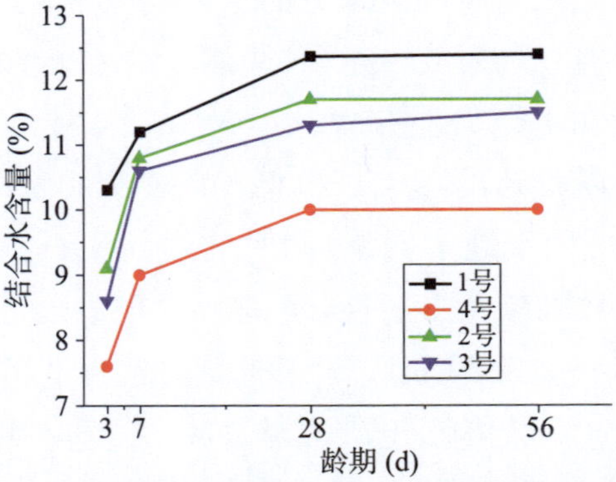

(b) 参照石英粉对比火山灰-水泥胶凝材料体系

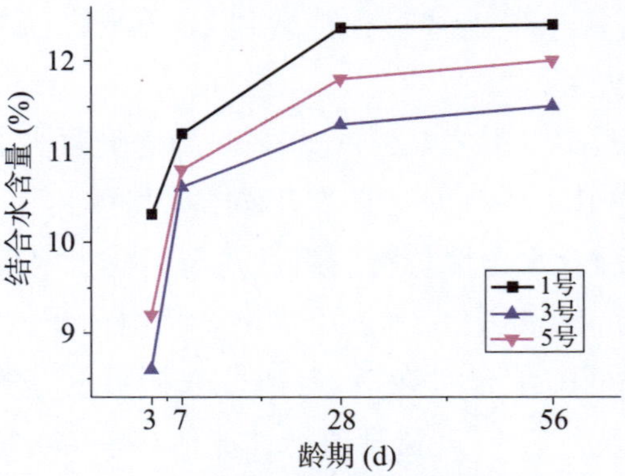

(c) 磨细火山渣不同掺量对比

图 8—3　各种胶凝材料体系的化学结合水含量随水化龄期的变化

通过上述试验结果及分析可知：

(1)1＃、2＃两种天然火山灰质材料，相比惰性物质石英粉同条件取代水泥时，结合水含量显著提高，可以证明肯尼亚两种火山灰均与水泥水化产物发生了二次水化反应；

(2)磨细火山渣(2＃)以20％取代水泥时，56 d内二次水化程度优于30％取代量。

第三节　SEM分析

扫描电镜(SEM)是介于透射电镜和光学显微镜之间的一种微观形貌观

察手段，利用超细高能电子束扫描样品，直接获得样品表面材料的物理信息并进行微观成像。其具有较高的放大倍数，在 20～20 万倍之间连续可调；且成像有很大的景深，视野大，富有立体感，可直接观察各种试样表面凹凸不平的细微结构；此外，扫描电镜还配有 X 射线能谱仪装置，可以同时进行显微组织形貌观察和微区成分分析。

本试验采用扫描电镜观察火山灰胶凝体系各龄期硬化浆体中水化产物的微观形貌，并与其他种类胶凝体系进行对比，研究火山灰二次水化反应及其对水泥水化的影响。试验用净浆配比如表 8—3 所示，浆体水胶比为 0.32，硬化浆体水化到规定龄期后，剪碎为2～3 mm 的颗粒后浸泡于无水乙醇中终止水化，然后抽滤、温度 60 ℃干燥 8 h 备用待检。

表 8—3　SEM 试验浆体配比及试验龄期

编号	胶凝材料组成	试验龄期		
1#	100%C	3 d	28 d	56 d
2#	70%C+30%1#NP	3 d	28 d	56 d
3#	70%C+30%2#NP	3 d	28 d	56 d
4#	70%C+30%SF	3 d	28 d	56 d
5#	80%C+20%2#NP	3 d	28 d	56 d

注：C—CEM I42.5；1#NP—磨细 Athi River 凝灰岩；2#NP—磨细 Simba 火山渣；SF—石英粉

由图 8—4 纯水泥浆体的显微形貌可见，3 d 龄期时，存在大量絮状 C-S-H 凝胶(1)、六角片状 $Ca(OH)_2$(2)晶体和针状钙矾石晶体，以及部分未水化的水泥颗粒，水化产物之间相互搭接，但结构比较松散。28 d 龄期时，C-S-H 凝胶明显增多，未水化水泥颗粒数量减少，同时出现 $Ca(OH)_2$ 的规则与不规则颗粒，浆体结构较为密实；到 56 d 龄期时，未水化水泥颗粒数量进一步减少，有大量尺寸较大的叠片状 $Ca(OH)_2$存在，整个浆体结构完整、密实。

12/2/2014 HV Spot Mag WD Pressure Det Temp 10.0μm
2:01:28 PM 15.0 kV 4.0 5000x 11.7 mm --- ETD --- 1#-3D
12/2/2014 HV Spot Mag WD Pressure Det Temp 10.0μm
1:44:41 PM 15.0 kV 4.0 5000x 13.1 mm --- ETD --- 1#-3D
2
1
12/2/2014 HV Spot Mag WD Pressure Det Temp 10.0μm
1:49:23 PM 15.0 kV 4.0 5000x 13.2 mm --- ETD --- 1#-3D

图 8—4

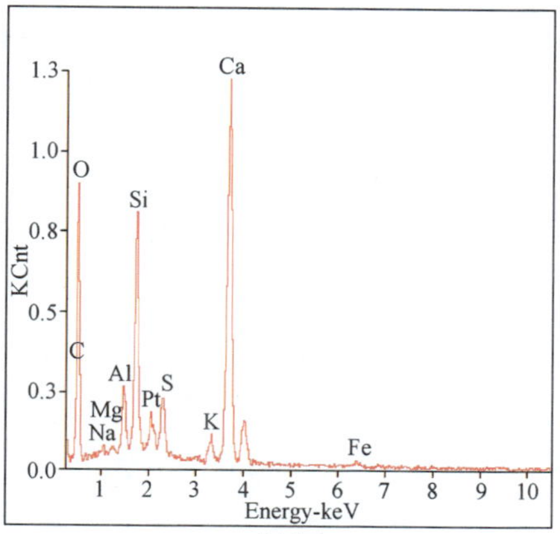
1.3
1.0
0.8
0.5
0.3
0.0
KCnt
Ca
O
Si
C
Al
S
Mg
Pt
Na
K
Fe
1
2
3
4
5
6
7
8
9
10
Energy-keV

(a) 3 d

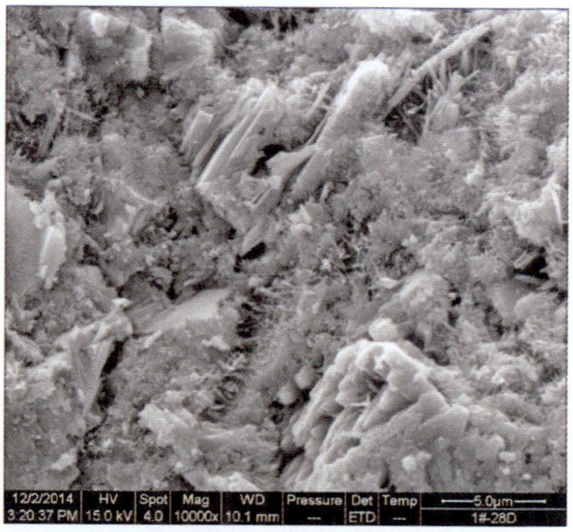
12/2/2014
3:20:37 PM
HV
15.0 kV
Spot
4.0
Mag
10000x
WD
10.1 mm
Pressure

Det
ETD
Temp

5.0μm
1#-28D

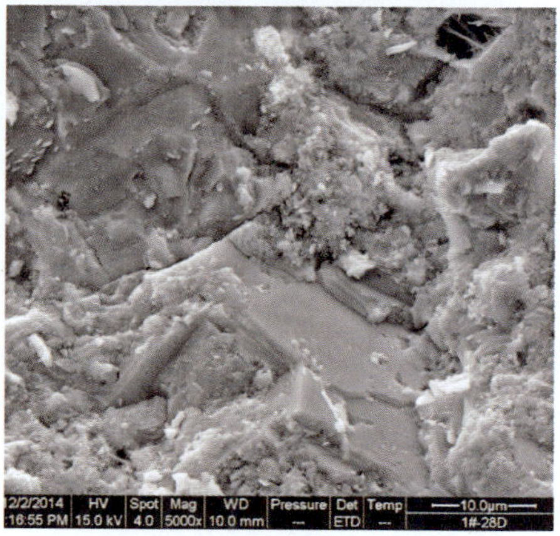
HV
15.0 kV
Spot
4.0
Mag
5000x
WD
10.0 mm
Pressure

Det
ETD
Temp

10.0μm
1#-28D

(b) 28 d

图 8—4

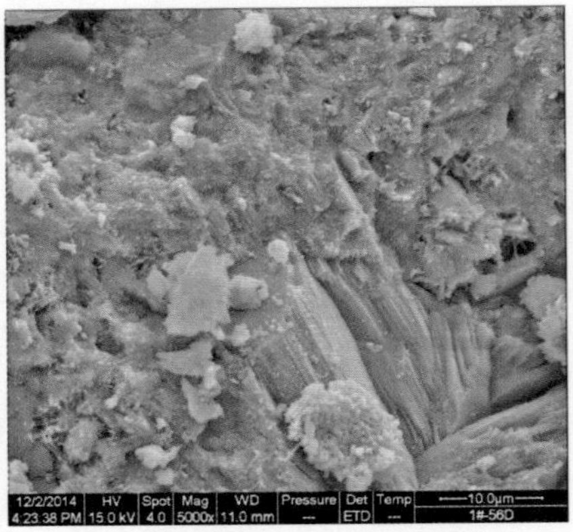

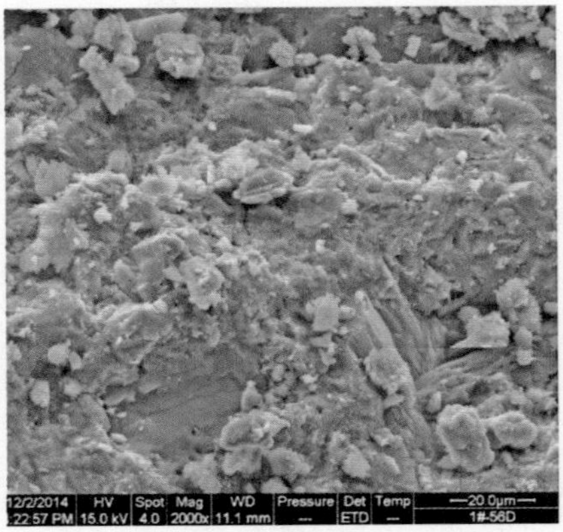

(c) 56 d

图 8—4　100％水泥浆体不同龄期的 SEM 图片

由图 8—5，70％水泥＋30％磨细凝灰岩（1＃）浆体显微形貌可知，加入磨细凝灰岩后，3 d 时浆体结构仍较为疏松，有大量未水化水泥颗粒存在。磨细凝灰岩颗粒(1)水化程度较低，大部分颗粒表面呈光滑原状，只有一小部分参与水化，表面覆盖所生成的水化硅酸钙凝胶(2)，可见磨细凝灰岩早期火山灰性并不明显。其周围同样存在大量叠片状 $Ca(OH)_2$(3)以及针状钙矾石晶体。28 d 龄期时，随着水泥水化的进行，浆体结构较为密实，磨细凝灰岩颗粒表面覆盖了一层二次水化产物，且颗粒与周围物质的粘结区域较为致密，钙矾石晶体相互紧密搭接。56 d 龄期时，虽然二次水化反应已经相当充分，火山灰颗粒表面布满二次水化产物，但体系中仍然存在大量的叠层生长的 $Ca(OH)_2$，掺磨细凝灰岩复合胶凝材料浆体内部仍有足够的 $Ca(OH)_2$，使浆体内部碱性维持在较高水平。

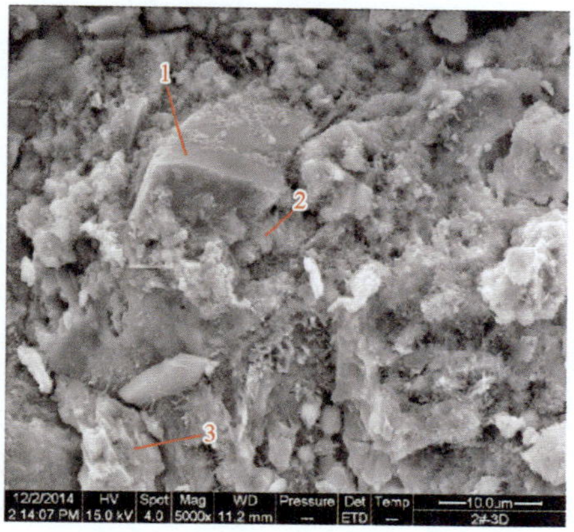

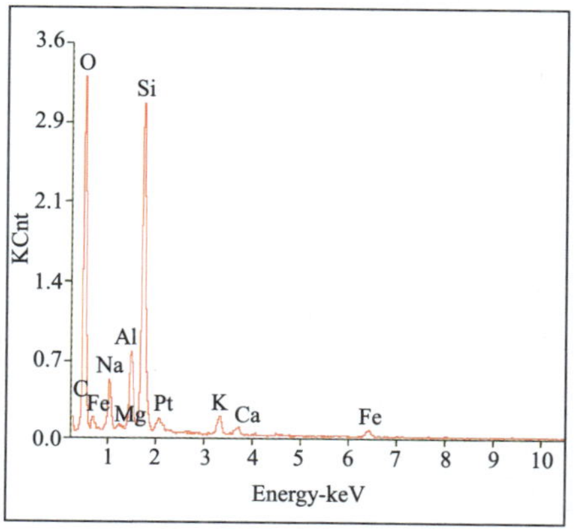

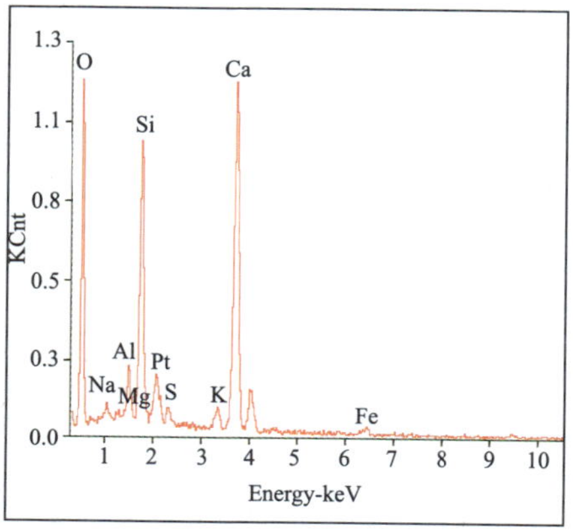

(a) 3 d

图 8—5

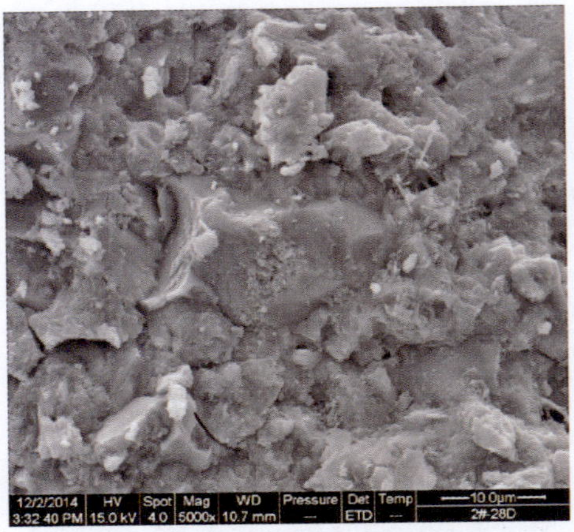
12/2/2014
3:32:40 PM
HV
15.0 kV
Spot
4.0
Mag
5000x
WD
10.7 mm
Pressure
Det
ETD
Temp
10.0μm
2#-28D

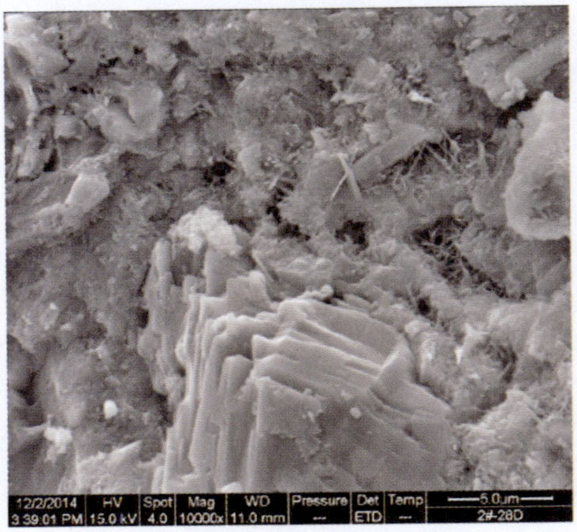
12/2/2014
3:39:01 PM
HV
15.0 kV
Spot
4.0
Mag
10000x
WD
11.0 mm
Pressure
Det
ETD
Temp
5.0μm
2#-28D

(b) 28 d

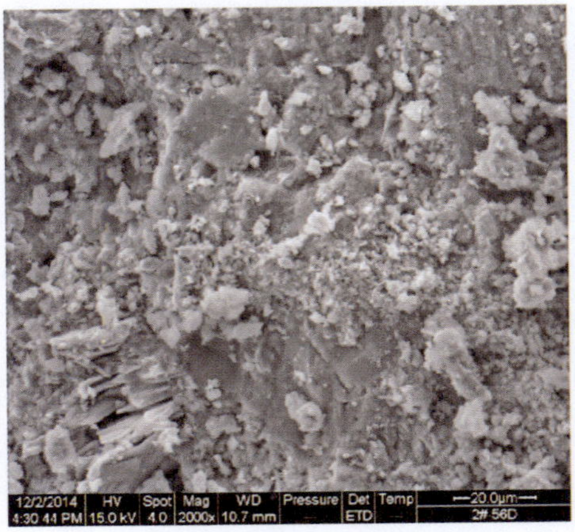
12/2/2014
4:30:44 PM
HV
15.0 kV
Spot
4.0
Mag
2000x
WD
10.7 mm
Pressure
Det
ETD
Temp
20.0μm
2# 56D

图 8—5

(c) 56 d

图 8—5　70%水泥+30%磨细凝灰岩(1#)浆体不同龄期的 SEM 图片

由图 8—6,70%水泥+30%磨细火山渣(2#)浆体显微形貌可知,磨细火山渣体系微观结构与磨细凝灰岩(1#)体系较为类似,主要有 $Ca(OH)_2$,C-S-H 凝胶及针状 AFt 等,但水泥石的结构较纯水泥石更为疏松,孔洞较多,磨细火山渣颗粒边缘清晰,没有明显的水化,未水化的火山灰颗粒与水化产物的粘结较弱,可见磨细火山渣早期火山灰性较弱。28 d 龄期时,水泥石的致密程度与 3 d 相比有很大提高,虽然仍有少量未水化的磨细火山渣颗粒,但其被水化产物紧密包裹,细小的磨细火山渣颗粒填充在水泥颗粒间隙之间,大幅度改善了胶凝材料的填充性,提高了水泥硬化浆体的密实度,到 56 d 时,水化产物结合紧密,水化产物表面光滑,密实程度超过纯水泥试件,说明磨细火山渣在水化后期,通过火山灰反应和较大细度的填充作用可以很好的提高水泥石的密实性。

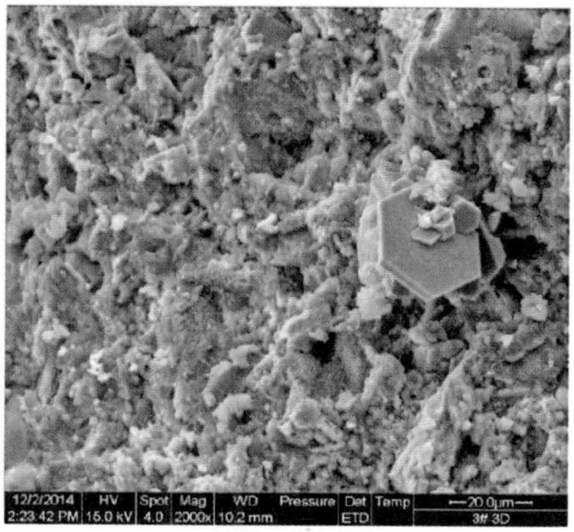

图 8—6

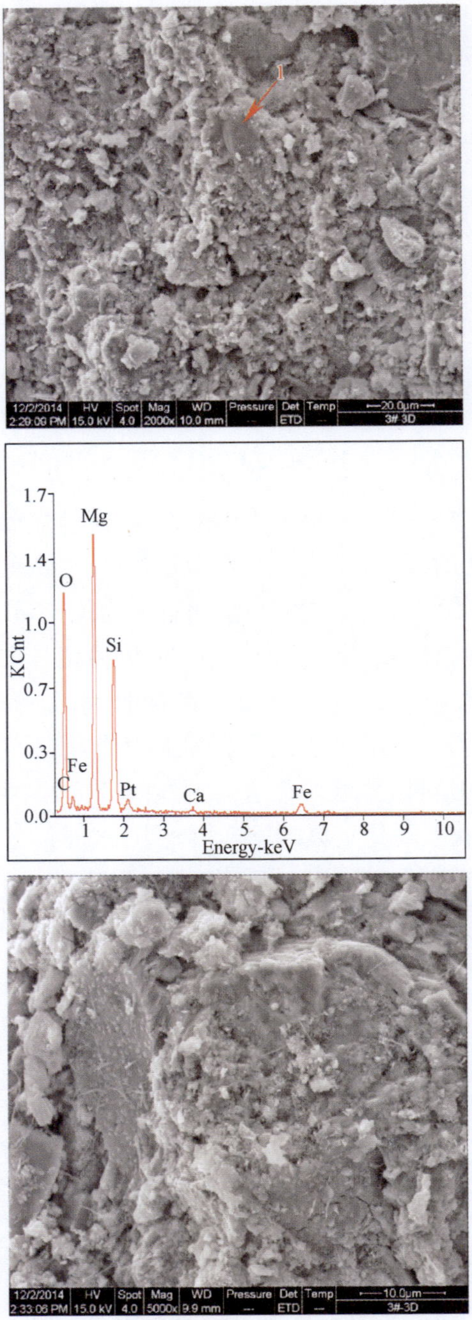
1
12/2/2014 2:29:08 PM
HV 15.0 kV
Spot 4.0
Mag 2000x
WD 10.0 mm
Pressure ---
Det ETD
Temp
20.0μm
3# 3D
1.7
1.4
1.0
0.7
0.3
0.0
KCnt
Mg
O
Si
Fe
C
Pt
Ca
Fe
1 2 3 4 5 6 7 8 9 10
Energy-keV
12/2/2014 2:33:06 PM
HV 15.0 kV
Spot 4.0
Mag 5000x
WD 9.9 mm
Pressure ---
Det ETD
Temp ---
10.0μm
3#-3D

(a) 3 d

图 8—6

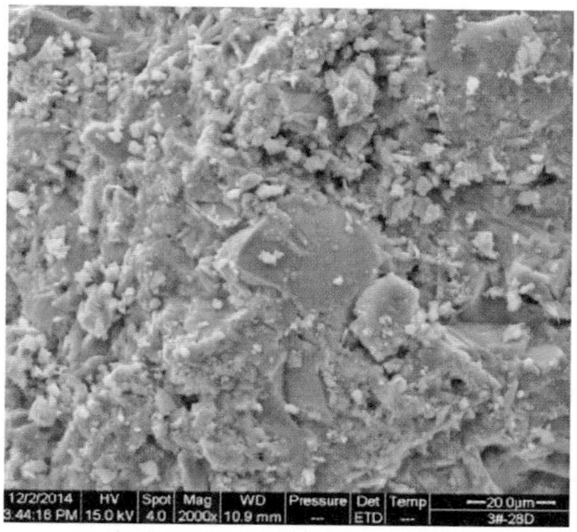
12/2/2014 HV Spot Mag WD Pressure Det Temp
3:44:16 PM 15.0 kV 4.0 2000x 10.9 mm --- ETD ---
20.0μm
3#-28D

12/2/2014 HV Spot Mag WD Pressure Det Temp
3:42:56 PM 15.0 kV 4.0 5000x 10.9 mm --- ETD ---
10.0μm
3#-28D

(b) 28 d

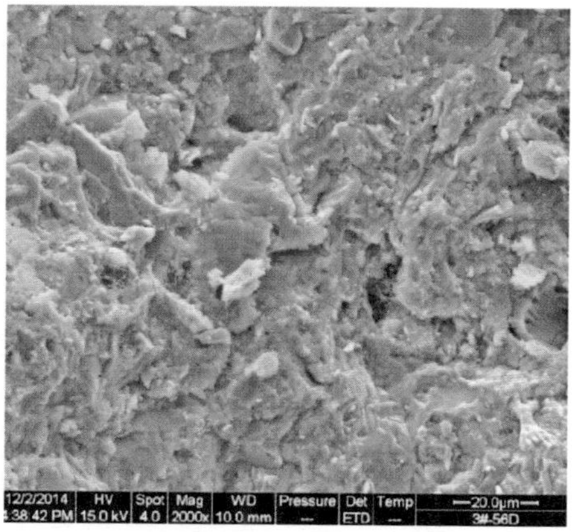
12/2/2014 HV Spot Mag WD Pressure Det Temp
3:38:42 PM 15.0 kV 4.0 2000x 10.0 mm --- ETD ---
20.0μm
3#-56D

图 8—6

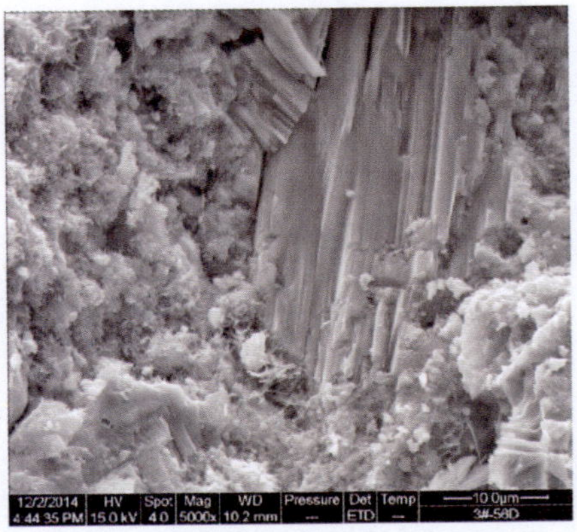

(c) 56 d

图 8—6　70%水泥+30%磨细火山渣(2#)浆体不同龄期的 SEM 图片

由图 8—7,70%水泥+30%石英粉浆体显微形貌可知,与火山灰体系相比,水化 3 d 龄期时,浆体内部生成的水化产物—絮状 CSH 凝胶、针状钙矾石等生成量相对较少,结构显得更为疏松。在浆体内部可见许多表面光滑的石英颗粒(1)。这些石英颗粒不参与水化反应,仅起到微骨料的填充作用。随着水化的进行,浆体结构变得致密,但石英粉表面仍未水化,大量的石英颗粒裸露在断口表面,没有水化产物覆盖,形成浆体结构中的薄弱点,将成为受力时的裂纹引发处。另外,由于石英粉不会发生二次水化来消耗$Ca(OH)_2$,浆体结构内部存在大量结晶粗大、呈叠层状定向生长的 $Ca(OH)_2$(2),这不利于结构的致密,削弱了混凝土的浆体—骨料界面黏结。

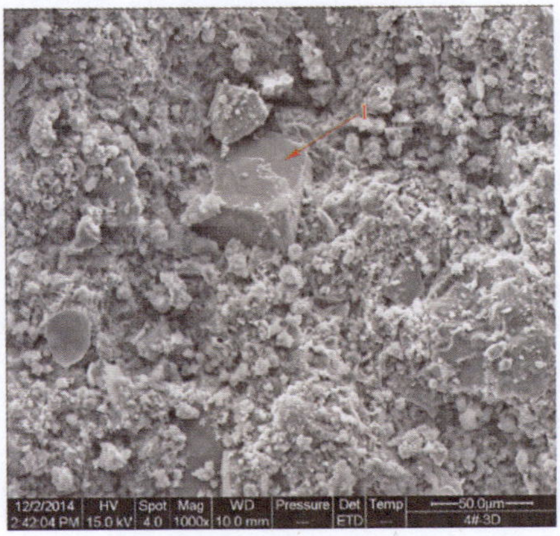

图 8—7

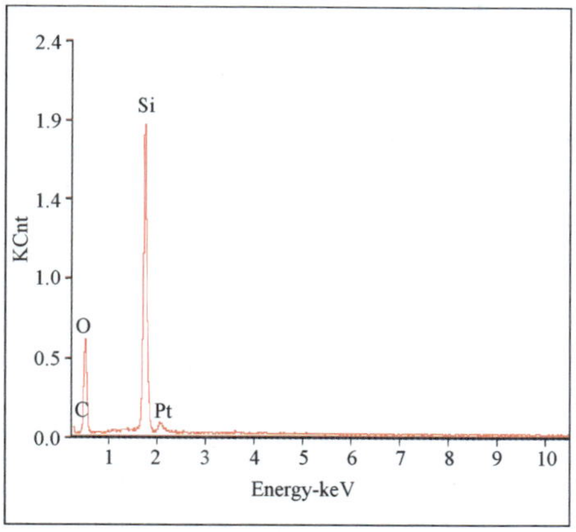
KCnt
2.4
1.9
1.4
1.0
0.5
0.0
Si
O
C
Pt
1
2
3
4
5
6
7
8
9
10
Energy-keV

(a) 3 d

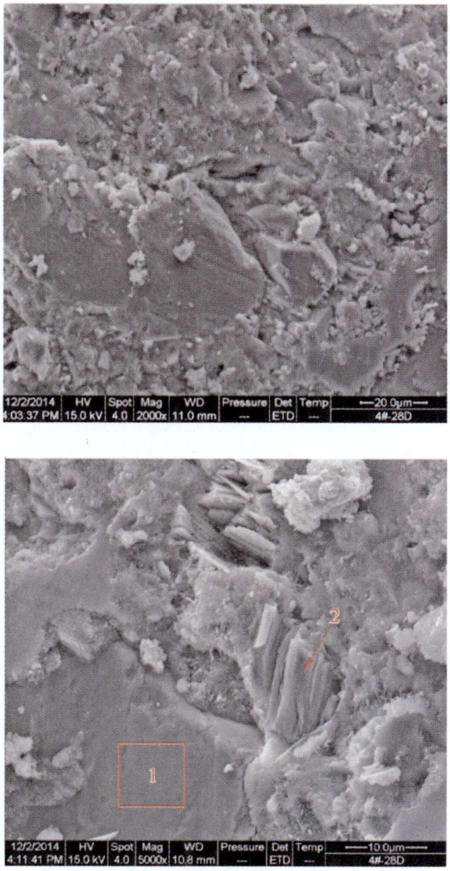
12/2/2014 HV Spot Mag WD Pressure Det Temp 20.0μm
4:03:37 PM 15.0 kV 4.0 2000x 11.0 mm --- ETD --- 4#-28D
2
1
12/2/2014 HV Spot Mag WD Pressure Det Temp 10.0μm
4:11:41 PM 15.0 kV 4.0 5000x 10.8 mm --- ETD --- 4#-28D

(b) 28 d

图 8—7

(c) 56 d

图 8—7　70％水泥＋30％石英粉浆体不同龄期的 SEM 图片

由图 8—8，80％水泥＋20％磨细火山渣（2＃）浆体显微形貌可知，由于火山灰掺量较少，与其他火山灰组相比，该组 3 d 龄期时生成了更多的水化硅酸钙凝胶及针状钙矾石（2），浆体结构更为密实。不过仍能观察到较多表面光滑的火山灰颗粒（1），说明磨细火山渣在早期，低掺量下同样难以发挥出理想的活性。与其余组相比，该组后期水化更加充分，火山灰颗粒（1）表面被大量的水化硅酸钙（2）所覆盖，体系中 $Ca(OH)_2$ 量有所减少，界面及孔隙被针状钙矾石紧密搭接进而填充起来，浆体结构更加密实。

通过观察两种火山灰体系的 SEM 微观形貌，并与其他胶凝材料体系进行对比分析可知：

(1)石英粉在体系中仅具有物理填充效应，其颗粒表面光滑，与周围组分粘结较差。而两种火山灰颗粒有部分表面不同程度的被所生成的水化产物所覆盖，说明其具有一定的火山灰性。

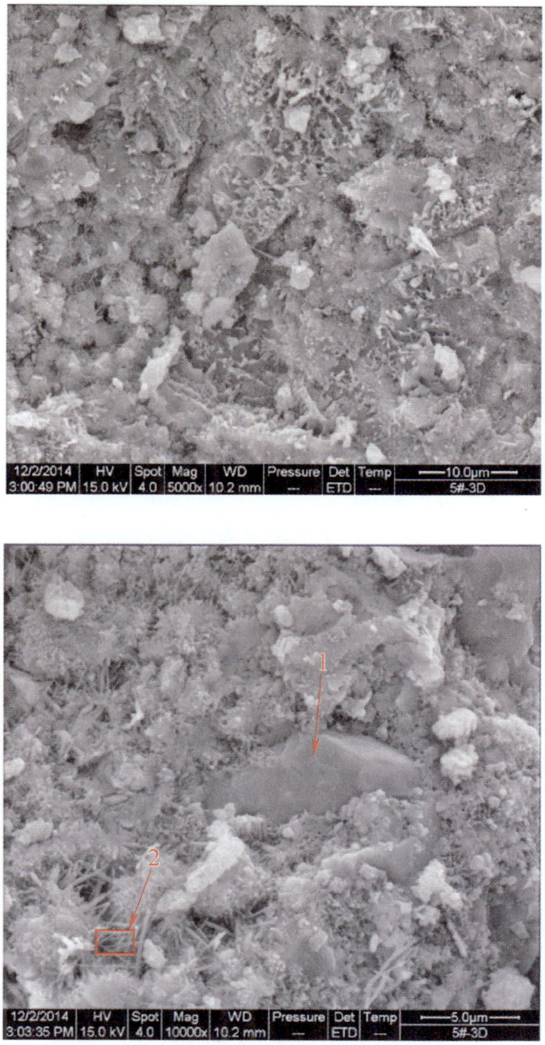

(a) 3 d

图 8—8

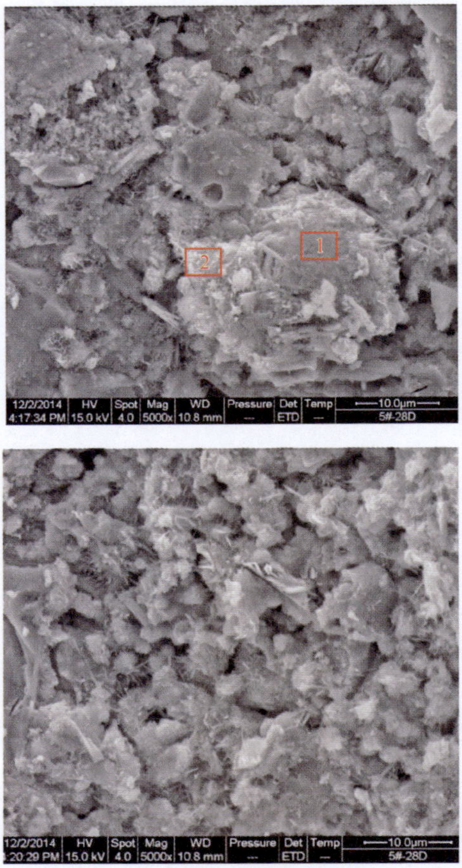
1
2
12/2/2014 4:17:34 PM | HV 15.0 kV | Spot 4.0 | Mag 5000x | WD 10.8 mm | Pressure --- | Det ETD | Temp ---
10.0μm
5#-28D
12/2/2014 20:29 PM | HV 15.0 kV | Spot 4.0 | Mag 5000x | WD 10.8 mm | Pressure --- | Det ETD | Temp ---
10.0μm
5#-28D

(b) 28 d

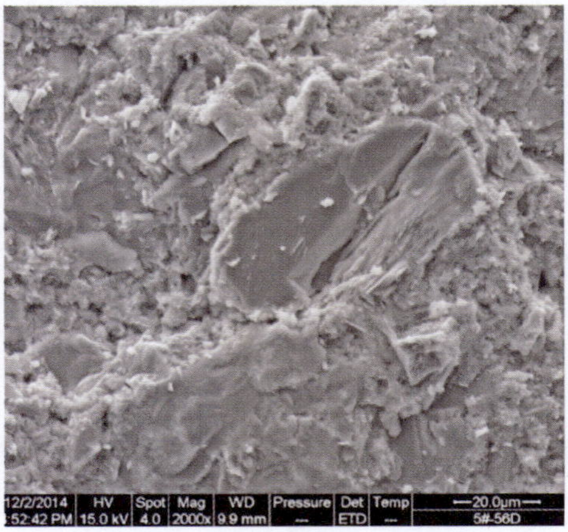
12/2/2014 52:42 PM | HV 15.0 kV | Spot 4.0 | Mag 2000x | WD 9.9 mm | Pressure --- | Det ETD | Temp ---
20.0μm
5#-56D

图 8—8

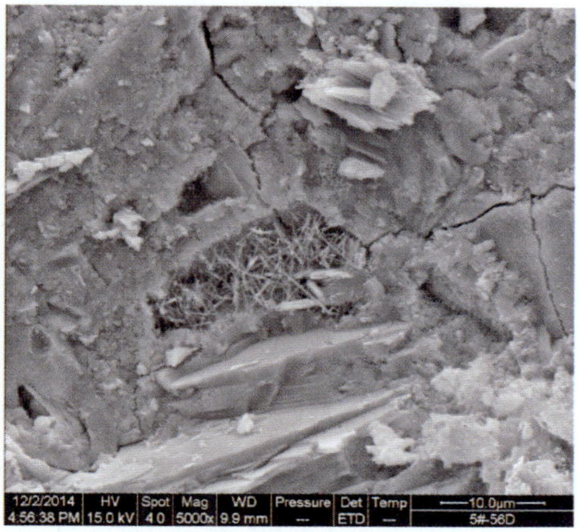

(c) 56 d

图 8—8 80%水泥+20%磨细火山渣浆体不同龄期的 SEM 图片

(2)两种天然火山灰早期颗粒边缘明显,火山灰活性较弱;随着龄期增长,两种火山灰均能够通过火山灰反应和填充作用提高了水泥石的密实性。

第四节 XRD 物相分析

采用 X 衍射分析仪(简称 XRD 分析)对 5 组净浆试块 3 d、28 d、56 d 三龄期进行分析,试验采用铜靶,扫描角度为 10°至 80°。其中五组净浆试块配比见表 8—3。到试验龄期后将试块破碎,研磨并放入无水酒精浸泡 4 h,取出烘干后经过 0.15 mm 实验筛。收集细粉装入密封袋于干燥器保存。

1 号为纯水泥净浆试块,其物相主要包括水化产物 $Ca(OH)_2$ 和 AFt 结晶相,未水化水泥熟料矿物 C_3S 和 C_2S、$CaCO_3$(含 $Ca(OH)_2$ 碳化后生成的 $CaCO_3$),见图 8—9(a)。随龄期增长,水泥水化程度相应提高,析出的 $Ca(OH)_2$ 数量增多(图 2θ 角 18°处)、C_3S 和 C_2S 衍射峰强度明显降低。28 d、56 d 龄期后,AFm 峰高明显增长,AFm 为 AFt 与 C_4AH_{13}(C_3A 与石膏生成)反应生成。56 d 后仍有水泥熟料峰,说明浆体并未完全水化。

2 号净浆试块由 70%水泥+30%磨细凝灰岩(1#)构成,浆体的 XRD 见图 8—9(b)。与纯水泥基相比,浆体中的 $Ca(OH)_2$ 含量降低;随着养护龄期的延长，浆体中 C_3S 和 C_2S 衍射峰降低，$Ca(OH)_2$ 含量同样降低。这是因为随着龄期的增长，火山灰反应增强，磨细凝灰岩(1#)中的活性矿物与 $Ca(OH)_2$ 发生水化反应，消耗了 $Ca(OH)_2$，$Ca(OH)_2$ 的消耗又促进了水泥的进一步水化，导致 C_3S 和 C_2S 衍射峰强度降低。$Ca(OH)_2$ 晶体是基体中的受力薄弱点，因此，浆体中的 $Ca(OH)_2$ 含量的降低，对混凝土强度和耐化学侵蚀等都是有利的。由于火山灰的掺入导致浆体整体水化环境改变，相应的 AFm 生成量也更多。

3 号净浆试块为 70%水泥+30%磨细火山渣(2#)构成，浆体的 XRD 见图 8—9(c)。与纯水泥基实验结果相比，浆体中的 $Ca(OH)_2$ 含量降低，并且比掺入磨细凝灰岩(1#)试样降低的更多；随着养护龄期的延长，浆体中 C_3S 和 C_2S 衍射峰降低，$Ca(OH)_2$ 含量同样降低。这是因为随着龄期的增长，火山灰反应增强，磨细火山渣中的活性矿物与 $Ca(OH)_2$ 发生水化反应，消耗了 $Ca(OH)_2$，$Ca(OH)_2$ 的消耗又促进了水泥的进一步水化，导致 C_3S 和 C_2S 衍射峰强度降低。对比 3 号和 2 号试样实验结果，2 号 3d 中 $Ca(OH)_2$ 与 3 号 3d 中的 $Ca(OH)_2$ 在 18°处主峰峰高相差不大，均在 3 000 左右，而 28 d、56 d 之后，2 号内峰高仍保留在 2 500 左右，3 号降到 1 700 左右，另 34°处的 $Ca(OH)_2$ 次主峰峰高升降规律相同。$Ca(OH)_2$ 晶体是基体中的受力薄弱点，因此，浆体中的 $Ca(OH)_2$ 含量的降低，对混凝土强度和耐化学侵蚀等都是有利的。由于火山灰的掺入导致浆体整体水化环境改变，相应的 AFm 生成量也更多。由 2 号和 3 号 XRD 实验结果可以推测磨细火山渣比磨细凝灰岩活性更高。

4 号试样为 70%水泥+30%石英粉构成的净浆试块，浆体的 XRD 见图 8—9(d)。由于石英粉并不参与水化所以致使胶凝体系水胶比增大，初期 $Ca(OH)_2$ 生成量增大，对应峰高 3100 左右，后期 AFm 生成量高于纯水泥对照组。同时对比两种火山灰组浆体 56dXRD 可知，见图 8—9(g)，石英粉组 $Ca(OH)_2$ 明显高过两种火山灰组，尤其是磨细火山渣组，这样证明了火山灰活性，火山灰二次水化消耗部分 $Ca(OH)_2$。

5 号实验样品为 80%水泥+20%磨细火山渣构成的净浆试块，浆体的 XRD 见图 8—9(e)。与纯水泥基实验结果相比，浆体中的 $Ca(OH)_2$ 含量降低，并且比掺入磨细凝灰岩试样降低的更多，但不及掺入 30%磨细火山渣实验组；随着养护龄期的延长，浆体中 C_3S 和 C_2S 衍射峰降低，

$Ca(OH)_2$含量同样降低。这是因为随着龄期的增长，火山灰反应增强，磨细火山渣中的活性矿物与 $Ca(OH)_2$发生水化反应，消耗了 $Ca(OH)_2$，$Ca(OH)_2$的消耗又促进了水泥的进一步水化，导致 C_3S 和 C_2S 衍射峰强度降低。对比 5 号和 3 号试样实验结果，5 号 3d 中 $Ca(OH)_2$与 3 号 3d 中的 $Ca(OH)_2$的 18°处主峰峰高相差 500 左右，而 28 d、56 d 之后，5 号内峰高仍保留在2 000 左右，3 号降到 1700 左右，另 34°处的 $Ca(OH)_2$次主峰峰高规律相同。$Ca(OH)_2$晶体是基体中的受力薄弱点，因此，浆体中的 $Ca(OH)_2$含量的降低，对混凝土强度和耐化学侵蚀等都是有利的。由 5 号和 3 号实验组 XRD 实验结果可知，随磨细火山渣掺量增加，可消耗更多 $Ca(OH)_2$，这会使混凝土更密实，具有更高的耐久性。

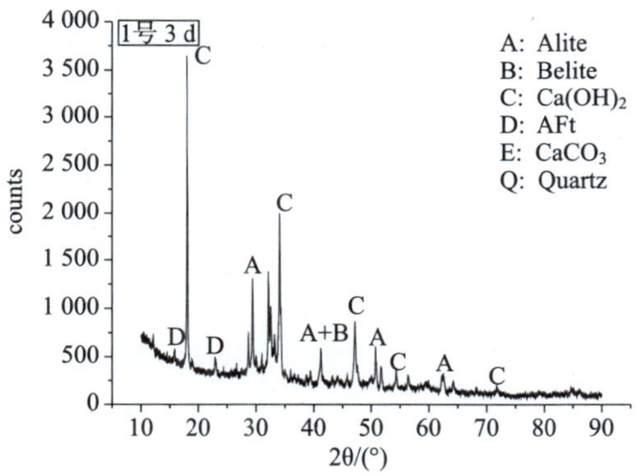

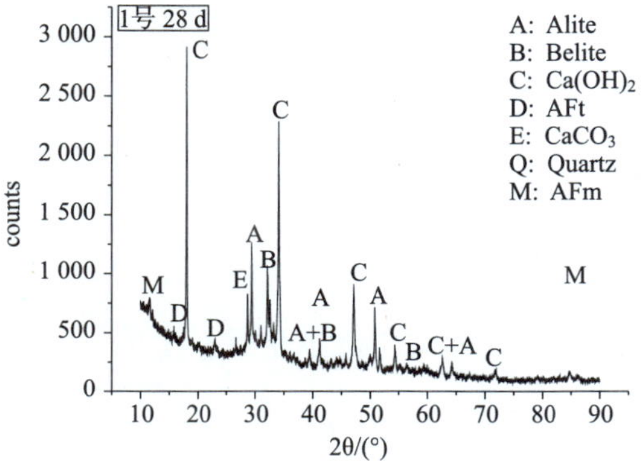

图 8—9

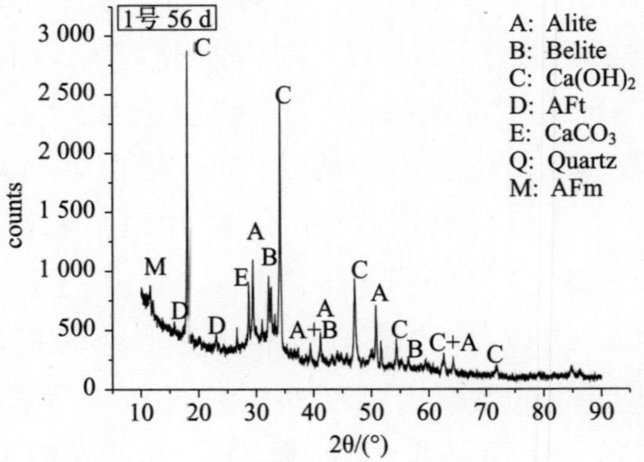

(a) 100%水泥浆体不同龄期的XRD

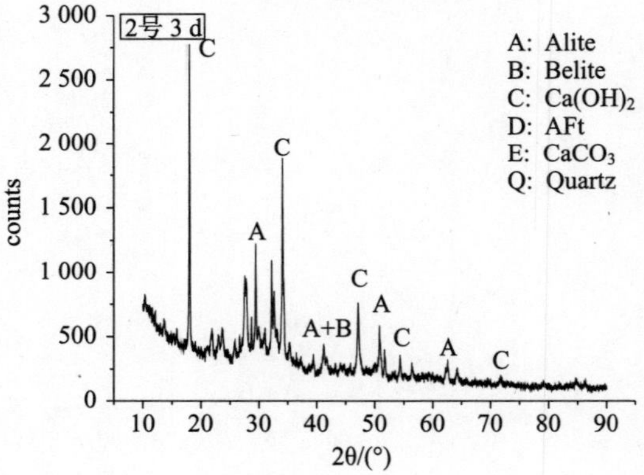

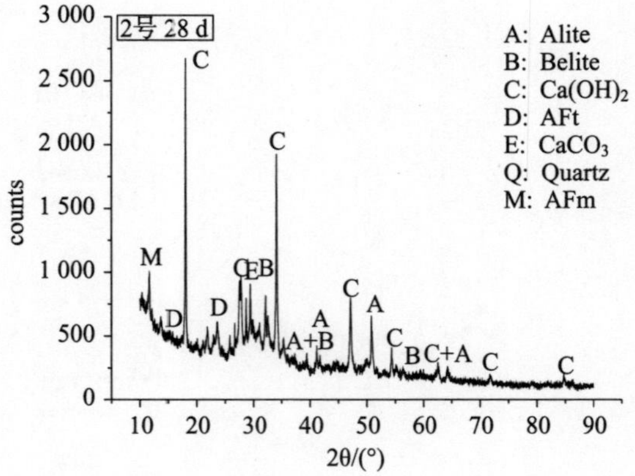

图 8—9

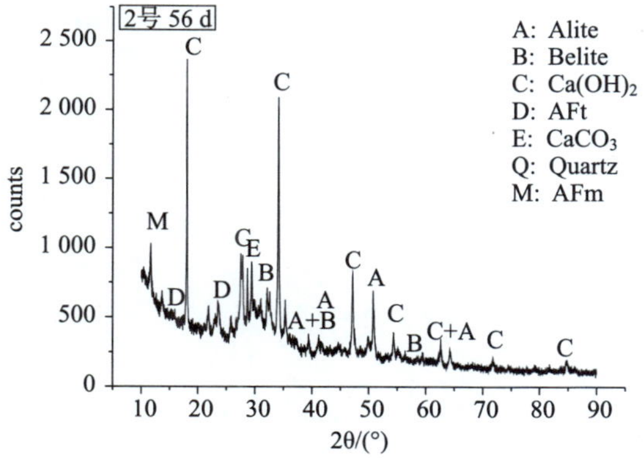

(b) 70%水泥+30%磨细凝灰岩 (1#)浆体不同龄期的XRD

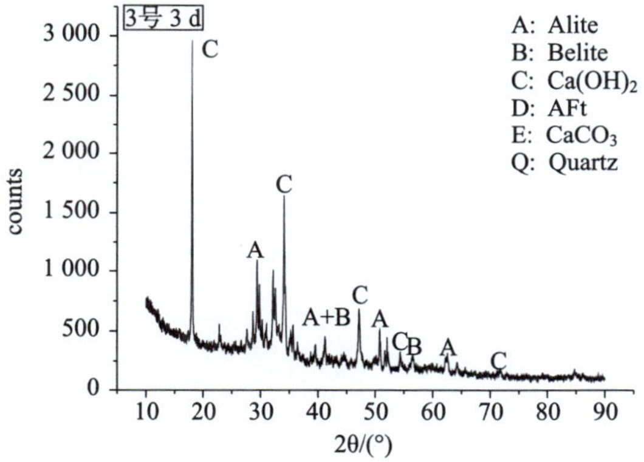

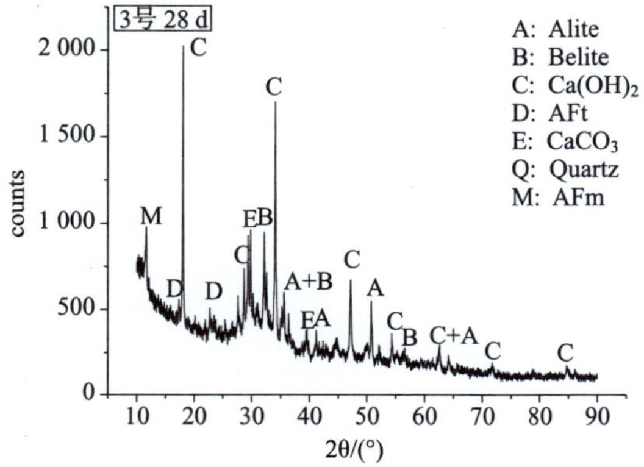

图 8—9

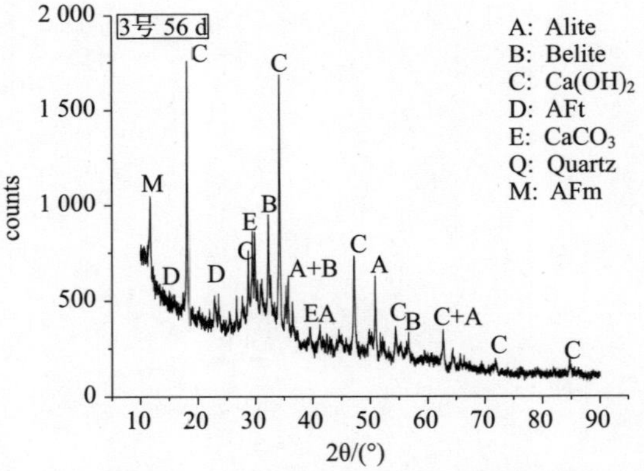

(c) 70%水泥+30%磨细火山渣 (2#)浆体不同龄期的XRD

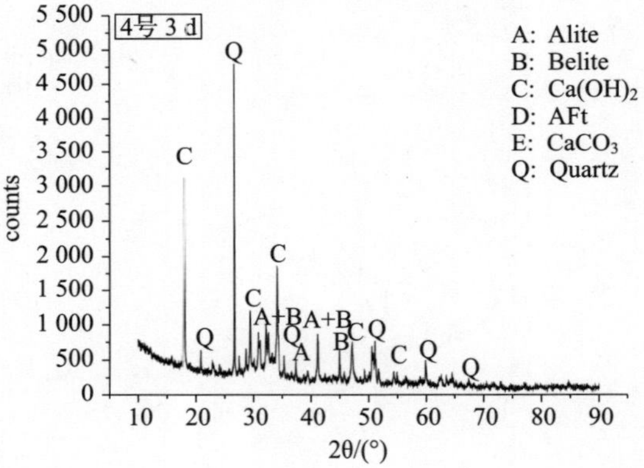

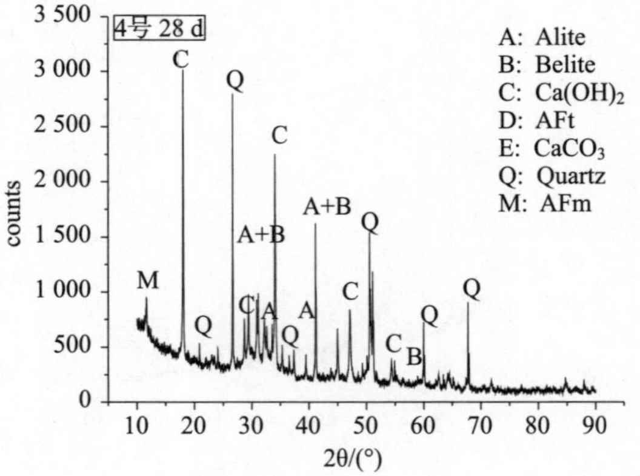

图 8—9

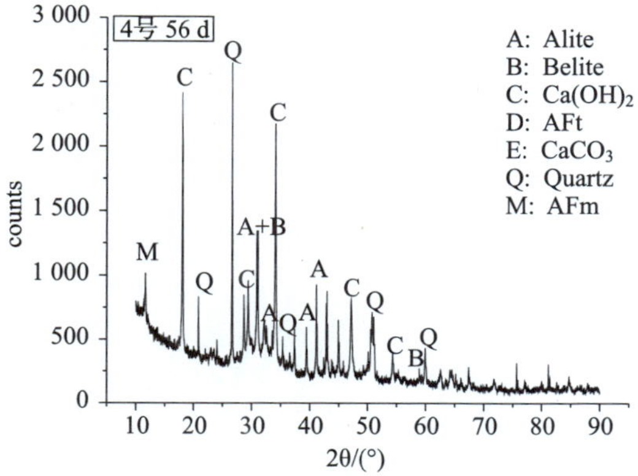

(d) 70%水泥+30%石英粉浆体不同龄期的XRD

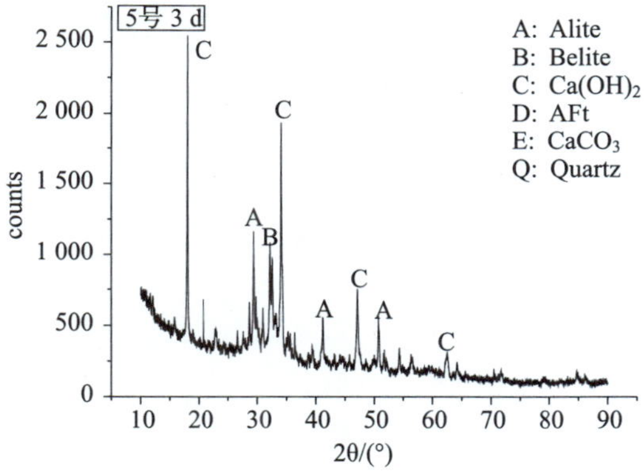

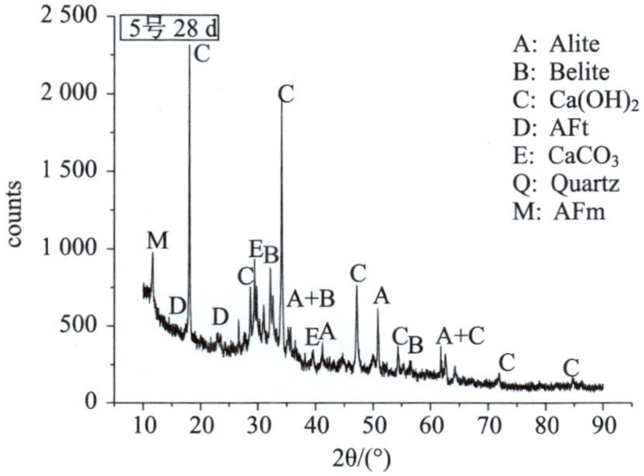

图 8—9

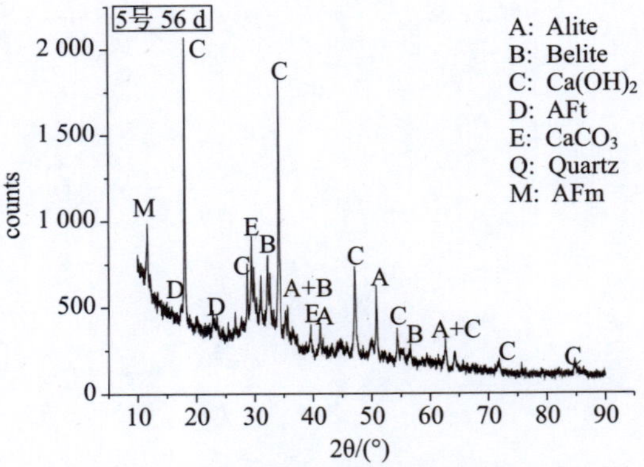

(e) 80%水泥+20%磨细凝灰岩浆体不同龄期的XRD

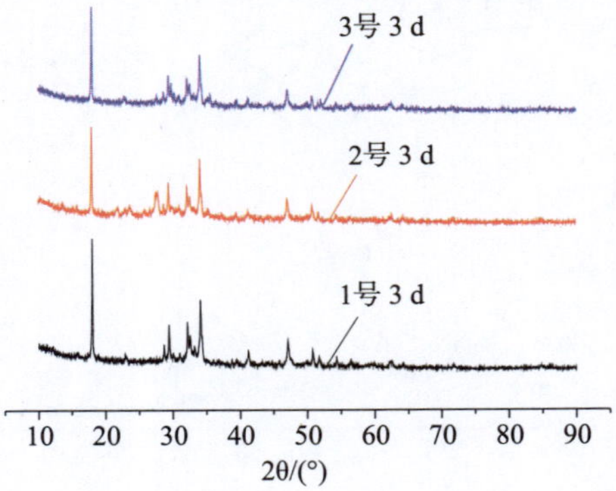

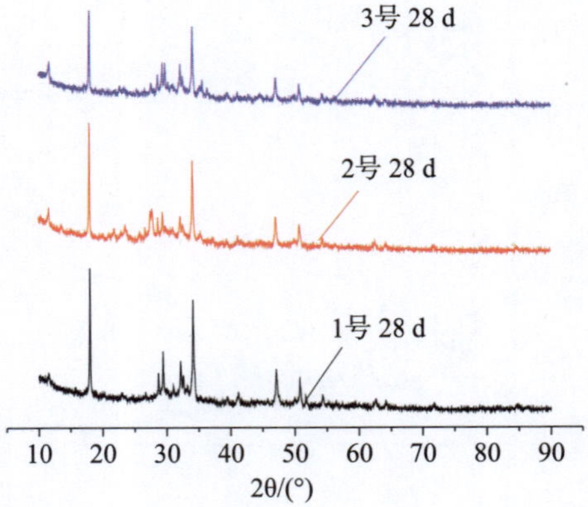

图 8—9

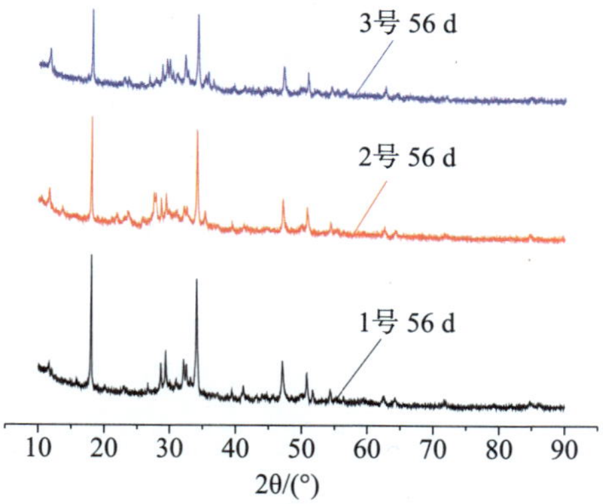

(f) 纯水泥组与掺入火山灰组的对比

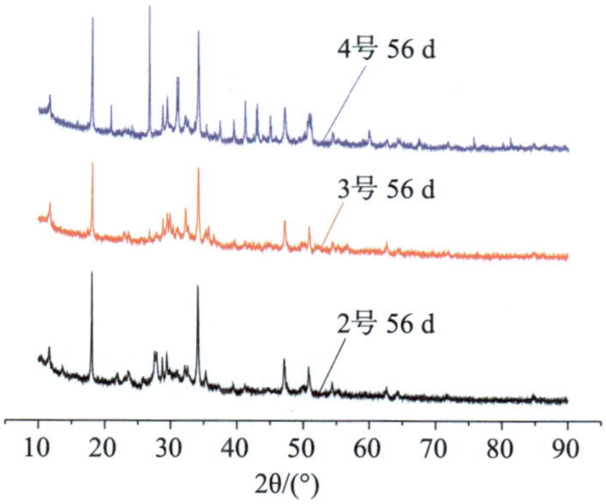

(g) 石英粉组对比两种火山灰

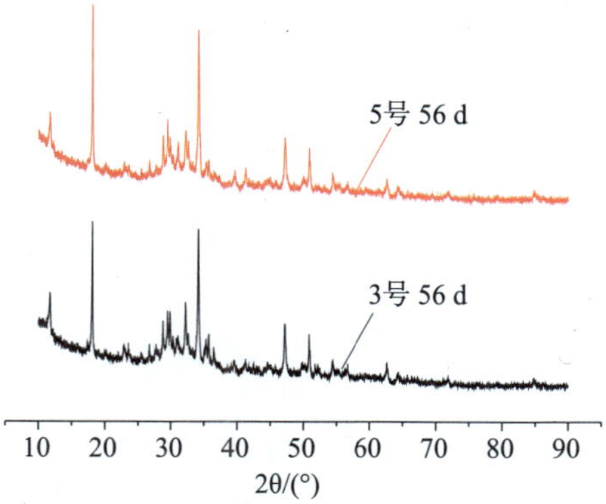

(h) 磨细火山渣组不同掺量的影响

图 8—9　不同胶凝材料体系的 XRD 衍射图样

第五节　差热—失重分析

物质加热后发生化学的或物理的变化时，会表现出吸热、放热等能量的转变，或重量、体积等的变化，不同的物质有不同的组成和结构，加热后有特定的热效应。当物质发生相变化时，就会在特定热效应中反应出来。因此，可以用对物质加热的方法进行相分析。产生热效应的物理变化如吸附、结晶、结构破坏、熔化、燃烧、蒸发、升华、同质多相转变等；产生热效应的化学变化有化合、分解、氧化、还原、化学水的脱除、固相反应等，物质的热效应有时并不是单纯的物理反应或化学化学反应，往往是物理化学的反应。对于加热后失水或分解的物质，在特定的温度下会失去一部分重量，对加热后发生氧化的物质，在特定的温度下会增加重量，在程序升温或降温下，可以通过测量试验的重量变化分析水化产物的物相组成[101]。

试验采用 NETZSCH STA 449F3 型同步热分析仪(差热-失重分析仪，TG-DTA)分析了水泥水化产物相，升温速度 20 ℃/min，氩气保护环境下试验，试验配比和试验龄期见表 8—3，采用 1 号、2 号、3 号进行试验，由于惰性材料石英粉在高温下，存在晶型转变吸热，干扰试验结果，故未采用石英粉替代天然火山灰做比照。图 8—10 是示出了差热(DTA)分析结果，图 8—11 为失重(TG)分析结果。

从图 8—10 中可知：3 个胶凝材料体系水化试样的水化产物种类没有明显差别，均包括 3 个主要的吸热峰。位于 99～113 ℃的吸热峰对应于 C-S-H 和 AFt 的结合水脱除，430～445 ℃的吸热峰是由 $Ca(OH)_2$ 脱水产生的，700～735 ℃的吸热峰为 $CaCO_3$ 分解所致，800 ℃以后的曲线下降为试验仪器漂移所致。

图 8—10 实验结果定性地表明，三个试样 3 d 水化龄期的 $Ca(OH)_2$ 吸热峰中，相差不大，纯水泥试验略大，其原因是虽然纯水泥组水泥量大，水化产生的 $Ca(OH)_2$ 较大，但是天然火山灰掺入后稀释了水泥，火山灰早期不参与水化，相当于使水泥的实际水灰比增大，促进了水泥水化，因此三组试验中 $Ca(OH)_2$ 量基本相同。当水化到 28 d 和56 d 龄期，$Ca(OH)_2$ 吸热峰 Cement100＞C70 1＃NP30＞C70 2＃NP30，两种天然火山灰组的吸热峰相差很小，说明两种天然火山灰活性差不多。产生这一现象的主要原因一是随火山灰的掺加，水泥熟料含量减少，水化时放出的 $Ca(OH)_2$ 量必然下降；二是火山灰的火山灰反应吸收了 $Ca(OH)_2$，火山灰活性越大，吸收能力越强，吸收的量也越多。由于这两个原因，导致了 $Ca(OH)_2$ 含

量降低。因此，$Ca(OH)_2$在体系中的数量与火山灰掺加和火山灰反应程度关系密切。

由 TG-DTA 试验结果和分析可知，两种天然火山灰具有一定的活性，与水泥水化产物 $Ca(OH)_2$发生二次水化反应，消耗部分 $Ca(OH)_2$，两种天然火山灰活性相差不大。

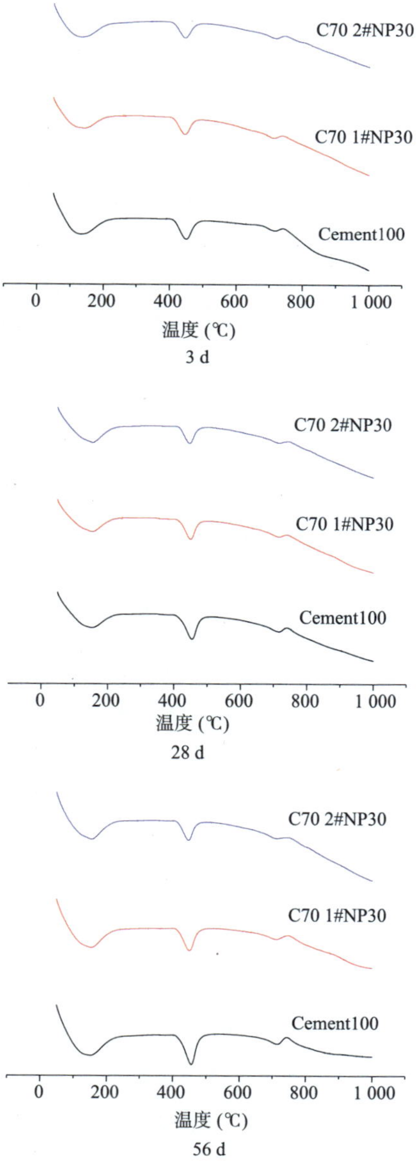

图 8—10　胶凝材料差热曲线(DTA)

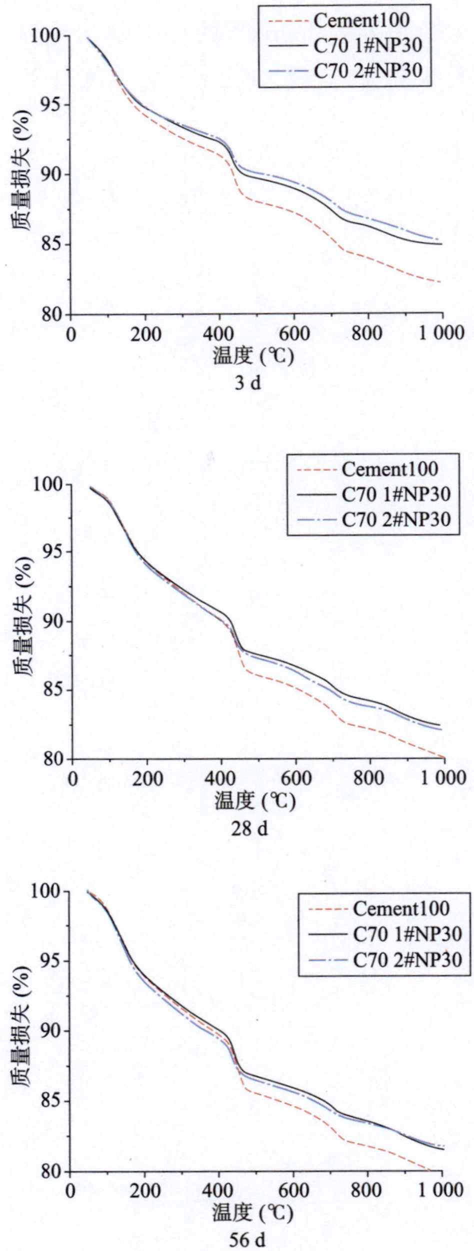

图 8—11　胶凝材料热重分析(TG)

第六节　孔结构分析

各种尺寸的孔也是硬化水泥浆体的一个重要组成，总孔隙率、孔径及其分布、孔的形态以及孔壁所形成的巨大内表面，都是硬化浆体孔结构的主要内容，对材料的强度与性能都有重要影响。

在水化过程中，水化产物的体积要大于熟料矿物的体积。据计算，每 1 cm^3的水泥水化后约需占据 2.2cm^3的空间，即约 45%的水化产物处于水泥颗粒原来的周界之间，成为内部水化产物，另有 55%则为外部水化产物，占据着原先充水的空间。这样，随着水化过程的进展，原来充水的空间减少，而没有被水化产物填充的空间则逐渐被分割成形状极不规则的毛细孔。另外，在 C-S-H 凝胶所占据的空间内还存在着极为细小的孔[100]。

表 8—4　硬化水泥浆体中的孔的分类方法一例

类别	名称	直径	孔中水的作用	对浆体性能的影响
粗孔	球形大孔	1 000 μm～15 μm	与一般水相同	强度、渗透性
毛细孔	大毛细孔	10 μm～50 nm	与一般水相同	强度、渗透性
	小毛细孔	50 nm～10 nm	产生中等表面张力	强度、渗透性、高湿度下的收缩
凝胶孔	胶粒间孔	10 nm～2.5 nm	产生强的表面张力	RH=50%下的收缩
	微孔	2.5 nm～0.5 nm	强吸附水，不能形成新月形液面	收缩、徐变
	层间孔	＜0.5 nm	稳定结构水	收缩、徐变

目前较常用的分类是将浆体中的孔分成粗孔和细孔，粗孔分为 10 μm 以上的大孔（气孔），加气混凝土和泡沫混凝土等多孔材料中以这样的孔为主，毛细孔也属于粗孔，孔径在 1～10 μm，细孔分为过渡孔和凝胶孔，前者孔径为 100～1 000 Å，后者孔径＜100 Å，过渡孔在电子显微镜下可以观察到，而凝胶孔则观察不到。硬化浆体的孔径分布以及各类孔对浆体性能的影响见

表 8—4[1,101]。吴中伟院士则将混凝土中的孔分为四类:孔径小于 20 nm 为无害孔;孔径 20～100 nm 为少害孔;孔径 100～200 nm 为有害孔;孔径大于 200 nm 为多害孔。

试验浆体配比见表 8—3,表 8—5 是不同胶凝材料硬化浆体 56 d 水化龄期孔结构参数测试结果,孔隙累计面积分布曲线见图 8—12,空隙累计体积即累计压汞量见图 8—13,最可几孔径求出图见图 8—14,不同孔径区间的孔体积分布直方图见图 8—15。

表 8—5　不同胶凝材料硬化浆体 56 d 水化龄期孔结构参数

孔结构参数		1 号	2 号	3 号	4 号	5 号
比表面积(m^2/g)		22.91	37.02	39.26	32.20	22.51
中值孔径(体积法,nm)		45.5	36.9	34.1	45.3	42.6
中值孔径(面积法,nm)		7.6	5.7	4.8	6.9	6.2
平均孔径(nm)		20.3	15.6	13.3	17.7	15.7
孔隙率(%)		25.76	24.78	23.59	25.09	24.03
孔径分布(%)	<20 nm	26.75	34.72	36.80	33.63	27.72
	20～50 nm	30.33	30.17	36.39	19.29	23.68
	50～100 nm	27.55	14.19	10.97	24.45	29.24
	>100 nm	15.37	19.61	15.15	22.53	19.35

由表 8—5 孔结构参数试验结果可知,中值孔径(体积法)、中值孔径(面积法)和平均孔径大小顺序均为为 100%水泥>30%石英粉+70%水泥>20%磨细火山渣(2#)+80%水泥>30%磨细凝灰岩(1#)+70%水泥>30%磨细火山渣(2#)+70%水泥,说明天然火山灰起到了很好的火山灰活性效应,与水化产物 CH 发生二次反应,一方面生成更多的水化产物填充了孔隙,另一方面进一步促进了水泥的水化,浆体结构随水化的进行变得更加致密,孔径尺寸有所细化,浆体孔隙向小孔方向偏移;30%的磨细火山渣(2#)比

20%掺量在孔结构上更为合理；而30%石英粉+70%水泥硬化浆体与纯水泥在孔结构相差不大，说明石英粉没有活性，由于细度较大，仅起到了填充作用。

由表8—5和图8—15可知，在<20 nm的无害孔和20～50 nm少害孔分布上，掺加30%天然火山灰的两组浆体均比纯水泥浆体多，这也说明了天然火山灰起到很好的火山灰活性效应，细化了浆体孔隙。同时，结合图8—14可知，天然火山灰的掺入使水泥浆体的最可几孔径减少，进一步说明，天然火山灰促进了水泥的水化，浆体结构随水化的进行变得更加致密，浆体孔隙向小孔方向发展。

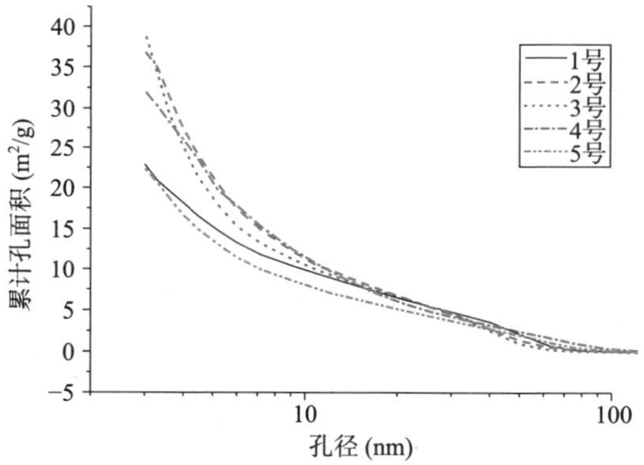

图8—12　累计孔面积

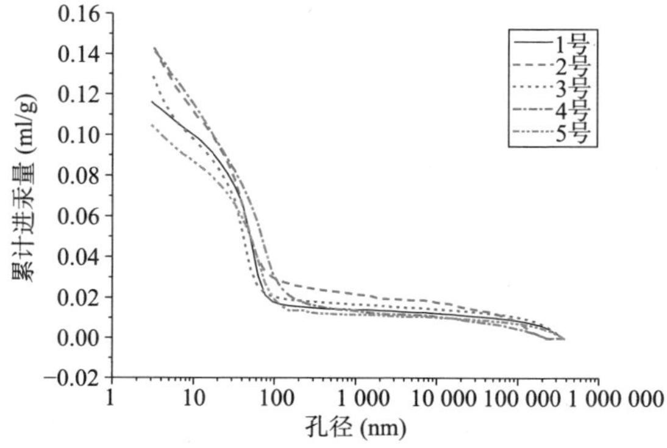

图8—13　累计孔体积

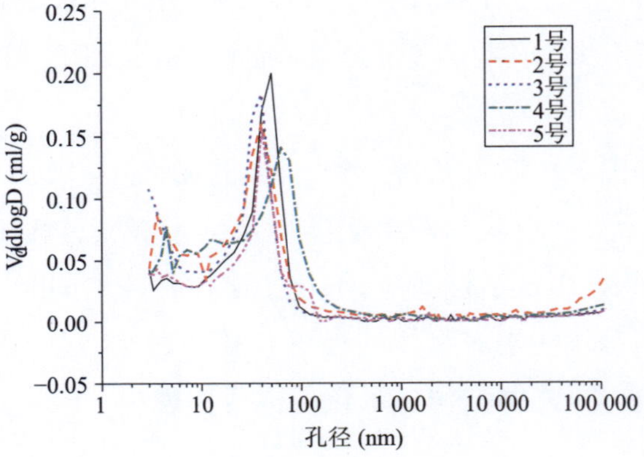

图 8—14　最可几孔径

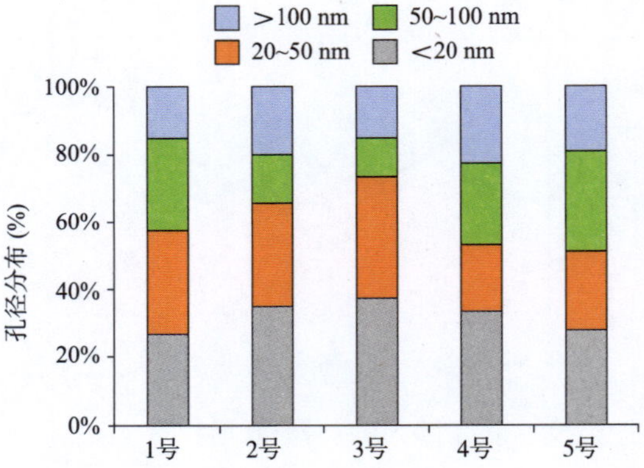

图 8—15　孔径分布

第七节　结　　论

结合前面几章的试验结果，采用化学结合水、SEM、XRD、TG-DTA、MIP对天然火山灰—水泥胶凝材料体系水化机理进行了研究。

(1)由化学结合水可知，1＃、2＃两种天然火山灰质材料，相比惰性物质石英粉同条件取代水泥时，结合水含量显著提高，可以证明肯尼亚两种火山灰均与水泥水化产物发生了二次水化反应。

(2)通过 SEM 观察微观形貌：石英粉在体系中以物理填充效应为主，其颗粒表面光滑，与周围组分粘结较差。而两种火山灰质材料颗粒有部分表面不同程度得被所生成的水化产物所覆盖，说明其具有一定的火山灰效应；随着龄期增长，两种火山灰质材料均能够通过二次水化反应和填充作用提高水泥石的密实性。

(3)由 XRD 结果可知，各组浆体早期 $Ca(OH)_2$ 衍射峰高度相差不大，而后期火山灰组的 $Ca(OH)_2$ 衍射峰明显低于纯水泥组和石英粉组，说明火山灰的二次水化反应消耗部分 $Ca(OH)_2$，浆体中的 $Ca(OH)_2$ 含量的降低，对混凝土强度和耐化学侵蚀等都是有利的。

(4)由 TG-DTA 结果可知，天然火山灰组的 $Ca(OH)_2$ 脱水吸热峰明显低于纯水泥组，说明两种天然火山灰具有一定的活性，与水泥水化产物 $Ca(OH)_2$ 发生二次水化反应，消耗部分 $Ca(OH)_2$。

(5)由 MIP 孔结构结果可知，在＜20 nm 的无害孔和 20～50 nm 少害孔分布上，掺加 30％天然火山灰的两组浆体均比纯水泥浆体增加较多，同时，天然火山灰的掺入使水泥浆体的最可几孔径减少，说明了天然火山灰起到很好的火山灰活性效应，细化了浆体孔隙，浆体结构随水化的进行变得更加致密，浆体孔隙向小孔方向发展。

第九章　天然火山灰质材料在铁路工程的应用

经过国内系统的科学研究及专家论证令的认可，在监理工程师的见证下，在工程现场试验室对研究成果进行了验证，试验验证结果与国内研究结果相符，征得监理联合体的同意，肯尼亚蒙内铁路工程正式采用天然火山灰质材料作为矿物掺合料用于混凝土工程。

第一节　天然火山灰质材料的生产

天然火山灰质材料主要在四标、五标和八标应用，四标和五标分别生产，四标为球磨工艺，五标为雷蒙磨，八标混凝土用量不大，天然火山灰质材料由五标供应。

天然火山灰质材料的加工要求：第一，要注意火山灰矿源的选择，保证料源品质和质量稳定，同时避免表面风化层或黏土质矿物污染火山灰，保证火山灰的纯净；第二，粉磨加工要到达一定细度，满足配制混凝土的技术要求，在此基础上要综合考虑加工能耗，确定合理的细度控制指标；第三，火山灰加工要有均化过程（如原料均化和成品均化），保证各批次火山灰的质量稳定；第四，火山灰加工过程中，要随时监测技术指标的变化，重要的技术指标包括细度、烧失量、流动度比、MB值等。

(a) 火山灰晒场，晒干后进入料棚

(b) 火山灰堆场

(c) 火山灰初破

图　9—1

(d) 火山灰颚破

(e) 雷蒙磨

图 9—1　五标的生产过程

图 9—2　四标的球磨工艺

第二节　天然火山灰质材料技术指标验证

对天然火山灰质材料的技术指标进行了试验验证，表 9—1 为天然火山灰相关技术指标，表 9—2 为不同粉磨参数下的火山灰细度，由表 9—1 可知天然火山灰技术指标较优，有利于其作为混凝土掺合料使用，由表 9—2 可知，天然火山灰在合理的参数下，能够得到满足要求的细度。

表 9—1　天然火山灰技术指标

技术指标	烧失量/%	MB 值	含水量/%	需水量比/%	流动度比/%	28 d 活性指数/%
试验结果	1.14	1.5	0.2	88	103	66

表 9—2　不同粉磨参数下得到的火山灰细度

粉磨参数	95	90	80	70	50
45 μm 筛余/%	9.5	12.2	14.4	14.8	27

表 9—3　各标准对天然火山灰的技术指标要求及试验结果

序号	项　　目	JG/T 315—2011	DL/T 5273—2012	Ⅰ级粉煤灰要求	试验结果
1	细度(%)	≤20	≤25	≤12	9.5
2	流动度比(%)	≥90	—	—	103

续上表

序号	项　　目	JG/T 315—2011	DL/T 5273—2012	Ⅰ级粉煤灰要求	试验结果
3	MB 值	—	—	—	1.5
4	28 d 活性指数(%)	≥65	≥60	—	66
5	烧失量(%)	≤8.0	≤10.0	≤5.0	1.14
6	需水量比(%)	—	≤115	≤95	88
7	含水量(%)	≤1.0	≤1.0	≤1.0	0.2

注:JG/T 315—2011——《水泥砂浆及混凝土用天然火山灰质材料》
DL/T 5273—2012——《水工混凝土掺用天然火山灰质材料技术规范》
Ⅰ级粉煤灰——GB/T 1596—2005《用于水泥和混凝土中的粉煤灰》

图 9—3　流动度比试验

第三节　天然火山灰质材料混凝土验证试验

采用 C35 混凝土进行了天然火山灰质材料混凝土的试配，表 9—4 为混凝土配合比和抗压强度，可见，天然火山灰混凝土强度富余系数较高，56 d 抗压强度均超过50 MPa。图 9—4 为混凝土工作性照片，可见天然火山灰混凝土工作性良好。

表 9—4　C35 天然火山灰混凝土工程现场试验验证结果

编号	Bamburi CEM Ⅰ 42.5(kg)	磨细火山渣(kg)	粉煤灰(kg)	水(kg)	砂(kg)	石(kg)	抗压强度(MPa)		
							7 d	28 d	56 d
CY-1	274	118	—	145	823	967	31.6	45.9	51.6
CY-2	235	78	78	145	823	967	34.3	46.2	53.2
YP-1	282	121	—	145	823	967	33.2	46.2	51.9
YP-2	280	150	—	146	790	1004	35.5	48.1	52.8
YH-1	282	61	61	145	823	967	38.0	51.9	55.3
NP-1	287	104	52	152	742	978	38.8	46.9	53.4

图 9—4　天然火山灰质材料混凝土工作性较好

第四节　天然火山灰质材料混凝土试验构件

采用天然火山灰混凝土进行了构件试施工，包括一个试验桩和一个试验板，试验用配合比见表 9—5，试验浇筑构件见图 9—5。试验用配合比为 C35 混凝土，由表 9—5 可知，混凝土抗压强度较高，满足要求。由图 9—5 可知，天然火山灰混凝土浇筑构件表观质量良好。

表 9—5　天然活火山灰混凝土试验构件配合比

Bamburi水泥	磨细火山渣	砂	碎石	水	抗压强度(MPa)		
					7 d	28 d	56 d
299	121	823	967	155	31.6	41.1	46.8

图 9—5　天然火山灰混凝土试验构件

第五节　天然火山灰质材料混凝土配合比

在天然火山灰质材料混凝土试配及构件试验均取得较好效果的前提下，试验确定了天然火山灰质材料混凝土的施工配合比，见表 9—6。由表中结果可以看出，混凝土强度等级从 C25 到 C50，具体应用位置有：桥梁基础、承台、墩身、支座、涵洞、护坡等，混凝土抗压强度和电通量均满足设计要求。

表 9—6　天然活火山灰混凝土配合比

设计强度	构件名称	每 m³ 混凝土材料用量(kg)							抗压强度(MPa)			56 d 电量(C)
		水泥	粉煤灰	火山灰	砂	碎石	水	外加剂	7 d	28 d	56 d	
C50	承台、墩身、支座	348	50	99	827	972	154	6.46	55.3	62.8	66.4	671
C45	桥梁桩基	335	48	96	785	922	154	6.23	54.4	63.8	67.9	877
C40	承台、墩身、涵洞	321	46	92	795	934	152	5.97	41.1	50.1	54.6	815
C35	承台、墩身、涵洞	302	46	86	805	945	156	5.62	39.2	45.1	49.9	804
C30	承台、墩身、涵洞	296	37	78	817	960	152	5.34	36.5	40.3	44.6	761
C30	桥梁桩基	302	43	87	806	946	156	5.62	39.4	45.3	48.3	804
C25	挡护工程	275	29	62	836	982	155	4.77	29.2	35.7	39.2	1 271

第六节　天然火山灰质材料混凝土工程应用

根据国内研究情况和工程现场的验证试验，编制了技术文件《肯尼亚蒙内标轨铁路工程天然火山灰混凝土应用技术规范》，并经监理联合体审批，指导工程应用天然火山灰质材料，工程应用效果较好。目前现场技术文件已升级为中交企业标准和中国土木工程学会团体标准，并积极寻求肯尼亚标准局认证。

(e) 涵洞施工　　(f) 涵洞墙身局部效果

图 9—6

(c) 天然火山灰混凝土涵洞整体效果

(d) 天然火山灰混凝土泵送施工

(e) 天然火山灰混凝土状态

(f) 墩身施工

图 9—6

(g) 天然火山灰混凝土墩身效果

图 9—6　天然火山灰混凝土工程实际应用情况

附录　中国交建企业标准

中国交通建设股份有限公司企业标准　Q/CCCC ZH003—2018

天然火山灰质材料在混凝土中的应用技术规程

Technical code for application of natural pozzolans in concrete

2018—12—21 发布　　2018—02—01 实施

中国交通建设股份有限公司　发布

中国交通建设股份有限公司企业标准

天然火山灰质材料在混凝土中的应用技术规程

Technical code for application of natural pozzolans in concrete

Q/CCCC ZH003—2018

主编单位：中国路桥工程有限责任公司
中交四航工程研究院有限公司
批准部门：中国交通建设股份有限公司
实施日期：201＊年 01 月 01 日

前　　言

根据中国交通建设股份有限公司《关于2016年中国交建企业技术标准立项的通知》(中交股科字〔2016〕687号)的要求,编制组经广泛调查研究,认真总结实践经验,参考有关国际标准和国外先进标准,并在广泛征求意见的基础上,编制本规程。

本规程的主要技术内容是:1 总则;2 术语;3 天然火山灰质材料的生产与质量控制;4 火山灰混凝土的性能要求与配合比设计;5 施工;6 混凝土质量检验。

本规程由中国交通建设股份有限公司负责管理,由中国路桥工程有限责任公司负责具体技术内容的解释。执行过程中如有意见或建议,请寄送至中国路桥工程有限责任公司(地址:北京市安定门外大街丙88号;邮政编码:100011)。

主编单位:中国路桥工程有限责任公司
中交四航工程研究院有限公司

参编单位:中国建筑科学研究院
中交第二公路工程局有限公司
中交第二航务工程局有限公司
中交第四航务工程局有限公司
中国建筑科学研究院有限公司

主　　编:安爱军

主　　审:王胜年

参编人员:孙立强　周永祥　李　刚　李志强　熊仕伶　夏京亮
任文峰　贾其军　胡钊光　叶小林　周国新　沈玉山

温欣岚	伍伟军	瞿东明	肖　翔	梁立峰	冷　冬
雷　瑜	鞠秀颖	张　兵	孟晓鹏	陶元洪	薛广成
冯云龙	何永健	陈红丽	喻江武	岳新兴	骆云建
徐　鑫	范志宏	杨海成	邓春林		

1 总 则

1.0.1 为推进天然火山灰质材料在混凝土中的应用,做到安全适用、技术先进、经济合理、保证质量,制定本规程。

条文说明

矿物掺合料已经成为现代混凝土不可缺少的组份。随着我国基础设施建设的大规模展开,粉煤灰、矿渣粉等传统矿物掺合料在一些地区日益紧缺;另外,大量的工程建设,包括公路、铁路、水利工程往往地处偏远地区(新疆、云南)或欠发达地区或国家,远离工业城市,通常不具备传统矿物掺合料资源,如仍使用粉煤灰、矿渣粉等工业废渣,则需要长距离的远途运输,无疑会产生巨大的物流成本和时间成本;而天然火山灰质材料作为容易获取、质优价廉的新型矿物掺合料已在行业内逐步得到应用。采用天然火山灰质材料作为矿物掺合料,可以节约水泥用量、降低混凝土水化热及减小混凝土收缩等,技术性能优良,经济效益明显。但在此之前,我国尚没有标准对天然火山灰质材料在混凝土中的应用技术给予明确的规定,天然火山灰质材料在实际工程应用中也出现了一些问题。本规程结合国内现有的标准规范,参考国外先进标准制定而成,指导天然火山灰质材料在混凝土中的科学、合理应用,保证混凝土质量,促进节能环保。

1.0.2 本规程适用于国内外天然火山灰质材料作为矿物掺合料在混凝土工程中的应用。

条文说明

混凝土工程指公路工程、水运工程、市政工程、铁路工程、工业与民用建筑等中交集团相关业务领域内的混凝土工程;该规程除了适用于国内混凝土工程,还适用于海外混凝土工程。

1.0.3 天然火山灰质材料在混凝土中的应用,除应符合本规程外,尚应符合国家、行业和中国交通建设股份有限公司现行有关标准的规定。在国外工程应用时,应符合合同约定的相关规范。

2 术　语

2.0.1 天然火山灰质材料　natural pozzolans

经过磨细加工的火山灰、凝灰岩、火山渣、浮石、玄武岩、安山岩、沸石等具有火山灰性的天然矿物质粉体材料。

条文说明

在标准《水泥砂浆和混凝土用天然火山灰质材料》(JG/T 315—2011)中，天然火山灰质材料的定义为：以具有火山灰性的天然矿物质为原材磨细制成的粉体材料；《水工混凝土掺用天然火山灰质材料技术规范》(DL/T 5273—2012)中定义为：经过磨细加工的火山灰、凝灰岩、浮石、沸石岩、硅藻土等具有火山灰性的天然矿物质粉体材料；《公路工程 水泥混凝土用天然火山灰质材料》(JT/T 993—2015)中定义为：以具有火山灰性的天然沸石、火山灰(或火山渣)、凝灰岩、浮石、硅藻土、玄武岩、安山岩等天然矿物质为原料磨细制成的粉体材料。参照上述标准中天然火山灰质材料的定义，给出了本规程的术语。

2.0.2 胶凝材料　binder

混凝土中水泥和活性矿物掺合料的总称。

2.0.3 活性影响系数　impact coefficient

在推算掺加天然火山灰质材料的胶凝材料 28 d 胶砂抗压强度时，用于折减水泥 28 d 胶砂抗压强度的系数，为无量纲的数值。

条文说明

活性影响系数的含义类似于粉煤灰影响系数、矿渣粉影响系数，可参见《普通混凝土配合比设计规程》(JGJ 55)。

2.0.4 火山灰混凝土　natural pozzolanics concrete

以天然火山灰质材料为主要掺合料的混凝土。

条文说明

标准《石灰石粉在混凝土中应用技术规程》(JGJ/T 318—2014)中的表述为“掺加石灰石粉的混凝土”；《石灰石粉混凝土》(GB/T 30190—2013)中给出了石灰石粉混凝土的定义：采用含有一定比例石灰石粉的胶凝材料配制的混凝土；《水工混凝土掺用天然火山灰质材料技术规范》(DL/T 5273—2012)中

的表述为“掺用天然火山灰质材料的混凝土”;《粉煤灰混凝土应用技术规范》(GB/T 50146—2014)中给出了粉煤灰混凝土定义为:以粉煤灰为主要掺合料的混凝土。本标准为表述简单参照(GB/T 50146—2014),给出了火山灰混凝土定义。

2.0.5　矿物掺合料　mineral admixture

以硅、铝、钙等一种或多种氧化物为主要成份、具有一定细度,掺入混凝土中能改善混凝土性能的粉体材料。

2.0.6　水胶比　water-binder ratio

混凝土用水量与胶凝材料质量之比。

2.0.7　天然火山灰质材料掺量　natural pozzolans content

天然火山灰质材料占胶凝材料质量的百分比。

2.0.8　流动度比　fluidity ratio

受检样品和对比样品的流动度之比,用百分数表示。

条文说明

标准《水泥砂浆及混凝土用天然火山灰质材料》(JG/T 315—2011)附录A规定了天然火山灰质材料流动度比与活性指数试验方法,对比样品的胶砂配合比为水泥450 g、标准砂 1350 g,水 225 g,受检样品的胶砂配合比为水泥315 g、天然火山灰质材料 135 g、标准砂 1350 g、水 225 g。试验用水泥应采用基准水泥或符合《通用硅酸盐水泥》GB 175 规定的硅酸盐水泥,当有争议或仲裁检验时,应采用基准水泥;试验用砂应符合《水泥胶砂强度检验方法(ISO法)》(GB/T 17671)规定的标准砂。按照《水泥胶砂强度检验方法(ISO 法)》(GB/T 17671)的规定进行胶砂的搅拌,按照《水泥胶砂流动度测定方法》(GB/T 2419)规定的方法进行试验,分别测定对比胶砂和试验胶砂的流动度。

3　天然火山灰质材料的生产与质量控制

3.1　生产控制

3.1.1　料源选择应符合下列要求:

1)对天然火山灰质材料料源应进行勘察工作,充分了解天然火山灰质材料的种类及技术指标、储量、开采与运输条件等情况，应避免选用覆土层较厚、植被较茂盛的矿山。

2)确定天然火山灰质材料料场前，应调研天然火山灰质材料储量、生产加工条件和品质的稳定性，并应试验确定天然火山灰质材料的安全性，包括放射性、重金属含量等。

3)天然火山灰质材料开采前，应取样进行化学成分分析，其 SiO_2、Al_2O_3、Fe_2O_3 含量之和不应低于 70%。

条文说明

天然火山灰质材料是一种典型的地域性材料，技术指标差异性较大，不宜盲目开采应用，应通过充分的调研，包括天然火山灰质材料储量、技术指标、生产加工条件和品质的稳定性等，为决策提供技术支撑。

《公路工程 水泥混凝土用天然火山灰质材料》(JT/T 993—2015)中规定了天然火山灰质材料的反应质量指数，指对火山灰活性有贡献的氧化物含量之和，进一步明确了反应质量指数≥70%，其试验方法为按照《水泥化学分析方法》(GB/T 176—2008)规定测试天然火山灰质材料中的二氧化硅(SiO_2)、三氧化二铝(Al_2O_3)、三氧化二铁(Fe_2O_3)含量，计算反应质量指数。

3.1.2 开采应符合下列要求：

1)开采时，应清除表面覆盖土层，开采和运输过程中应防止泥土、风化岩、树根、草皮等杂物混入。

2)当开采过程中发现矿物的颜色、性状发生改变时，应及时取样检测，确保矿物符合要求。

条文说明

如果开采和运输过程中混入了泥土、风化岩、树根、草皮等杂物，天然火山灰质材料对外加剂的吸附性会提高，会提高配制混凝土外加剂掺量，从而影响混凝土工作性，另外混入的杂物会成为硬化混凝土中的缺陷，影响混凝土力学性能和耐久性。

天然火山灰质材料是一种天然材料，其化学成分可能随着开采深度的变化而发生变化，从而引起其技术指标的变化，如活性指数、流动度比等，因此开采过程中如果发现颜色、性状发生改变，应及时取样检测，确保矿物符合要求。

3.1.3 开采的天然火山灰质材料应按照批次堆存，应建立封闭或半封闭料仓或料棚，保证物料干燥。原材料体积较大时，应进行初破，初破后最大粒径小于 30 mm。

条文说明

开采的天然火山灰质材料如果含水率过大，在粉磨加工的时候容易结块，难以磨细，因此需要建立封闭或半封闭料仓或料棚，保证物料干燥。开采的原材料体积较大时，将影响粉磨加工效率，此时应先进行初破，然后进行粉磨加工。

3.1.4　粉磨设备选型应根据物料特性和生产技术要求以及产率等因素综合考虑确定，粉磨设备宜选用球磨或立磨等。生产过程中的粉磨的工艺参数，应根据产品要求进行优化。产品生产过程中应注重安全、环保和设备的及时检修和维护，确保生产稳定，质量可控。

3.1.5　粉磨加工过程中应监测天然火山灰质材料的细度，每班次应至少抽样检测一次，且每连续生产 24h 应随机抽取一次样品，其细度应符合本规程表 3.2.1 的要求。

3.1.6　粉磨加工好的天然火山灰质材料可袋装或散装，存储和运输过程中应防水、防潮且防止泥土、污染物等混入。

3.2　技术指标要求

3.2.1　天然火山灰质材料应符合表 3.2.1 中的规定。

表 3.2.1　天然火山灰质材料技术要求

序号	项　　目	技术指标		测试方法	国际可选测试方法
		C50 及以上	C50 以下		
1	细度（45 μm 方孔筛筛余）（质量百分数，%）	≤12	≤20	GB/T 1345	ISO 10749
2	流动度比（%）	≥95	≥90	JG/T 315	EN 459[a]
3	烧失量（质量百分数，%）	≤5.0	≤8.0	GB/T 176	ISO 680
4	28 d 活性指数（%）	≥65	JG/T 315	ISO 679[b]	

续上表

序号	项　目	技术指标		测试方法	国际可选测试方法
		C50 及以上	C50 以下		
5	三氧化硫（质量百分数，%）	≤3.5	GB/T 176	ISO 680	
6	氯离子含量（质量百分数，%）	≤0.06	GB/T 176	ISO 680	
7	含水量（质量百分数，%）	≤1.0	JG/T315	ASTM C311	
8	表观密度（kg/m^3）	GB/T 208			ASTM C188

注：a 按 EN 459 跳桌法进行测试，天然火山灰 30%掺入工程用水泥与不掺天然火山灰的工程用水泥流动度的比值。

b 按 ISO 679 进行测试，天然火山灰 30%掺入工程用水泥与不掺天然火山灰的工程用水泥砂浆强度的比值。

条文说明

天然火山灰质材料作为矿物掺合料用于混凝土，细度是至关重要的指标，研究表明，随着细度的变细，天然火山灰质材料活性指数提高，流动度比提高，因此，作为矿物掺合料天然火山灰质材料越细越好，然而细度变细即意味着能耗增加，且随着细度的变细，天然火山灰质材料愈加难磨，因此，宜从平衡天然火山灰质材料性能和生产能耗两方面综合考虑，制定天然火山灰质材料的细度指标。细度指标一般有 45 μm 方孔筛筛余和比表面积两个指标，由于 45 μm 方孔筛筛余相对比表面积来说测试比较便捷，应用较广，本规程选用 45 μm 方孔筛筛余作为细度指标控制。

流动度比与需水量比都是反映天然火山灰质材料同一性能的指标，由于流动度比测定起来相对快捷方便，因此本规程采用流动度比指标。流动度比是衡量天然火山灰质材料在混凝土中应用是否具有技术价值的重要指标，该指标越高，说明天然火山灰质材料对混凝土工作性的负面影响越小。

试验表明，天然火山灰质材料的 7 d 和 28 d 活性指数一般均大于 65%，接近于 70%，比较容易满足本规程规定的 7 d 和 28 d 活性指数不应小于 65%

的要求。天然火山灰质材料的活性指数在有的标准或文献中称为抗压强度比。因活性指数在试验方法和物理意义上更为广泛地被理解和应用，本规程仍称为活性指数，国外标准亦多如此称呼。

在上述天然火山灰质材料的技术指标中，细度、需水量比、活性指数尤为关键。一般情况下，优先选用细度适宜、需水量比小、活性指数高的天然火山灰质材料。一般来说，天然火山灰质材料越细，在混凝土中的填充效应越明显，有利于改善混凝土的性能，但应考虑细度、性能和能耗之间的平衡关系，选择适宜的细度也是需要综合考虑的。烧失量往往会非常明显的影响到天然火山灰质材料的吸附性，这时不仅需要增加外加剂的用量，还会在一定程度上影响混凝土的拌合物性能和硬化混凝土的性能，从而大大削弱在混凝土中掺用天然火山灰质材料带来的技术和经济效益。

表 3—1　本规程对天然火山灰质材料的技术要求与其他相关规范的对比

序号	项目	JG/T 315—2011	DL/T 5273—2012	JT/T 993—2015	ASTM C618-05	GB/T 1596—2017		本规程	
						Ⅰ级	Ⅱ级	C50及以上	C50以下
1	细度（%）	≤20	≤25	≤20	≤34	≤12	≤30	≤12	≤20
2	需水量比（%）	—	≤115	≤120	≤115	≤95	≤105	—	—
3	流动度比（%）	火山灰≥85 凝灰岩≥90 浮石粉≥65	—	—	—	—	—	≥95	≥90
4	烧失量（%）	≤8.0	≤10.0	≤10.0	≤10.0	≤5.0	≤8.0	≤5.0	≤8.0
5	28 d 活性指数（%）	≥65	≥60	≥70	≥75	≥70		≥65	
6	三氧化硫（%）	≤3.5	≤4.0	≤3.5	≤4.0	≤3.0		≤3.5	

续上表

序号	项目	JG/T 315—2011	DL/T 5273—2012	JT/T 993—2015	ASTM C618-05	GB/T 1596—2017		本规程	
						Ⅰ级	Ⅱ级	C50及以上	C50以下
7	氯离子含量(%)	≤0.06	—	≤0.06	—	—		≤0.06	
8	含水量(%)	≤1.0	≤1.0	≤1.0	—	≤1.0		≤1.0	

注:JG/T 315—2011——《水泥砂浆及混凝土用天然火山灰质材料》

DL/T 5273—2012——《水工混凝土掺用天然火山灰质材料技术规范》

JT/T 993—2015——《公路工程 水泥混凝土用天然火山灰质材料》

GB/T 1596—2017——《用于水泥和混凝土中的粉煤灰》

ASTM C618—05——《粉煤灰、烧结或天然的火山灰作为混凝土矿物掺合料的标准》。其中,活性指数试验采用 ASTM C311 中的方法,该方法天然火山灰质材料的掺量为 20%。

天然火山灰质材料的烧失量、三氧化硫含量、氯离子含量采用的试验方法为《水泥化学分析方法》(GB/T 176),其与国际标准《水泥 试验方法 化学分析》(ISO 680)是一致的;细度的试验方法采用《水泥细度检验方法 筛分法》GB/T 1345,与国际标准《水泥试验方法 细度测定》(ISO 10749)是一致的;含水量测定国际可选的试验方法为《硅酸盐水泥混凝土中使用的飞灰或天然火山灰的取样和试验用标准》(ASTM C311);表观密度测定国际可选的试验方法为《水硬性水泥密度的标准试验方法》(ASTM C188);国际上没有与国内相同的流动度比和活性指数的试验方法,因此流动度比方法采用《建筑石灰》(EN 459)标准中 5.5.2.1.2 流动度跳桌法,天然火山灰 30%掺入工程用水泥与不掺天然火山灰的工程用水泥流动度的比值,活性指数采用《水泥的试验方法 水泥强度的测定》(ISO 679),天然火山灰 30%掺入工程用水泥与不掺天然火山灰的工程用水泥砂浆强度的比值。

3.2.2 天然火山灰质材料的放射性核素限量及检验方法应按现行国家标准《建筑材料放射性核素限量》(GB 6566)的有关规定执行。

3.2.3 天然火山灰质材料中的碱含量可由供需双协商确定,当天然火山灰质材料用于具有碱活性骨料的混凝土中,宜限制碱含量。天然火山灰质材料中

的碱含量应按 Na_2O 当量计，以 $Na_2O+0.658K_2O$ 计算值表示。天然火山灰质材料 Na_2O 和 K_2O 含量的检验方法应按现行国家标准《水泥化学分析方法》(GB/T 176)进行测试。

3.3　出厂质量检验

3.3.1　年产量超过 1×10^5 t 的，以 200 t 为一编号；年产量在 1×10^5 t 以下的，以 100 t 为一编号。不足一个编号的按一个编号计。

3.3.2　每一编号为一取样单位。取样方法按(GB 12573)进行。取样应有代表性，应从 10 个以上不同部位取样。袋装天然火山灰质材料应从 10 个以上包装袋内等量抽取；散装天然火山灰质材料应从至少三个散装运输工具内抽取，每个运输工具应从不同深度等量抽取。抽取的样品总质量不应少于10 kg。样品混合均匀后，按四分法取出比试验需要量大一倍的试样。

3.3.3　检验应符合下列要求：

1)检验项目为表 3.2.1 中的细度、流动度比、烧失量、28 d 活性指数和含水量。

2)有下列情况之一时，进行型式检验，原材料来源、生产工艺发生变化；正常生产时 12 个月进行一次；停产 6 个月以上恢复生产；出厂检验结果和上次型式检验结果有较大差异。型式检验项目包括对表 3.2.1 中的所有要求。

3.3.4　判定规则应符合下列要求：

1)检验符合本规范要求时，判为检验合格。若其中任何一项不符合要求时，允许在同一批次中重新取样，对不合格项进行加倍试验复检。复检结果均合格时，判为检验合格；当仍有一组试验结果不符合要求时，判为检验不合格。

2)型式检验符合本规范要求时，判为型式检验合格。若其中任何一项不符合要求时，允许在同一批次中重新取样，对不合格项进行加倍试验复检。复检结果均合格时，判为型式检验合格；当仍有一组试验结果不符合要求时，判为型式检验不合格。

4 火山灰混凝土的性能要求与配合比设计

4.1 其他原材料

4.1.1 水泥应采用符合现行国家标准《通用硅酸盐水泥》(GB 175)规定的硅酸盐水泥和普通硅酸盐水泥。

条文说明

硅酸盐水泥(Ⅰ型硅酸盐水泥为纯水泥熟料和石膏;Ⅱ型硅酸盐水泥为水泥熟料+石膏质量含量≥95%,粒化高炉矿渣或者石灰石质量含量≤5%)和普通硅酸盐水泥(水泥熟料+石膏质量含量≥80%且<95%,混合材包括粒化高炉矿渣、火山灰质混合材料、粉煤灰或石灰石质量含量>5%且≤20%)之外的通用硅酸盐水泥内掺混合材比例高,与之比较,采用普通硅酸盐水泥配制掺加天然火山灰质材料的混凝土更具有技术和经济的合理性。

4.1.2 集料应符合国家现行标准《建设用砂》(GB/T 14684)、《建设用卵石、碎石》(GB/T 14685)的规定。使用经过净化处理的海砂时,应符合现行行业标准《海砂混凝土应用技术规范》JGJ 206 的规定。

4.1.3 粉煤灰应符合现行国家标准《用于水泥和混凝土中的粉煤灰》(GB/T 1596)的规定;粒化高炉矿渣粉应符合现行国家标准《用于水泥和混凝土中的粒化高炉矿渣粉》GB/T 18046 的规定;硅灰应符合现行国家标准《砂浆和混凝土用硅灰》(GB/T 27690)的规定。

4.1.4 外加剂应符合现行国家标准《混凝土外加剂》(GB 8076)和《混凝土外加剂应用技术规范》(GB 50119)的规定。混凝土膨胀剂应符合现行国家标准《混凝土膨胀剂》(GB 23439)的规定。

4.1.5 混凝土拌合用水和施工用水应符合现行行业标准《混凝土用水标准》(JGJ 63)的规定。

4.2 火山灰混凝土性能

4.2.1 拌合物性能应符合下列要求:

1)火山灰混凝土拌合物的坍落度和扩展度允许偏差应符合表 4.2.1 的规定。

表 4.2.1 火山灰混凝土拌合物稠度实测值与控制目标值的允许偏差

项目	设计值	允许偏差
坍落度(mm)	≤40	±10
	50～90	±20
	≥100	±30
扩展度(mm)	≥350	±30

2)泵送火山灰混凝土的坍落度经时损失不宜大于 20 mm/h,并应满足施工要求。

3)火山灰混凝土拌合物性能试验方法应符合现行国家标准《普通混凝土拌合物性能试验方法标准》(GB/T 50080)的规定。

4.2.2 硬化混凝土性能应符合下列要求:

1)硬化火山灰混凝土的力学性能、长期性能与耐久性能应满足设计要求。

2)硬化火山灰混凝土力学性能试验方法应符合现行国家标准《普通混凝土力学性能试验方法标准》(GB/T 50081)的规定;长期性能和耐久性能的试验方法应符合现行国家标准《普通混凝土长期性能和耐久性能试验方法标准》GB/T 50082 的规定。

4.3 火山灰混凝土配合比

4.3.1 火山灰混凝土配合比设计应符合现行行业标准《普通混凝土配合比设计规程》(JGJ 55),并宜按照体积法进行计算。

条文说明

《普通混凝土配合比设计规程》(JGJ 55)关于混凝土配合比试配、调整与确定的规定也适用于火山灰混凝土。

4.3.2 大体积混凝土配合比设计可采用混凝土 60 d 或 90 d 的强度作为混凝土强度等级进行设计。

4.3.3 天然火山灰质材料在混凝土中的掺量宜通过试验确定。采用硅酸盐水泥或普通硅酸盐水泥时,混凝土中天然火山灰质材料掺量应符合表 4.3.3

的规定。

表 4.3.3 混凝土中天然火山灰质材料的最大掺量

结构类型	水胶比	最大掺量(%)	
		采用硅酸盐水泥时	采用普通硅酸盐水泥时
钢筋混凝土	≤0.38	35	25
	>0.38	30	20
预应力混凝土	≤0.38	30	20
	>0.38	25	15

条文说明

本条规定了混凝土中天然火山灰质材料的最大掺量，是根据混凝土结构类型、水胶比及水泥品种确定的。天然火山灰质材料最大掺量的确定，除了与强度、施工时的环境温度、大体积混凝土等有关外，也关系到混凝土的抗冻性、抗碳化性能等耐久性指标。试验表明，适宜的天然火山灰质材料掺量可以降低混凝土水化热，减小收缩，提高混凝土抗氯离子渗透性能，对混凝土强度影响不大，掺量过大则会对混凝土的强度产生较大影响。

《普通混凝土配合比设计规程》(JGJ 55—2011)中水胶比的划分是 0.40，考虑到混凝土掺加天然火山灰质材料之后，混凝土强度有所降低，水胶比不宜过大，故分界值定为 0.38。天然火山灰质材料掺量及掺量梯度变化与《石灰石粉混凝土》(GB/T 30190—2013)相同，同时在试验研究中也发现天然火山灰质材料掺量 40%时，混凝土早期强度较低。

4.3.4 天然火山灰质材料可与粉煤灰复掺使用。采用硅酸盐水泥或普通硅酸盐水泥时，混凝土中天然火山灰质材料复合粉煤灰的掺量应符合表 4.3.4 的规定，其中复掺使用时天然火山灰质材料的掺量不应超过单掺时的最大掺量。

表 4.3.4 混凝土中天然火山灰质材料复合粉煤灰的最大掺量

结构类型	水胶比	最大掺量(%)	
		采用硅酸盐水泥时	采用普通硅酸盐水泥时
钢筋混凝土	≤0.38	40	30
	>0.38	35	25
预应力混凝土	≤0.38	35	25
	>0.38	30	20

条文说明

本条规定了混凝土中天然火山灰质材料和粉煤灰复掺的最大掺量,是根据混凝土结构类型、水胶比及水泥品种确定的。天然火山灰质材料为人工磨细加工而成,微观形貌多棱角,对混凝土工作性具有一定的负面影响,而粉煤灰为圆球状,在混凝土中具有滚珠效应,能够改善混凝土工作性,天然火山灰质材料和粉煤灰复掺,既可以充分发挥天然火山灰质材料节约水泥用量、降低水化热及减小收缩的优势,又可以最大限度的保证混凝土工作性。

4.3.5 天然火山灰质材料可与矿渣粉复掺使用。采用硅酸盐水泥或普通硅酸盐水泥时,混凝土中天然火山灰质材料复合矿渣粉的掺量应符合表 4.3.5 的规定,其中复掺使用时天然火山灰质材料的掺量不应超过单掺时的最大掺量。

表 4.3.5 混凝土中天然火山灰质材料复合矿渣粉的最大掺量

结构类型	水胶比	最大掺量(%)	
		采用硅酸盐水泥时	采用普通硅酸盐水泥时
钢筋混凝土	≤0.38	60	50
	>0.38	55	55
预应力混凝土	≤0.38	55	50
	>0.38	50	45

4.3.6 当配制大体积混凝土时，天然火山灰质材料掺量可适当提高5%～10%；当混凝土长期暴露于干燥环境下或具有抗冻要求时，天然火山灰质材料掺量可适当减小5%～10%。

4.3.7 配合比计算时，胶凝材料28 d胶砂抗压强度宜根据试验确定。当胶凝材料28 d胶砂抗压强度无实测值，且天然火山灰质材料掺量不超过30%时，胶凝材料28 d胶砂抗压强度值可按下式计算：

$$f_b = \gamma_n \gamma_f \gamma_s f_{ce} \tag{4.3.7}$$

式中 f_b——胶凝材料28 d胶砂抗压强度(MPa)；

γ_n——天然火山灰质材料活性影响系数，可按表4.3.7—1取值；

γ_f、γ_s——分别为粉煤灰活性影响系数和粒化高炉矿渣粉活性影响系数，可按表4.3.7—2取值；

f_{ce}——水泥28 d胶砂抗压强度(MPa)。

表4.3.7—1 天然火山灰质材料活性影响系数

天然火山灰质材料掺量(%)	天然火山灰质材料活性影响系数
0	1.00
10	0.80～0.90
20	0.70～0.80
30	0.60～0.70

注：当掺量在本表所列数值之间的，可采用线性插值估算。

表4.3.7—2 粉煤灰活性影响系数和粒化高炉矿渣粉活性影响系数

种类 掺量(%)	粉煤灰活性影响系数γ_f	粒化高炉矿渣粉活性影响系数γ_s
0	1.00	1.00
10	0.85～0.95	1.00

续上表

掺量(%) \ 种类	粉煤灰活性影响系数γ_f	粒化高炉矿渣粉活性影响系数γ_s
20	0.75～0.85	0.95～1.00
30	0.65～0.75	0.90～1.00
40	0.55～0.65	0.80～0.90
50	—	0.70～0.85

注：1　采用Ⅰ级粉煤灰宜取上限值；

2　采用S75级粒化高炉矿渣粉宜取下限值，采用S95级粒化高炉矿渣粉宜取上限值，采用S105级粒化高炉矿渣粉可取上限值加0.05；

3　当超出表中的掺量时，粉煤灰和粒化高炉矿渣粉活性影响系数应经试验确定。

条文说明

在混凝土配合比水胶比计算中，胶凝材料28 d胶砂抗压强度值应根据试验确定，在试验无实测值时，天然火山灰质材料活性影响系数可按本条规定取值。粉煤灰活性影响系数和粒化高炉矿渣粉活性影响系数与现行行业标准《普通混凝土配合比设计规程》(JGJ 55)的规定一致。

4.3.8　当天然火山灰质材料掺量超过30%时，其活性影响系数按实测值计算。

4.3.9　混凝土的碱含量限值应符合设计要求，当设计无具体要求时，混凝土的碱含量应根据行业要求确定。在进行混凝土总碱含量计算时，天然火山灰质材料的可溶性碱可由试验测定，在无实测值时按照下式计算：

$$M=1/6(M_{Na_2O}+0.658\ M_{K_2O}) \quad (4.3.9)$$

式中　M——天然火山灰质材料的可溶性碱量；

M_{Na_2O}——天然火山灰质材料中Na_2O含量，应按现行中国国家标准《水泥化学分析方法》GB/T 176测定；

M_{K_2O}——天然火山灰质材料中K_2O含量，应按现行中国国家标准《水泥化学分析方法》GB/T 176测定。

条文说明

《铁路混凝土工程施工质量验收标准》(TB 10424—2010)中混凝土碱含量是根据设计年限100年、60年和30年及使用环境定的;《公路水泥混凝土路面施工技术细则》(JTG/T F30—2014)和《混凝土结构工程施工质量验收规范》(GB 50204—2015)没有规定混凝土碱含量;《水工混凝土施工规范》(SL 677—2014)规定使用碱活性骨料时,混凝土碱含量不应大于3.0 kg/m³;《预防混凝土碱骨料反应技术规范》(GB/T 50733)规定混凝土碱含量不应大于3.0 kg/m³,因此规定当设计无具体要求时,混凝土的碱含量应根据使用专业行业领域确定。

在混凝土碱含量计算中,矿物掺合料的可溶性碱量并非矿物掺合料的总碱量,矿渣粉的可溶性碱量为总碱量的1/2,粉煤灰的可溶性碱量为总碱量的1/6,根据试验结果天然火山灰质材料的可溶性碱量较低,一般低于1/9,出于安全考虑,天然火山灰质材料参照粉煤灰采用1/6。

4.3.10 在施工前,宜进行混凝土试生产,确定施工配合比。对于重大工程,宜进行模拟浇筑试验。

5 施　工

5.1 一般规定

5.1.1 火山灰混凝土的施工应符合现行国家标准《混凝土结构工程施工规范》(GB 50666)和《混凝土质量控制标准》(GB 50164)的有关规定。

5.1.2 采用预拌方式生产的火山灰混凝土应符合现行国家标准《预拌混凝土》(GB/T 14902)的规定。

5.1.3 火山灰混凝土施工前,应试验验证混凝土的技术参数,确定技术可行性和适应性,包括天然火山灰质材料合理掺量、天然火山灰质材料与外加剂的适应性、混凝土耐久性等。

5.2 原材料贮存

5.2.1 不同料源的天然火山灰质材料不得混杂运输和存储,不得将天然火山灰质材料与其他材料混杂，在运输和存储过程中应防止受潮和结块。

条文说明

参照《粉煤灰混凝土应用技术规范》(GB/T 50146—2014)中关于粉煤灰存储的相关规定制定了天然火山灰质材料贮存的要求。

5.2.2 其他混凝土原材料的贮存应符合现行国家标准《混凝土质量控制标准》GB 50164 的有关规定。

条文说明

《混凝土质量控制标准》(GB 50164—2011)中规定，水泥应按不同厂家、不同品种和强度等级分批存储，并应采取防潮措施；出现结块的水泥不得用于混凝土工程；水泥出厂超过 3 个月(硫铝酸盐水泥超过 45 d)，应进行复检，合格者方可使用。粗、细骨料堆场应有遮雨设施，并应符合有关环境保护的规定；粗、细骨料应按不同品种、规格分别堆放，不得混入杂物。矿物掺合料存储时，应有明显标记，不同矿物掺合料以及水泥不得混杂堆放，应防潮防雨，并应符合有关环境保护的规定；矿物掺合料存储期超过 3 个月时，应进行复检，合格者方可使用。外加剂的送检样品应与工程大批量进货一致，并应按不同的供货单位、品种和牌号进行标识，单独存放；粉状外加剂应防止受潮结块，如有结块，应进行检验，合格者应经粉碎至全部通过 600 μm 筛孔后方可使用；液态外加剂应储存在密闭容器内，并应防晒和防冻，如有沉淀等异常现象，应经检验合格后方可使用。

5.2.3 各种原材料贮存处应有明显标识，标识应注明材料品名、产地、厂家、批次、等级、规格等信息。

5.3 混凝土的施工

5.3.1 原材料计量应采用电子计量设备，其精度应满足现行国家标准《建筑施工机械与设备 混凝土搅拌站(楼)》(GB/T 10171)的要求；混凝土搅拌应采用强制式搅拌机搅拌，并应符合现行国家标准《混凝土搅拌机》(GB/T 9142)有关的规定。

5.3.2 原材料的计量允许偏差应符合表 5.3.2 的规定，并应每班检查 1 次。

表 5.3.2 混凝土原材料计量允许偏差

原材料品种	水泥	集料	水	外加剂	天然火山灰质材料	其他掺合料
每盘计量允许偏差(%)	±2	±3	±1	±1	±2	±2
累计计量允许偏差(%)	±1	±2	±1	±1	±1	±1

注:累计计量允许偏差是指每一运输车中各盘混凝土的每种材料计量和的偏差。

5.3.3 在原材料计量过程中,应根据集料含水率的变化调整水和集料的单位用量。

条文说明

由于天气变化、雨水影响、洒水降温等因素集料含水率往往是变化的,在原材料计量过程中,应根据集料含水率变化调整用量,将集料中的含水算入混凝土拌合用水,计算集料用量要扣除含水量。同时需要注意,由于重力原因,集料含水率从上到下逐渐增加,应加强含水率测试,并对单位用量加以调整。

5.3.4 天然火山灰质材料应与其他胶凝材料一起搅拌,并宜适当延长搅拌时间。

条文说明

《混凝土质量控制标准》(GB 50164—2011)中根据混凝土坍落度、搅拌机出料量对于强制式搅拌机搅拌时间做出了规定,见下表,由于天然火山灰质材料细度较细,掺入混凝土宜适当延长搅拌时间。

表 5—1 混凝土搅拌的最短时间(s)

混凝土坍落度(mm)	搅拌机出料量(L)		
	<250	250～500	>500
≤40	60	90	120
>40 且<100	60	60	90
≥100	60		

注:混凝土搅拌的最短时间系指全部材料装入搅拌筒中起,到开始卸料止的时间。

5.3.5　火山灰混凝土拌合物应搅拌均匀；同一盘混凝土的搅拌匀质性应符合现行国家标准《混凝土质量控制标准》(GB 50164)的规定。

5.3.6　在火山灰混凝土拌合物的运输和浇筑过程中，严禁往拌合物中加配合比以外的水。

5.3.7　火山灰混凝土浇筑后，应及时进行保湿养护。保湿养护可采用洒水、覆盖、喷涂养护剂等方式。养护方式应根据现场条件、环境温湿度、构件特点、技术要求、施工操作等因素确定。养护时间应适当延长，并应不少于 14 d。

5.3.8　冬期施工时，应符合现行行业标准《建筑工程冬期施工规程》(JGJ/T 104)的有关规定。

5.3.9　掺用天然火山灰质材料的大体积混凝土施工，应符合现行国家标准《大体积混凝土施工规范》GB 50496 的规定。

6　混凝土质量检验

6.1　原材料质量检验

6.1.1　原材料进场时，应按检验批验收型式检验报告、出厂检验报告或合格证等质量证明文件，外加剂产品尚应具有使用说明书。

6.1.2　混凝土原材料进场时应对材料的外观、规格、等级、生产日期等进行检查，并按检验批随机抽取样品进行检验。每个检验批检验不得少于 1 次。

6.1.3　天然火山灰质材料进场检验项目应包括细度、流动度比、含水量；必要时应检验活性指数、烧失量、三氧化硫含量、氯离子含量、碱含量、放射性、表观密度。在同一工程中，同一厂家生产的天然火山灰质材料，当连续三次进场检验均一次检验合格时，后续的检验批量可扩大一倍。

6.1.4　天然火山灰质材料进场检验应以每 200 t 为一个检验批，每个批次的天然火山灰质材料应来自同一厂家、同一矿源；非连续供应不足 200 t 应作为一个检验批。

6.1.5　其他原材料的检验应符合现行国家标准《混凝土质量控制标准》(GB 50164)的规定。

6.2　混凝土拌合物性能检验

6.2.1　在生产和施工过程中，应在搅拌地点和浇筑地点分别对混凝土拌合物进行抽样检验。

6.2.2 混凝土拌合物的检验项目和频率应符合下列规定：

1)混凝土坍落度检验取样频率应按现行国家标准《混凝土结构工程施工质量验收规范》(GB 50204)的规定；

2)同一工程、同一配合比的混凝土的凝结时间应至少检验1次；

3)同一工程、同一配合比的混凝土的氯离子含量应至少检验1次。

条文说明

《混凝土结构工程施工质量验收规范》(GB 50204—2015)中规定，对同一配合比混凝土，取样应符合：每拌制100盘且不超过100 m^3时，取样不得少于一次；每工作班拌制不足100盘时，取样不得少于一次；连续浇筑超过1 000 m^3时，每200 m^3取样不得少于一次。

6.3 硬化混凝土性能检验

6.3.1 火山灰混凝土强度检验评定应符合现行国家标准《混凝土强度检验评定标准》GB/T 50107的规定，其他力学性能检验应符合国家现行有关标准的规定。

6.3.2 火山灰混凝土长期性能和耐久性性能检验评定应符合现行行业标准《混凝土耐久性检验评定标准》(JGJ/T 193)的规定。

本规程用词用语说明

本规程执行严格程度的用词，采用下列写法。

1 表示很严格，非这样做不可的用词，正面词采用“必须”，反面词采用“严禁”；

2 表示严格，在正常情况下均应这样做的用词，正面词采用“应”，反面词采用“不应”或“不得”；

3 表示允许稍有选择，在条件许可时首先应这样做的用词，正面词采用“宜”，反面词采用“不宜”；

4 表示有选择，在一定条件下可以这样做的用词采用“可”。

参 考 文 献

[1] 西德尼·明德斯,J·弗朗西斯·杨,戴维·达尔文. 混凝土[M]. 吴科如,张雄,姚武,等译. 北京:化学工业出版社,2005.

[2] 袁润章. 胶凝材料学[M]. 武汉:武汉工业大学出版社,2003.

[3] 隋同波,文寨军,王晶. 水泥品种与性能[M]. 北京:化学工业出版社,2006.

[4] P. Kumar Methta, Paulo J. M. Monteiro. Concrete [M]. 覃维祖,王栋民,丁建彤,译. 北京:中国电力出版社,2008.

[5] 南京化工学院,武汉建材学院,同济大学,等. 水泥工艺原理[M]. 北京:中国建筑工业出版社,1980.

[6] 重庆建筑工学院,南京工学院. 混凝土学[M]. 北京:中国建筑工业出版社,1981.

[7] 董文辰,康德君,王立久. 粉煤灰混凝土中粉煤灰的火山灰效应综述[J]. 国外建材科技,2004,25(3):28-31.

[8] 蒲心诚. 应用比强度指标研究活性矿物掺合料在水泥与混凝土中的火山灰效应[J]. 混凝土与混凝土施工,1997,(3):6-14.

[9] 刘数华,冷发光,李丽华. 混凝土辅助胶凝材料[M]. 北京:中国建材工业出版社,2010.

[10] Davis R E. Historical account of mass concrete. Symp[R]. on Mass Concrete, SP-6, American Concrete Institute, pp,1-35.

[11] L. Turanli, B. Uzal, F. Effect of large amounts of natural pozzolan addition on properties of blended cements[J]. Cement and Concrete Research,2005(35):1106-1111.

[12] L. Turanli, B. Uzal, F. Bektas. Effect of material characteristics on the properties of blended cements containing high volumes of natural pozzolans[J]. Cement and Concrete Research, 2004 (34):2277-2282.

[13] Marco Goisis. 用天然火山灰和粉煤灰替代硅酸盐水泥与 PCP 的相容性[J]. 中国混凝土外加剂,2014(6):26-35.

[14] B. Y. Pekmezci, S. Akyüz. Optimum usage of a natural pozzolan for the maximum compressive

strength of concrete [J]. Cement and Concrete Research，2004(34)：2175-2179.

[15] M. J Shannag. High strength concrete containing natural pozzolan and silica fume[J]. Cement and Concrete Composites，2000(22)：399-406.

[16] Kemal Celik，Cagla Meral，Mauricio Mancio，P. Kumar Mehta，Paulo J. M. Monteiro. A comparative study of self-consolidating concretes incorporating high-volume natural pozzolan or high-volume fly ash[J]. Construction and Building Materials，2014(67)：14-19.

[17] Y. Senhadji，G. Escadeillas，M. Mouli，H. Khelafi，Benosman. Y. Senhadji，G. Escadeillas，M. Mouli，H. Khelafi，Benosman[J]. Powder Technology，2014(254)：314-323.

[18] Khandaker M. A. Hossain，Mohamed Lachemi，Mustafa Sahmaran. Performance of cementitious building renders incorporating natural and industrial pozzolans under aggressive airborne marine salts[J]. Cement and Concrete Composites，2009(31)：358-368.

[19] Adnan Colak. The long-term durability performance of gypsum-Portland cement-natural pozzolan blends[J]. Cement and Concrete Research，2002(32)：109-115.

[20] N. Kaid，M. Cyr，S. Julien，H. Khelafi. Durability of concrete containing a natural pozzolan as defined by a performance-based approach[J]. Construction and Building Materials，2009(23)：3457-3467.

[21] G. Fajardo，P. Valdez，J. Pacheco. Corrosion of steel rebar embedded in natural pozzolan based mortars exposed to chlorides[J]. Construction and Building Materials，2009(23)：768-774.

[22] R. E Rodriguez-Camacho，R Uribe-Afif. Importance of using the natural pozzolans on concrete durability[J]. Cement and Concrete Research，2002(32)：1851-1858.

[23] 鲁爱民. 腾冲火山灰在赛格怒江大桥高性能混凝土中的应用[J]. 混凝土与水泥制品，2012，4(4)：17-20.

[24] 周永祥，王永海.《水泥砂浆和混凝土用天然火山灰质材料》(JG/T 315—2011)解读[J]. 施工技术，2012，41(365)：83-86.

[25] 王永海，周永祥. 天然火山灰质材料及其在混凝土中的应用研究[C]. 中国建筑学会建筑材料分会. 建筑材料行业发展及工程应用. 北京：中国建材工业出版社，2011：194-199.

[26] JG/T 315—2011 水泥砂浆和混凝土用天然火山灰质材料[S]. 北京：中国标准出版社，2011.

[27] 冯乃谦. 天然沸石混凝土应用技术[M]. 北京:中国铁道出版社,1996.

[28] 梁文泉,何真. 天然火山灰在碾压混凝土中的凝结特性[J]. 硅酸盐建筑制品,1995(4):11-15.

[29] 毕亚丽, 刘艳, 张勇. 粉煤灰和天然火山灰对胶砂性能影响对比试验研究[J]. 西北水电, 2012(1):70-72.

[30] 毕亚丽,彭乃中,冀培民, 等. 掺粉煤灰与天然火山灰碾压混凝土性能对比试验[J]. 长江科学院院报, 2012, 29(6):74-78.

[31] 陈志国, 王书娟. 火山灰材料在道路工程中的应用[J]. 中国科技成果, 2010(4):32-33.

[32] 彭玉林, 龚爱民, 宋天文, 等. 火山灰改善水泥石抗酸性侵蚀的试验研究[J]. 混凝土, 2010(3):92-94.

[33] 吴温觉, 朱晓红, 彭军. 缅甸耶育瓦 RCC 坝的设计与施工[J]. 水利水电快报, 2008(1):28-31.

[34] 张众, 李春洪. 天然火山灰掺合料在水电工程中的应用[J]. 云南水力发电, 2009, 25(1):67-71.

[35] 董芸, 杨华全, 李鹏翔. 天然火山灰质材料对骨料碱活性的抑制研究[J]. 混凝土, 2011(11):77-79.

[36] 陈青生, 钱桂凤. 西藏火山灰质材料作为混凝土掺合料的可行性[J]. 水利水运工程学报, 2001(4): 22-26.

[37] 李玉莎. 云南保山地区火山岩质粉末对水泥基材料性能影响的研究[D]. 中南大学硕士学位论文, 2010

[38] 周永祥,王永海. 石灰石粉的特性及对混凝土性能的影响[J]. 施工技术,2014(9):34-37.

[39] 戴军,黄沛增,斯方海. 综述掺合料活性激发的研究现状[J]. 陕西建筑,2010(10):82-84.

[40] 周永祥,阎培渝. 土壤加固技术及其发展[J]. 铁道科学与工程学报. 2006(4):35-40.

[41] 梁文泉,何真. 天然火山灰在碾压混凝土中的凝结特性[J]. 硅酸盐建筑制品,1995(4):11-15.

[42] B. Uzal, L. Turanli. Studies on blended cements containing a high volume of natural pozzolans[J]. Cement and Concrete Research, 2003(33):1777-1781.

[43] S. Targan, A. Olgun, Y. Erdogan, et al. Influence of natural pozzolan, colemanite ore waste, bottom ash, and fly ash on the properties of Portland cement. [J]. Cement and Concrete Research, 2003(33):1175-1182.

[44] 廉慧珍. 沸石岩火山灰活性的研究[J]. 硅酸盐学报,2002,31(4):411-416.

[45] P. 库马・梅塔,保罗・J. M・蒙特罗. 混凝土微观结构性能和材料[M]. 覃维祖,王栋民,丁建彤,译. 北京:中国电力出版社. 2008.

[46] H. Stade. On the reaction of C-S-H(DI,POLY) with alkali hydroxides[J]. Cement and Concrete Research, 1989(19):802-810

[47] Metha P K. Performance and durability of concrete[J]. Proc. 9th Intern. Congr. Chem. of Cement, New Delhi,1992,1.

[48] 封孝信, 冯乃谦. 水泥及混凝土中的有害碱与无害碱[J]. 混凝土, 2000(10):3-7.

[49] P. Barnes. 水泥的结构和性能[M]. 吴兆琦,译. 北京:中国建筑工业出版社, 1991.

[50] Duchesne J, Berube M A. Available alkalis from supplementary cementing materials[J]. ACI Materials Journal, 1994,(90)3: 289-299.

[51] D. W. Hobbs. Deleterious expansion of concrete due to ASR: in fluence of pfa and slag [J]. Magazine of Concrete Research, 1987,137(38): 191-205.

[52] M. N. Haque,O. A. Kayyall. Aspect of chloridei on determina tion in concrete[J]. ACI Materials Joumal ,1995,92(5):532-541 .

[53] Donald F. Banlow, Peter J. Jackson. The release of alkalis from pulverized-fuel ashes and ground granulated blast furnace slag in the presence of Portland cement[J]. C. C. R. , 1988(18): 235-248.

[54] 廉慧珍, 张志龄, 王英华. 火山灰质材料活性的快速评定方法[J]. 建筑材料学报, 2001, 4(3):299-304.

[55] 铁路混凝土工程施工技术指南[S]. 北京:中国铁道出版社,2011.

[56] TB/T 3275—2011,铁路混凝土[S]. 北京:中华人民共和国铁道部,2012.

[57] CCES 01—2004,混凝土结构耐久性设计与施工指南. 2 版. 北京:中国建筑工业出版社,2005.

[58] 刘吉士, 阎洪河, 李文琪. 公路桥涵施工技术规范(JTJ 041—2000)实施手册[M]. 北京:人民交通出版社,2002.

[59] 中国土木工程学会高强混凝土委员会. 高强混凝土结构设计与施工指南[M]. 2 版. 北京:中国建筑工业出版社,2001.

[60] 田培,刘加平,王玲,等. 混凝土外加剂手册[M]. 北京:化学工业出版社,2009.

[61] HO D WS,SHEINN A M M,TAM C T. The sand wich concept of construction with SCC

[J]. Cement and Concrete Research,2001(31):1377-1381.

[62] 覃维祖. 水泥——高效减水剂相容性及其检测研究[J]. 混凝土，1996(2):11-17.

[63] 沙克，黄艳春. 预养时间对蒸养混凝土耐久性的影响[J]. 低温建筑技术，2011(7) :15-16.

[64] 陈卫东,刘宝举,杨元霞,等. 蒸养混凝土早期力学性能影响因素研究[J]. 铁道科学与工程学报，2005，2(6)：72-75.

[65] Sakir Erdogu，Sirin Kurbtci. Optimum heat treatment cycle for cements of different type and composition[J]. Concrete and Cement Research，1998，28(11)：1595-1604.

[66] 吴建华,刘运兰,邓少桢. 蒸养混凝土早期强度影响因素[J]. 宁波大学学报,2010，23(4):112-116.

[67] Dhir R. K. ,Jones M. R. PFA Concrete. Influence of simulated in situ curing on clasto-plastic load response[J]. Magazine of Concrete research，1993(45)：163-170.

[68] 谭克锋，刘涛. 早期高温养护对混凝土抗压强度的影响[J]. 建筑材料学报,2006，9(4)：473-476.

[69] Alexanderson J. Strength losses in heat cured concrete[M]. Malartryckeriet,1972.

[70] Liu Baoju，Xie YOujun，Zhou Shiqiong，et al. Some faetors affeeting early compressive strength of steam-curing concrete with ultrafine fly ash[J]. Cement and Concrete Researeh,2001(31):1455-1458.

[71] 彭小芹,黄佳木,丁星. 蒸压硅酸盐混凝土水化产物的分析及其与性能的定量关系[J]. 硅酸盐学报,2002,30(6):798-803.

[72] 刘学义. 蒸养粉煤灰硅酸盐混凝土水化和碳化产物的微观形貌分析[J]. 硅酸盐通报，1986(04):51-58.

[73] I. Soroka, C. H. Jaegermann, A. Bentur. Short-term steam curing and concrete Iate-age strength[J]. Mater. Constr,2000(4):543-551.

[74] H. H. Patel, C. H. Bland, A. B. Poole. The microstructure of concrete cured at elevated temperatures[J]. Cem. Coner. Res,1995(3):455-490.

[75] D. Heinz, U. Ludwig. Meehanisms of secondary cttringite for mationin mortars and concretes subjected to heat treatment，Coner. Durab. Dig. ACI SP-1999(100):2059-2065.

[76] Cement Association of Canada. Auto clave Steam Curing and Atmos Phcrie Steam Curing，2003-12-21.

[77] 江苏省建筑科学研究院,东南大学. 高耐久混凝土的研制及寿命预测鉴定资料[C]. 2003.

[78] JARDINE D J , WOLHUTER CW. Some properties of high slag concrete [J] . Civil Engineer in South Africa , 1977 , 19 (11) :249-251.

[79] CHERN Jenn Chuan , CHAN Yin Wen. Deformations of concretes made with blast furnace slag cement and ordinary portland cement [J] . ACI Materials Journal ,1989 , 86 (4) :372-382.

[80] AL EXANDER M G. Deformation Properties of blended cement containing blast furnace slag and condensed silica fume [J] . Advances in Cement Research , 1994 ,22(6) :73-81.

[81] LI Jianyong, YAO Yan. A study on creep and drying shrinkage of high performance concrete[J] . cement and concrete research , 2001 ,31(8) :1203-1206.

[82] RIGAN J . Influence of slag dosage in cement on properties of concrete made with river and crushed aggregates[J] . Stavebnichy Casopic (in Slovak) , 1984 , 32 (5) :337-356.

[83] 吴彬，张璐明，张美玲，等. 100MPa 粉煤灰高性能混凝土的研究[J]. 混凝土，2002(3)：7-9.

[84] 邹建喜，李显金，迟培云. 粉煤灰混凝土的变形性能研究[J] . 混凝土，2003 (6) :38-42.

[85] GHOSH R S , TIMUSK J. Creep of fly ash concrete [J] . Journal of the American Concrete Institute , 1981 , 78(5) : 351-357.

[86] 赵庆新，孙伟，缪昌文，等. 磨细矿渣和粉煤灰对高性能砼徐变性能的影响[J]. 武汉理工大学学报，2005，27(11)：35-38.

[87] 孙锦标. 混凝土桥梁裂缝成因综述[J]. 林业建设，2007(8)：56-60.

[88] 王铁梦. 工程结构裂缝控制[M]. 北京：中国建筑工业出版社，1997.

[89] Yu Xigang, Xu Yaofang. On the Reinforced Concrete Beam Cracks and Prevention Measures[J]. Value Engineering, 2011-03.

[90] Sakdirat Kaewunruen. Ddynamic flexural influence on a railway concrete sleeper in track system due to a single wheel impact [J]. Engineering Failure Analysis, 2009, 16(3): 705-712.

[91] Sakdirat Kaewunruen. Impact capacity of railway prestressed concrete sleepers [J]. Engineering Failure Analysis, 2009. 6.

[92] 刘卫成. 铁路客运专线承台大体积混凝土裂缝控制研究[J]. 工程技术，2012. 1.

[93] 蒋筱宁. 混凝土桥梁裂缝成因综述[J]. 工程建设，2006(6)：68-83.

[94] 马晓飞. 铁路工程施工中混凝土裂缝的成因与改进建议[J]. 工程技术，2014. 04.

[95] Train，JCL. Types of sleepers and sleeper maintenance [J]. RAILWAY GAZETTE，1947. 6.

[96] Wu Xun，Reliability research on crack of concrete railway bridges [J]. Journal of The China Railway Society. 1996. 05.

[97] 张志广. 铁路双线桥墩混凝土裂缝控制分析[J]. 道路桥梁，2014(6)：151-153.

[98] 王寿增. 铁路桥梁墩台大体积混凝土裂缝控制研究[J]. 民营科技，2014(6)：174.

[99] 国家建筑研究设计院，建设部法规司. 公路与桥梁工程病害防治及检测修复实用技术大全[M]. 吉林：长春出版社，1999.

[100] 沈威，黄文熙，闵盘荣. 水泥工艺学[M]. 武汉：武汉工业大学出版社，1991.

[101] 廉慧珍，童良，陈恩义. 建筑材料物相研究基础[M]. 北京：清华大学出版社，1996.

[102] 张联盟，黄学辉，宋晓岚. 材料科学基础[M]. 武汉：武汉理工大学出版社，2008.

[103] 夏京亮，胡钊光，丁立金，等. 肯尼亚天然火山灰质材料用于混凝土的技术指标研究[J]. 施工技术，2015(15)：56-58.

[104] 胡钊光，夏京亮，裴岩，等. 肯尼亚天然火山灰质材料对混凝土凝结特性的影响研究[J]. 混凝土，2015(9)：94-96.

[105] 董汇标，胡钊光，夏京亮，等. 养护方式对天然火山灰高性能混凝土性能的影响[J]. 混凝土，2016(5)：135-138.

[106] 夏京亮，冯云龙，周永祥，等. 肯尼亚天然火山灰质材料对混凝土收缩和徐变性能的影响[J]. 路基工程，2017(5)：1-4.

[107] 沈玉山，温欣岚，夏京亮，等. 非洲磨细天然火山灰对混凝土收缩抗裂性能的影响研究[J]. 建筑科学，2017，33(3)：46-50.

[108] 贾其军，贺阳，雷瑜，等. 肯尼亚天然火山灰碱含量的测定研究[J]. 路基工程，2017(3)：138-141.

[109] 张蕊，周永祥，高超，等. SAP对火山灰混凝土收缩性能的改善作用[J]. 建筑材料学报，2018，110(04)：52-58.

[110] 喻江武，郭瑞，宋普涛，等. 肯尼亚硫酸盐侵蚀地区清水混凝土配制及性能研究[J]. 混凝土，2017(2)：91-94.

[111] 夏京亮，高波，周永祥，等. 非洲天然火山灰混凝土抗氯离子渗透性能改善研究[J]. 混凝土，2017(11)：19-22.

[112] 雷瑜，温欣岚，王晶，等. 肯尼亚天然火山灰配制高性能混凝土的性能研究[J]. 路基工

程，2017(3):133-137.

[113] 候敏，瞿东明，喻江武，等. 天然火山灰清水混凝土的配制及性能研究[J]. 新型建筑材料，2016(7):29-34.

[114] 唐晶晶，丁立金，夏京亮，等. 非洲火山灰质材料在大体积混凝土中的应用[J]. 混凝土，2016(9):153-157.